健雄文化

止于至善（大学卷）

主编 陆挺

东南大学出版社
·南京·

图书在版编目(CIP)数据

健雄文化. 止于至善：大学卷／陆挺主编. ——南京：东南大学出版社，2022.2
ISBN 978-7-5641-4933-8

Ⅰ. ①健… Ⅱ. ①陆… Ⅲ. ①东南大学—校园文化—研究 Ⅳ. ①G649.285.31

中国版本图书馆 CIP 数据核字(2022)第 033777 号

健雄文化　止于至善（大学卷）

主　　编：陆　挺
责任编辑：唐　允
出版发行：东南大学出版社
社　　址：南京四牌楼 2 号　邮编：210096
网　　址：http://www.seupress.com
经　　销：全国各地新华书店
印　　刷：南京艺中印务有限公司
开　　本：700 mm × 1000 mm　1/16
印　　张：24.25
字　　数：473 千字
版　　次：2022 年 2 月第 1 版
印　　次：2022 年 2 月第 1 次印刷
书　　号：ISBN 978-7-5641-4933-8
定　　价：158.00 元

本社图书若有印装质量问题,请直接与营销部调换。电话(传真):025-83791830

卷首语

大学既是教育机构，亦是文化机构。教育和文化兼具的属性，使得大学的教育者必须重视和充分运用文化的润育作用。教育和文化的双重属性，要求大学的教育者和受教育者必须坚持不懈地进行文化反思。教育者借由文化反思升华大学的精神，凝聚师生同仁，营造育人生态，化育学子青年。受教育者借由文化反思，于系统的知识学习之外，深入地理解其精神原乡的文化神髓，以文化的熏习和精神的淬炼，明晰志向、坚定理想、开阔襟怀、练就品格、增益艺能，奠定生命成长与进步的精神底蕴。一所大学也借由文化反思，使其大学的生命、人格、个性得以活泼泼地呈现，使其大学精神得以承扬，办学影响得以绵延拓展，也使得大学自身在民族文化复兴中发挥应有的地位和作用。

《健雄文化》系列丛书是东大健雄人对东南大学和健雄书院文化认识和总结的探索和尝试，也是东南大学健雄书院文化建设的阶段性成果，共分为两卷，分别是《健雄文化：止于至善》（大学卷）和《健雄文化：积健为雄》（书院卷）。丛书通过选编与东南大学和健雄书院相关的文章、书信、通讯、新闻、释义、传记等材料，力求达到历史记忆、文化阐释、精神建构的目的，最终呈现东大人和吴院人的精神世界和价值追求。大学卷主要着眼于"东大人"的定位,全面展示"东大人"所蕴含的精神力量,用校训"止于至善"来概括这一文化精神内涵。书院卷主要着眼于"健雄人"的定位,全面展示健雄书院的文化生活,特地选择用院训"积健为雄"来概括这一文化精神特质。

"建构和追寻东大人的精神世界"是我们编撰该系列图书的立意宗旨。作为普及学校文化的读物,首先面向的对象是东南大学的健雄学子,书院卷旨在帮助健雄学子了解健雄书院的办学理念、价值追求、文化生活,加深健雄学子对书院生活的理解,通过品读健雄文化,挺立志向、开阔视野、启迪智慧;大学卷则旨在帮助健雄学子体悟和理解健雄书院的文化母体——东南大学这所百年学府深厚的文化底蕴,增强"东大人"的文化自信,培养"东大人"的人文精神,扛起"东大人"的时代使命。作为大学文化交流的一种尝试,我们也不揣冒昧,谨以此书系与关注大学文化建设的读者和同仁分享,聊尽文化传播者的社会责任。

编委会

2021 年 10 月

名家寄语

同学们，祝贺你们能够通过考试，进入到985的一个重点高校东南大学，也是我的母校。祝贺你们能够来到这个校园开始你们四年新的生活，而且希望你们通过这四年为你们今后人生的发展打下基础。

对于二十一世纪的人才，我认为有两个和我们二十世纪人才培养最根本的不同：第一，你们需要综合解决问题的能力；另外一个能力是社会情绪能力。希望你们能够珍惜你们四年在东南大学的时间。在大学里，能够真正具有国际视野，培养自己的能力；能够全面发展，珍惜每一段时光。

我想，大家现在不可能不考虑到你们的就业、家庭、成长，这是非常自然的事情。但是我希望你们有一个国际的眼光，有一个远大的眼光，而不是只看到眼前的利益，因为你们确实是优秀的一群人。有人讲什么是天才，什么是优秀人物。实际上优秀的人就是站得高一点，看得远一点。

——韦　钰

（中国工程院院士、教育部原副部长、东南大学原校长）

　　古人讲:"国家兴亡,匹夫有责。"我们在近一百年来,在振兴中华的历史中,一代代青年都有这样的社会责任感:天下兴亡,匹夫有责——很多人为了让我们实现独立的梦想,献出了自己的青春、生命;很多人为了让我们实现富强的梦想,贡献了自己的生命和力量。今天的我们需要实现重振中国文化、实现文化复兴的梦想。我希望东南大学的同学们,在实现文化复兴梦的征途中,能有所担当,为复兴和发扬中国的传统文化,贡献自己的力量!

　　　　　　　　　　　　　——楼宇烈(北京大学哲学系教授)

　　非常高兴又回到母校东南大学。看到母校欣欣向荣、蒸蒸日上,看到年轻的同学们朝气勃发、斗志昂扬,我十分感动!我认为同学们首先要立志,按照中国古代"天、地、人"的传统观点,人生活在宇宙中,要服务社会、服务国家,在社会和国家的范围内实现自我的人生;其次,我觉得东南大学校训"止于至善"这句话非常好——任何事都要求真务实、尽善尽美。我祝愿同学们在东南大学美好的环境中茁壮成长,成为国家的栋梁之才。

　　——陆　军(中国工程院院士、中国电子科技集团公司首席科学家)

我认为最重要的是要在自由的氛围中探索工程科学的味道,希望大家能够身心愉悦,以博雅的方式去看待人生,看待学习。

刻苦钻研、攀登科学高峰是一个方面,但我更希望大家能在艰苦的学习过程中找到更多愉悦、快乐,使自己的学习更加充实、丰满,这样才能让自己获得更多学术上的成就。

——王建国(中国工程院院士、东南大学建筑学院教授)

对新生来说,最重要的问题是:大学是你走上人生道路的真正起点。每一个人最后比的,就是你所有的那一点精神的追求和理想,它能支撑你走多远。

——王 澍

(普利兹克奖获得者、中国美术学院建筑艺术学院教授)

目 录

精神图腾 …………………………………………… 001
  校训 ………………………………………………… 003
    校训校风 ………………………………………… 003
    以训为则　创造新境/董　群 …………………… 007
    东南大学历史上的校训及其解读/陈　怡 …… 012
  校标 ………………………………………………… 019
  校歌 ………………………………………………… 021
    漫话东南大学校歌/王步高 ……………………… 022
    相关新闻选摘 …………………………………… 032
  校景：永远的四牌楼 ……………………………… 034
  东大精神 …………………………………………… 045
    诚朴求实　止于至善/时巨涛 …………………… 045
    六朝松下话东大/王步高 ………………………… 054
  文章撷萃 …………………………………………… 088
    致青春 …………………………………………… 088
    内化于心的"止于至善" ………………………… 093
    东南大学：三张老照片里的记忆与思考 …… 095

东南底蕴 ……… 099

东南百年 ……… 101

百年校庆碑文 ……… 101
学校诞生 ……… 103
教育理念沿革 ……… 104
文章撷萃 ……… 107

郭秉文的办学方针/张其昀 ……… 107
南高的学风/张其昀 ……… 110
炸弹下的中央大学/罗家伦 ……… 116
国立中央大学的传统精神/高 明 ……… 123
论学者之精神/刘伯明 ……… 127
"东南大学之父"郭秉文/梦 渊 ……… 132
我的父亲罗家伦/罗久芳 ……… 143
李瑞清:师范教育、艺术教育的先驱者/邹自振 ……… 150
四千里路霜晨月/黄志毅 ……… 155
文心未泯 国魂不灭/刘云虹 郭淑文 ……… 174

另有渊源 ……… 179

东南学术 另有渊源 ……… 179
大师讲学的传统 ……… 182

学问之趣味/梁启超 ……… 182
在东南大学之演讲/杜 威 ……… 184
四月,泰戈尔东南行 ……… 186

东大历史上的人文名家介绍 ……… 189
著名校友书画艺术作品选 ……… 203
文章撷萃 ……… 210

汤用彤先生与东南大学/汤一介 ……… 210
吴宓与东南大学/乐黛云 ……… 212

梁启超在东大讲学/赵子云 ········· 214

　　中大人文盛况追忆/钱谷融 ········· 217

　　"学衡派"与东南大学/高恒文 ········· 219

　　忆胡小石师/梁白泉 ········· 222

　　柳诒徵：花20多年撰写《中国文化史》/黄　勇 ········· 224

红色基因 ········· 229

　　东大英烈 ········· 229

　　东大英烈名录 ········· 230

　　红色梅庵 ········· 232

　　　　中国社会主义青年团二大会址 ········· 232

　　　　少年中国学会旧址 ········· 233

　　　　南京共青团组织的诞生地 ········· 234

　　东南大学光荣革命传统 ········· 235

　　东南大学"烈士纪念日"主题教育活动 ········· 237

　　东大英烈典型事迹 ········· 238

　　东大英烈文稿选摘 ········· 241

　　六朝松下：南京青年运动的精神地标 ········· 245

名家大师 ········· 248

　　东南学府俊彩星驰 ········· 248

　　"两弹一星"元勋中的东大人 ········· 276

　　东大领军人才杰出代表 ········· 277

　　大国重器 ········· 279

菁英气质 ········· 285

　　杨廷宝：打造了半个南京城 ········· 287

　　徐百川：我国土木工程教育先驱 ········· 290

　　建筑大师刘敦桢：甘于清贫　以勤能补拙为座右铭 ········· 295

倪光南：一腔报国志　执著50载 ………………………………… 298
中国工程院院士倪光南写给祖国母亲的信 …………………………… 306
钟训正：自己虽无天分但却有股"傻劲" ……………………………… 308
建筑学家童寯：好好地做人　认真做学问 …………………………… 313
黄纬禄院士数学笔记曝光 ……………………………………………… 317
黄培康、张乃通：耐得住寂寞才能守得住繁华 ……………………… 319
土木工程专家丁大钧：用6年零2个月创立"丁氏公式" …………… 324
吕志涛：辍学之痛，让我珍重学业 …………………………………… 329
齐康：再不反省就认不清了 …………………………………………… 333
为有壮志砺德业　新材补天慰女娲 …………………………………… 341
修正航向挑战未来 ……………………………………………………… 346

校园生活 ……………………………………………………………… 355
步入精神家园　提升人生境界 ………………………………………… 357
品牌文化活动 …………………………………………………………… 359
校园歌曲选粹 …………………………………………………………… 365

编后记 ………………………………………………………………… 371

精神图腾

校训、校标、校歌是一所大学的精神图腾和符号象征,它们凝聚着一所大学的核心价值追求,通过被传承、解读和践行使大学的文化精神在历史长河中得以持续、绵延和光大。本章选取多篇对东大校训、校标、校歌等进行深度解读的文章,全面展现东大精神内涵和价值追求,激励东大学人将这种精神内化于心、外化于行。

校训

校训校风

两江师范学堂

李瑞清任两江师范学堂监督（即校长）期间，以"嚼得菜根，做得大事"为校训，倡导"独立思考，崇实务本"的学风和"俭朴、勤奋、诚笃"的校风。

嚼得菜根，做得大事

南京高等师范学校

南京高等师范学校校训只有一个"诚"字。之所以以"诚"为训，以诚为本，是因为校长江谦认为，"诚"涵知、仁、勇，"诚"育德、智、体。南京高等师范学校要求全体师生均须以诚植身，以诚修业，以诚健体，以诚处世，以诚待人。

国立东南大学

国立东南大学校风——"诚朴、勤奋、求实"。国立东南大学源出南京高等师范学校,且同时并存达三年,两者同一校园,同一校长,原班教师。教育思想一以贯之,学风校风,一脉相承。在江谦校长以"诚"为训、三育并重的基础上,郭秉文、刘伯明等一班教授,主张弘扬民族优良传统,吸收西方优秀科学文化,民主治校,学术自由,三育并举,逐渐形成了民族的、民主的、科学的精神和"诚朴、勤奋、求实"的校风。这种精神和校风在南京高等师范学校后期得到大力提倡,又在国立东南大学时期得到践行、充实和发展。

止于至善

国立东南大学校训——"止于至善"。郭秉文主张教育救国、科学救国,勉励师生为国分忧,为国尽力,使自己"具有国士的志节和风度,以国家为己任,以天下为己任"。郭秉文当校长时的校训是"止于至善"。这"止于至善"源出《礼记·大学》:"大学之道,在明明德,在亲民,在止于至善。"把"止于至善"作为校训,意在鼓励师生孜孜不倦、奋力以求,不断提高人生境界和学术境界,勇往直前,永不自满。

国立中央大学

诚朴雄伟

国立中央大学学风——诚、朴、雄、伟。罗家伦任国立中央大学校长时,提出必须树立"诚、朴、雄、伟"的学风。他认为:高尚的理想,认定的目标,伟大的使命,只有养成新的学风才能达到。罗家伦认为新学风的养成,须从"矫正时弊"入手,破而后立。所以,他为国立中央大学提出"诚、朴、雄、伟"四个字的新学风。这四个字要求师生为人、为学要以诚为本，诚心正意，朴实无华；要志存高远，胸怀宽广，以大雄无畏、不惧困难、坚毅自强、敢于争先的气概和崇高的责任感、使命感，超越自我、勤奋求学、身体力行，在实践中展现自己的知识和品格。"诚"，即对学问要有诚意，不把学问当作升官发财的途径和取得文凭的工具；对于"使命"，更要有诚意，要向着认定的目标义无反顾地走去。"朴"，是质朴和朴实的意思。不以学问当门面、作装饰，不能尚纤巧、重浮华，让青春光阴耗费在时髦的小册子、短文章上面，而要埋头用功，不计名利，崇实而用笨功，树立厚朴的学术风气。"雄"，是"大雄无畏"的雄。为纠正中华民族自宋朝南渡以来的柔弱萎靡之风，要扭转一切纤细文弱的颓风，就必须从"善养吾浩然之气"入手，以"大雄无畏"相尚，男子要有丈夫气，女子亦须无病态。"伟"，是伟大崇高的意思。要集中精力、放开眼界，从整个民族文化的命运着眼，努力做出几件大事业来，切不可偏狭小巧，存门户之见，亦不能故步自封，怡然自满。

南京工学院

严谨、求实、团结、奋进

南京工学院校风——"严谨、求实、团结、奋进"。"南京工学院"的名称，从1952年用至1988年，历时36年，是东南大学（简称"东大"）百年历史上用得最长的一个名字。这一段校史又可细分为南京工学院的创建时期（1952—1957年）、曲折中发展的十年（1957—1966年）、"文革"中动乱的十年（1966—1976年）和改革开放中的振兴时期（1978—1988年）等不同阶段。这是一个改造旧教育、探索新教育的时期。既有在教育方针、教育内容、教育方法上的有益探讨，也有用"思想改造""阶级斗争""文化革命"等推动的"教育革命"；既有面向生产、面向普通劳动者的巨大历史进步，也有脱离世界科学发展大道、轻视高等教育规律的方向迷误。由于国家实行高度集中和统一的政治、经济、文化、教育体制，没有学校能够提出有个性、有特色的办学理念。虽然如此，在汪海粟、刘雪初、钱钟韩等教育家的带领下，在全面推行苏联教育体制时能够努力结合自己的实际，在经常的政治颠簸中能够不断整顿教学秩序，从事教材建设，进行教学改革，提高教学质量，重视实践环节，加强工程训练，积极开展科研，培育学科特色。改革开放后，学校着意倡导并建设"严谨、求实、团结、奋进"的校风。1985年，这八个字被做成大幅金字镶置在刚刚落成的新图书馆正面墙壁上，至今犹在。

东南大学

止于至善

东南大学校训——"止于至善"。进入新的世纪，在百年校庆筹备过程中，干部职工普遍认为，还应该选一个简单明了的说法概括学校的精神并作为师生行为的准则。一批海外校友和知名教授提出恢复20世纪20年代国立东南大学时期的校训——止于至善。认为这一校训奠基于华夏文明的深厚土壤之中，承接东南大学悠久历史传统，既可以表达继承民族文化优良传统和学校优良传统的决心，又蕴含着在教学、科研、管理和社会服务中追求尽善尽美的愿望，可以激励一代代东大人不断进取，永不止步，办一流大学，做一流学者，成为一流人才，创造一流成果，提供一流社会服务。2002年3月29日，校领导集体会议审议通过，恢复"止于至善"为东南大学校训。

东南大学校风——"严谨、求实、团结、奋进"。1988年，南京工学院复更名为东南大学，明确以综合性大学作为学校发展的方向。南京工学院"严谨、求实、团结、奋进"的校风，作为宝贵的精神财富，在东南大学得到了继承和维护。

（https：//history.seu.edu.cn/18338/list.htm）

以训为则　创造新境

董　群

在百年校庆到来之际，我校经过广泛的讨论，多方征求专家学者的意见，决定恢复"止于至善"的校训，使我校的文化建设进一步完善化。对此校训，就我个人的理解，扼要地作如下说明。

为何恢复旧训

"止于至善"是老东南大学的校训，当时的银质圆形校徽就将此训镌于其上。恢复这一老校训至少基于以下两点考虑：其一，历史和生命意识，即校训要反映出东南大学的悠久历史传统和生命底蕴。重新制定出一个新训，不是不可以，而且这种新校训也可以反映出学校发展的时代特色。不过，如果这一校训是在历史上所有存在过的校训之外，那么容易造成和历史断裂的感觉；如果以某一老校训为据而加以补充组成新校训，还不如逐一考察老校训，选择其解释空间最大的一个，老训新释，既可以反映历史感，又体现出时代性。其二，本原意识，即对历史传统和生命底蕴的反映必须坚持本原性追问，有寻根意识，也就是说，要寻求这一校训的最早提出阶段。考我校校训史，可以追问到最早的两江师范学堂时期的"嚼得菜根，做得大事"，这是"诚朴"这种一贯精神的基础，南京高等师范学校校长江谦就将此8字刻成匾额，并培养成诚实、俭朴、勤学、勤劳的风气，诚朴的精神逐渐形成。1921年国立东南大学建立后，校长郭秉文也是以诚为训、以德为高。后来，老东南大学的校训又演变为"止于至善"。"止于至善"解释的空间更为宽广，意境也更为高远。所以对本原和根的追问，至此比较合适。新东南大学承此古训，成为一种必然，从校名到校训兼具历史的纵深感，成就对老东南大学及其发展阶段的整体性继承。

此训本义

此训典出《礼记·大学》，此篇开篇即说："大学之道，在明明德，在亲民，在止于至善。"这里的"大学"，当时是针对"小学"而言的。"小学"即礼、乐、射、御、书、数，属于"艺"的层面，称六艺；而"大学"是修身之学，是使人成为道德上的完人之学，属于"道"的层面。道和艺，一为形而上，为体，为性；一为形而下，为用，为相。朱熹称"大学"为"大人之学"（《四书集注·大学章句》），也是恰当的，"大人"指道德完善之人。

对"止于至善"要从三个方面来理解：第一是"止于至善"本身的意义，第二要结合三纲来理解，第三要结合八目来理解。也就是说，要结合整个《大学》来理解，这才能完整反映此训的原初意义，才能在此意义上开出时代性的新释。

首先要明了"止于至善"四字本身的含义。"止于至善"，孔颖达释为"言大学之道，在止处于至善之行"（《礼记正义》）。朱熹释"止"为"必止于是而不迁"，一定要达到这个境界而不再改变，释"至善"为"事理当然之极"（《四书集注·大学章句》），事情的最高原则，即最高的善。王阳明释"至善"为"性"，即本性，人类的本生是纯善无恶，"至善者，性也。性元无一毫之恶，故曰至善"（《传习录上》）。至善之性是人类的固有本性，所以"止"就是一种对本性的复归，"止之，是复其本然而已"（《传习录》）。历史的解释虽然表达有异，但基本精神是一致的，都是要通过道德修养而达到人类最高的善。

其次应该结合《大学》的三纲来理解"止于至善"。"止于至善"境界如何达到？这就涉及成就完善道德的方法和阶段等问题。《大学》提出了三纲八目。首先是"三纲"：明明德、亲民、止于至善。明明德、亲民两纲是达到止于至善境界的方法，也是两个不同阶段。"明明德"，指个人达到道德的觉悟，前一个"明"是动词，明了、达到之意，"明德"是指人们都具有的至善的道德本性，"明德"之"明"，表示纯净无染的、圆满的，是对善的描述。个人达到道德的觉悟之后，还要推己及人，帮助、教育他人，使其也成为有道德的人，这就叫"亲民"。"亲"有亲属、爱、接近等义，因为爱他人，而想推己及人，这就是"恕"道。所以孔颖达释"亲民"为"亲爱于民"（《礼记正义》）。朱熹释"亲民"为"新民"，

"新者，革其旧之谓也。言既自明其明德，又当推以及人，使之亦有以去其旧染之污也"（《四书集注·大学章句》）。这种解释融入了佛教的如来藏思想。王阳明不同意朱熹之释，认为如果说是"新民"，应该是"自新之民"，不需要他人的教诲而能自觉。而"亲民"则含有"教养"的含义，"犹孟子'亲亲仁民'之谓"（《传习录上》）。强调恢复"亲民"的本义。王阳明的解释比较符合《大学》的本义。《礼记》中关于大学之道的另一段话，也可以帮助我们理解"明明德"和"亲民"的意义，突出教育的作用，认为古代教育，首先是对个人的培养，必须通过九年的时间，达到大成："九年，知类通达，强立而不反，谓之大成。"（《礼记正义·学记》）"知类"指掌握普遍的规律性、本质、本体；"通达"指知识运用的普遍性，触类旁通，无所障碍；"不反"指不退转，大成境界的稳固性，不会再返回到未受教育或低层教育的境地。这是"明明德"的过程。在此基础上，才能够以仁爱之心教化他人，"然后足以化民易俗，近者说服而远者怀之"（《礼记·学记》）。化导民众，使近者悦而远者来。这是讲的"亲民"之道。

经过明明德和亲民两个阶段，就会达到至善的境界。作为校训，从简洁的要求出发，只要强调最高的阶段或者结果之"止于至善"即可，作为过程、阶段的"明明德""亲民"，其意义已含摄于其中。

最后应该结合八目来理解"止于至善"。"八目"为格、致、诚、正、修、齐、治、平。"古之欲明明德于天下者，先治其国。欲治其国者，先齐其家。欲齐其家者，先修其身。欲修其身者，先正其心。欲正其心者，先诚其意。欲诚其意者，先致其知。致知在格物。"（《礼记·大学》）这八目的核心在于修身，而基础在于格物。依朱熹的解释，格、致、诚、正作为修身的方法，属于明明德的内容（《四书集注·大学章句》）。因此，八目是对三纲之"明明德"纲和"亲民"纲的进一步说明，最后要达到的境界仍然是"止于至善"纲。

这里分两条道路：内圣之路和外王之路。内圣是格至诚正之路，外王是修齐治平之路。

这两条路的起点是"格物"，基本的意义是和事物加以接触，认识事物。关于格物的对象，各家解释不同，但基本上是两方面，一是向内格心，二是向外格事。向外格事，是程朱理学一派的观点，知为人们先天所固有，但要通过格物才能得到。所格之事，包括社会生活、自然界中的一切对象。向内格心是陆王心学的观点，认为人们先天具有良知，即道德上的至善和认识的本能，王阳明释"格"为"正"，"格者，正也，正其不正以归于正者之谓也"（《大学问》）。正的具体方法，就是道德实践上的为善去恶。

"致知"，是由格物而达到对于知识、智慧的认识和掌握，致知必有一个格物的过程，是所谓"物格而后知至"（《礼记·大学》）。东大有"致知堂"，典出于此。

"诚意"，《大学》释为"毋自欺也。如恶恶臭，如好好色，此之谓自谦。故君子必慎其独也"。也就是说，心的发动，要真实无妄，诚实，其价值指向是善，思想意识以善为准则。远离恶要像讨厌恶臭那样，追求善要像喜爱美景那样。谦通"慊"，满足之意，要达到这种真实无妄心，最重要的是"慎独"，在个人独处、没有社会关系的制约时，仍然要自律，遵守道德准则，这是最难之处。诚意的前提是致知，是所谓"知至而后意诚"（《礼记·大学》）。而诚意又是达到"正心"的条件，所谓"意诚而后心正"，"正心"就要求心不倾斜。

至此，构成大学之道的内圣之道，即内求圣人之德，在此基础上，经过修身阶段，开出齐家、治国、平天下的外王之境。这样，以修身为核心，内圣是修身的内容，外王为修身的功用，推己及人，由近而远，由内而外，由道德事功，实现人生的价值。

以训为本，创造新境

对此古训，我们在既要了解其本来意义，又不违反本来意义的基础上，根据时代的新特点作出新的理解，并以此为规则，在我校的发展中，创造新的辉煌。

此训要求我们力争做一个道德完善的人，追求最高道德境界的人，立意高远的人。道德是做人的根本，不管是从事自然科学、社会科学还是人文学科的学习、研究和教学的人，都必须具有高尚的道德。因此，"止于至善"提倡的是一种理想道德的取向，这是人文精神的核心所在，但这并不是说科学精神和技术理性会妨碍道德理想的实现。同时，对理想道德的追求，并不仅仅是道德学家的专利，而是每一个人的"应当"。对于一个真正的学者、科学家、工程师、管理者等等而言，做学问、做研究、做事和做人应该是相统一的，如果将两者分开、忽略后者，将从事的事业只当作一种知识对象来对待，并作为自己的谋生进阶工具，而缺乏对自然的生态关怀，对社会的人道关怀，对心灵的道德关怀，都难以成就"至善"的境界，难以成就道德意义上的"人"。

至善，也可以理解为"最好"的境界，不只是满足于较好、更好，而是努力达到最好、第一流、高水平。做学生，要力争成为最好的学生；做老师，要成为最好的老师；做管理，要达到最佳的管理；办大学，要办成一流的大学。

要达到最高的境界，不是好高骛远，而是要求每个人首先成就自我完善的人，从自我做起，从"格物"做起，格物既是以自然、社会、人类精神为对象的科学研究，并将此研究成果在人本、生态原则下的应用性转化，也是在人与人、人与社会、人与自然、人与自身的相互关系中体会高尚的道德，由此培养良好的科学精神、技术理性、道德情操。由此格物而致知，求得认识自然、社会、人生、精神世界的智慧，逐步促成自我的完善，并从这种完善的自我出发，关爱自然、服务社会、贡献人类，成就天人合一之境。

结论

至此，我简要地总结"止于至善"的时代要求，这就是：完善自我，关爱他者，追求至善，创造卓越。

（载 2002 年 4 月 10 日第 851 期《东南大学报》）

东南大学历史上的校训及其解读

陈 怡

校训对一所大学的意义是不言而喻的。它不仅是一所大学办学理念的集中体现,而且是其文化积淀的具体体现。校训的功能,对内可以引导师生的行为举止,起到无言的熏陶作用,引领学校的办学方向,形成学校的办学特色;对外可以凸显学校的形象,体现学校的品格,让社会对学校有更深切的了解,产生更大的影响。因此,了解校训及至研究和解读校训,是一件有意义的事。它不仅能让你更好地了解一所学校,还能从中看到时代的变迁对学校产生的影响。

东南大学历史上使用过的校名和校训

东南大学的历史,尽管可以追溯到明朝的国子监,甚至魏晋南北朝时的昭明太子编《昭明文选》,但从现代大学的意义上说,是始于20世纪初的。其前身是1902年由当时的两江总督刘坤一、张之洞倡议兴办的三江师范学堂,因其生源来自江苏、安徽、江西三省,故称"三江"。1905年,校名改为"两江优级师范学堂"。1913年,改名为"南京高等师范学校",简称"南高师",为当时全国四大高师——北(京)高师、南高师、武(昌)高师、广(州)高师之一。1921年,改名为"国立东南大学",为中国历史上的第二所国立大学(第一所为于1912年创立的"国立北京大学")。1927年,按蔡元培提议的全国实行"大学院""大学区"制,学校改名为"第四中山大学"。1928年2月，按大学委员会命令，改名为"江苏大学"。后因师生反对，1928年4月改名为"国立中央大学"，并由蔡元培于5月4日亲自到校宣布。1937年9月，学校内迁重庆。1946年迁回南京。1949年8月，学校改名为"国立南京大学"。同年10月，按政务院通知，径称"南京大学"。1952年，全国院系调整，文、理科迁至原金陵大学，与其他学校的相应学科组合，成为新的"南京大学"。其他学科仍在原址，并组合其他学校的相应学科，成为"南京工学院"。1988年，学校复更名为"东南大学"。

据初步统计，在东南大学历史上使用过的校训共有六个。第一个校训是由时任两江优级师范学堂总监的书画家李瑞清于1905年亲笔书写的"嚼得菜根，做得大事"。第二个校训是由时任南京高等师范学校校长的江南硕儒江谦提出的"诚"。第三个校训是由国立东南大学第一任校长郭秉文总结和提倡的"诚朴、勤奋、求实"。第四个校训是由时任国立中央大学校长的罗家伦提出的"诚、朴、雄、伟"。第五个校训是解放后提出的"严谨、求实、团结、奋进"。第六个校训是于2002年百年校庆时确定的当年由郭秉文提议过，并用之于当时校徽的"止于至善"。需要说明的是，上述校训在当时并非都明确地被称为校训，有的称为校风，有的称为学风，但都在学校的办学中起到了重要作用。以今天的观点来看，是可以称为校训的。

校训提出人简介及校训的解读

如上所述，东南大学历史上的第一个校训"嚼得菜根，做得大事"是由李瑞清于1905年提出的。李瑞清，生于1867年，卒于1920年，江西临川人，号梅庵，又号清道人，是清末民初的著名书画家，被称为中国近代书学之宗师，在日本有很大影响力，张大千曾是其门生。李瑞清虽为书画家，但对教育情有独钟。任学校总监前后八年，对学校产生了重要影响，是东南大学实际意义上的第一位校长。他的教育理念是："视教育若生命，视学校若家庭，视学生若子弟。"由此可见他对教育、对学校、对学生的感情和重视。"嚼得菜根，做得大事"的校训是很有特色的校训，体现了他对教育和人才的理解。其源自明朝洪应明的《菜根谭》一书。该书书名的含义由清朝三山病夫在《菜根谭》原序中作了解释："菜之为物，日用所不可少，以其有味也。但味由根发，故凡种菜者，必要厚培其根，其味乃厚。……又古人云：'性定菜根香。'夫菜根，弃物也，人多忽之，而菜根之香，非性定者莫喻，惟静心沉玩者，乃能得旨。"可以说，这其中的韵味是十分深长的。由此想到，当年李瑞清之所以亲笔题写这八个字作为学校的校训，一定是有感于当时社会的浮躁。但他可能没想到，一百年后的中国社会，其浮躁之风仍在。我想，如果仍将之作为今天的大学校训，恐怕更具针对性。只是今天的大学校长们少有这样的定性和气魄。

东南大学历史上的第二个校训"诚"是由时任南京高等师范学校校长的江南硕儒江谦提出的。江谦，字易园，江西婺源人，清末曾受业于南京文正书院，为张謇所赏识，任过张謇在南通创办的我国第一所民办通州师范学校的校长，后被教育部任命为南高师校长，任职时间从1915年至1918年。江谦国学功底深厚，于孔学、阳明之学造诣尤深，又精于文字音韵之学。他倡导以"诚"为校训，认为"诚者自成"，诚乃有信心、有信力。有信心，乃知非教育不足以救国；有信力，乃知非实行教育无以救国。以信心为体，以信力为用，此为该校训之主旨，实为教育之根本。"诚"是中国传统文化的核心概念之一，在《中庸》和《孟子》中有集中的论述。如《中庸》中说："诚者，天之道也；诚之者，人之道也。……自诚明，谓之性；自明诚，谓之教。诚则明矣，明则诚矣。唯天下之至诚，为能尽其性，能尽其性，则能尽人之性，能尽人之性，则能尽物之性，能尽物之性，则可以赞天地之化育，可以赞天地之化育，则可以与天地参矣。"同样，由此想到，当年江谦之所以提倡以"诚"为校训，一定是有感于当时社会的"诚"的缺失。但同样令他没有想到的是，一百年后的中国社会，其"诚信"缺失仍存在。

东南大学历史上的第三个校训"诚朴、勤奋、求实"是由时任国立东南大学校长的郭秉文总结和提倡的。郭秉文，字鸿声，江苏江浦人。1908年赴美留学，1911年获伍斯特学院理学学士，1912年获哥伦比亚大学教育学硕士，1915年获哥伦比亚大学教育学博士。同年回国，辅佐江谦办学，

1918年出任南高师代理校长，后于1920年发起创办国立东南大学，并于1921年任首任东南大学校长。严格讲，这一校训并不是当时真正意义上的校训，而是当时公认的校风。这一校风的形成，经历了较长的时间。从李瑞清，经江谦，再到郭秉文，而且尤有时任校行政委员会副主任刘伯明及一批南高师教授的大力支持，形成了民族、民主、科学的学校精神，促进了"诚朴、勤奋、求实"校风的形成，得到了社会的认可，并且一直都在延续，包括后来的中央大学。其中的"诚朴"二字，直到今天还是台湾"中央大学"的校训。还值得指出的是，郭秉文的"四个平衡"的办学思想也颇有特色。他主张：通才与专才平衡，本科注重通才教育，不忽视应用，专科注重专才教育，不忽视基础；人文与科学平衡，人文、社会科学与自然科学并重，既要倡导民族精神，又要倡导科学精神；师资与设备兼顾，大学教育以师资为第一，但物质设备亦不容忽视；国内和国际平衡，既重视已有的饱学之士，又广求知识于世界。这些办学思想，即使在今天，也仍然有很好的指导意义。

东南大学历史上的第四个校训"诚、朴、雄、伟"是时任国立中央大学校长的罗家伦提出的。罗家伦，字志希，浙江绍兴人。1917年考入国立北京大学，同年5月4日参加五四运动，成为学生领袖，是名震一时的《北京学界全体宣言》的起草人。1920年起留学美、英、法、德诸国。1925年回国后任国立东南大学教授。1928年任国立清华大学首任校长。1932年至1941年任国立中央大学校长，前后10年，是东南大学历史上任期最长的校长。在此期间，他建树甚多，对学校的发展有很大贡献。他的教育思想集中体现在他所提出的"创立有机体的民族文化"主张中，强调必须每个人都具有复兴中华民族的共同意识，同时各部分文化的努力必须互相协调。罗家伦还提出了"诚、朴、雄、伟"的学风要求。他解释说，"诚"就是对学问要有诚意，不以其为升官发财的途径，不以其为取得文凭资格的工具。要知道从来成大功业、成大学问的人，莫不是备尝艰辛、锲而不舍地做出来的。对学问若无诚意，结果必至学问自学问、个人自个人。现在一般研究学术的都很少诚于学问，看书也好，写文章也好，都缺少对学问负责的态度。至于人与人之间，应当以诚相见，就更不用说了。

"朴"就是质朴和朴实的意思。现在有些人,以学问为门面,作装饰,尚纤巧,重浮华,很难看到埋头用功、不计功利而在实际学问上作远大而艰苦努力的人。要体念"几何学中无王者之路(捷径)"这句话,须知一切学问之中皆无王者之路。崇实而用笨功,才能树立起朴实的学术气象。"雄"是指"大雄无畏"的"雄",以纠正中华民族自宋朝南渡以来的柔弱萎靡之风。"伟",指的是伟大崇高的意思,要从整个民族文化的命运着眼,不可有偏狭纤巧,存门户之见,故步自封。他还说,理想的学风,一时不能做到,也当存"高山仰止,景行行止"的心愿。

东南大学历史上的第五个校训是新中国成立后提出的"严谨、求实、团结、奋进"。这一校训带有明显的时代特点。应该说,也有很好的内涵,但缺乏特色,因为在那一时期,几乎中国所有的大学的校训都没有太大的差别。如果有差别的话,也只是个别词语和顺序的微小差别。还可看出,这类校训带有革命战争年代军队的色彩,因为毛泽东给抗大的题词是"团结、紧张、严肃、活泼",而且要求全国人民要学习解放军,所以大学的校训几乎都是类似的八个字。

东南大学历史上的第六个校训,也是现在使用的校训"止于至善"是由郭秉文曾提议过的校训。郭秉文对青年学生寄予厚望,勉励学生要为国分忧、为国尽力,使自己"具有国士的志节和风度,以国家为己任,以天下为己任"。当时东南大学的校徽,银质圆形,上面镌"国立东南大学"六字,中央镌"止于至善"四字。其出自著名的儒家经典四书五经中的《大学》一书。该书是中国历史,也是世界历史上最早的高等教育论著。书中的要旨即是开篇的一段话:"大学之道,在明明德,在亲(新)民,在止于至善。"括号中的"新"是宋朝的朱熹根据文意改动的。这段话,是非常精辟的一段话,也是中国传统文化的精华之一,时至今日,仍有很好的指导意义。对这段话,有如下几点值得体味。首先,文中的"大学"与我们今天所说的大学有不同的含义。我们今天所说的大学是近现代意义上的大学,起源于12世纪的欧洲。而文中的"大学"指的应该是"大人之学",它是与"小学"相对的。在古代中国,15岁之前的学习内容主要是文字及洒扫、进退、应对之类,称为"小学"——小孩之学,或"小学问"；15 岁之后的学习内容则包括格物、致知、诚意、正心、修身、齐家、治国、平天下之类，称为"大学"——"大人之学"，或"大学问"，也是一个人终其一生都要学习的学问。其次，这段话中的"明明德""亲（新）民""止于至善"被称为"大学之道"的"三纲领"（而上文中的八件事则称为"八条目"）。但这三者实为两件事："明明德"和"亲（新）民"，第三件事实际上是对前两件事的强调：永无止境，只有达到尽善尽美（至善）才能停止。前两件事的含义也是非常深厚的，它阐明了高等教育的最终目的：成人和成才。"明明德"的含义是：明了明德，即在精神上成人。"亲（新）民"的含义是：亲近（革新）民众，即改造社会，为社会作贡献，亦即成才。这正是人才的完整含义：既成人，也成才，即德才兼备。这正是教育的根本目的。庄子在《天下》篇中将这两件事称为"内圣外王"：对内将自己修成圣人；对外开创王者的事业。但这样的目标显然太高了，一般人难以企及，就显得大而无当。所以，中国台湾学者南怀瑾将之称为"内明外用"：内修成为明白人，外用成为对社会有贡献的人。我认为，这样的概括是比较合适的。顺便提及，我个人认为，如果采用"明德新民、止于至善"，当更加明确和完整。

余　论

　　回顾了东南大学历史上的校训，并进行了相应的解读，感触良多。综观世界一流大学，其一流不仅表现在它的学术水平，也表现在它的文化底蕴和历史积淀上，就是在校训上也表现得有个性、有特色，而且一以贯之，少有频繁的变动。像中国大学这样频繁变动校训的情况，在国内比比皆是，但在国外，是较少的。从人类发展的历史看，大学是最具稳定性的组织之一。同时，由于大学独有的自治传统和独立精神，它也应是最少受到干扰的地方，称它为"社会的良心""人类的灯塔"虽然有点过誉，但总不应成为社会习俗的风向标。中国的大学，不知能否从校训的变动中悟出一些启示。设想再过一百年以后，再回首，能否呈现另一番景象。

　　中国大学的校训，在经历了一番变动后，现在都纷纷重新确定自己的新校训，或者回顾历史，或者埋首传统文化，寻找其中的精粹。这种现象，有值得欣喜的一面，因为开始重视校训、重视历史、重视文化了；但也有值得忧虑的一面：新的趋同现象又会出现。难道中国的大学就这样缺乏个性、缺乏自信吗？

最后想表达的是，东南大学具有这样深厚的文化底蕴和这样光辉的历史沉淀，作为这所大学的一名成员，应该感到自豪，更应该为之增辉。校训固然很有意义，但它毕竟只是一种标识、一种理念，最重要的是要将它内化为一种精神，落实为行动，使之成为事实。

参考文献

[1] 朱斐. 东南大学史 1902—1949（第一卷）. 南京：东南大学出版社，1991.

（载 2007 年 6 月 2 日第 1031 期《东南大学报》第 10 版）

校标

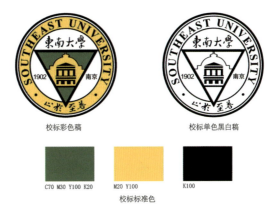

校标彩色稿　　　　校标单色黑白稿

C70 M30 Y100 K20　　M20 Y100　　K100

校标标准色

精神图腾

东南大学校标释义

（1）东南大学现使用的校标于1997年5月由东南大学艺术学系张道一教授设计完成。

（2）校标整体图案呈圆形，由两个同心圆组成。外环线条用外粗内细"文武线"装饰，体现了中国的传统文化。外环上半部分为东南大学英文名称"SOUTHEAST UNIVERSITY"，下半部分为集王羲之书法体校训"止于至善"。

（3）标识中间主体部分延续了中央大学时期校徽

的倒三角图形。倒三角形内部为东南大学的标志性建筑四牌楼校区大礼堂。细线为大礼堂轮廓线，中间黑实线为大礼堂正立面爱奥尼亚柱式和山花构图。内部等腰三角形的下面一角冲破内圆，含"遵守规则又敢于创新"之深意。内圈的三角形和外圈的圆形分别代表东南大学的历史与现实、旧我与新我。两者的配合，既体现出形式上相反相成的互渗与融合，也凸显出历史与现实、旧我与新我之间的张力，预示了东南大学无限美好的辉煌的未来。

（4）内圆中还有被三角形分割成的三个弓形区域，上方标明校名"东南大学"，也为集王羲之书法体；下方左侧"1902"，表明学校的历史源远流长，可以追溯到1902年张之洞等创办的三江师范学堂；下方右侧"南京"，表明学校的办学地点。

（5）校标的颜色选取黄色和绿色。外环和大礼堂为黄色，三角形内大礼堂背景为绿色。黄色是中国的传统色，同时也表明我校校址曾是六朝皇宫内苑和国子监所在地。绿色喻义青年学子风华正茂，代表六朝松历经千年仍然生机勃勃的旺盛生命力，同时表明我校位于长江之滨、玄武湖畔。

（https：//www.seu.edu.cn/2017/0531/c28443a332468/page.htm）

校歌

精神图腾

王步高，1947年生，江苏扬中市人。1969年毕业于南京大学外文系德文专业（本科），曾任中学教师和副校长十余年。1984年获吉林大学中文系唐宋文学专业硕士，曾在江苏古籍出版社任编辑，其间考入南京师范大学词学研究专业（博士），师从唐圭璋教授。1991年调东南大学文学院，先后任副教授、教授、副院长、院学术委员会主任，为东南大学中文系二级教授，2009年开始曾任教于清华大学。兼任全国大学语文研究会副会长。从事古典诗词研究与教学，著有《梅溪词校注》《司空图评传》《探寻词苑的艺术与人生：唐宋词鉴赏讲演录》等学术著作及高校教材四十多种。主攻诗学、词学、文艺美学。主编的《大学语文》教材，为全国"十五""十一五"规划教材之一，获国家优秀教材二等奖。主持的东南大学"大学语文""唐宋诗词鉴赏"等课程是国家级精品课程，曾获国家级教学成果奖二等奖。两次被全校学生评为"最受欢迎的教师"。系江苏省教学名师、享受国务院特殊津贴，是《东南大学校歌》的词作者。

漫话东南大学校歌

王步高

国有国歌，军有军歌，校有校歌。诚如周武《从西南联大校歌看民国时期的大学精神》一文所言。

校歌之于它的学校，就如同国歌之于它的国家，它可以说是校园生活的现代图腾。对大学而言，校歌不只是一串音符、一簇象征性的符号，更是一种灵魂，是大学精神的集中体现，并代表该校的特点，它是由该校的历史传统和办学风格凝聚而成的，它的旋律萦绕、弥散着每一位学子心中的憧憬和梦想。

我们东大这百余年的现代办学史也是校园文化的形成史，历史上的四首校歌，生动地记录下我们学校发展的历史轨迹，体现了我校的大学精神，也有着鲜明的个性特征。

三首老校歌

东大历史上曾有过三首老校歌：一为江谦作词、李叔同作曲的《南京高等师范学校校歌》；二是汪东作词、程懋筠作曲的《国立中央大学校歌》；三是罗家伦作词、唐学咏作曲的《国立中央大学校歌》。现分别阐述之：

吾校虽始创于1902年，初名三江师范学堂，1904年开始招生时已改名两江师范学堂，只维持到1912年。因辛亥革命爆发，李瑞清坚持不与民国新政权合作而停办。1914年江苏省巡按使韩国钧委任江南硕儒、原江苏省教育司司长江谦为南京高等师范学校校长，在两江师范学堂原址办学，后韩国钧调安徽，待新巡按使齐耀琳到职后方经教育部批准再度任命江谦为南高师校长，并于1915年1月17日到任。江谦任南高师校长为1915—1918年。由他作词的校歌也应产生于这一时期，因李叔同到任更晚一些，现在一般认为《南京高等师范学校校歌》产生于1916年，应是可信的。歌词如下：

> 大哉一诚天下动，如鼎三足兮，曰知、曰仁、曰勇。
> 千圣会归兮，集成于孔。
> 下开万代旁万方兮，一趋兮同。
> 踵海西上兮，江东；巍巍北极兮，金城之中。
> 天开教泽兮，吾道无穷；吾愿无穷兮，如日方暾。

此歌2001年被定为《南京大学校歌》，南京大学（简称"南大"）译之如下：

> 诚实之德多么伟大，整个世界都为之鼓动。
> 像鼎之三足支撑着它的，是智慧、仁爱和奋勇。
> 集大成的圣人是孔子，是众圣汇聚归依的正宗。
> 直到千秋万代，旁及四面八方，我们的目标都相同。
> 随着海潮沿江西上，就是富饶的江东。
> 巍峨的北极阁啊，耸立在雄伟的南京城中。

精神图腾

上天开启了教育的恩泽,我们的事业永无穷。

衷心祝愿事业无穷,像初升的太阳照耀长空。

江谦国学功底深厚,曾就学紫阳书院与南京文正书院。这首以骚体写成的校歌,体现了他的办学理念。江谦倡导以"诚"为校训,认为"诚者自成",他对孔学与孔教加以区别,在新文化运动(提出"打倒孔家店")即将兴起之时,仍倡导孔学,肯定中国传统文化的历史地位。时过90年,他的这些思想仍闪烁着光辉。南京大学定其为新校歌,可能也考虑到这些因素。若论其不足处则如下:歌调层次有点乱,个别句子读起来不畅,重字太多,作为南大校歌,"巍巍北极"句有点障碍。

该歌由李叔同(1880—1942)谱曲。李叔同是多才多艺的才子,曾留学日本5年,就读于东京上野美术学校,学习西洋绘画与音乐。1910年学成回国后任教于天津、上海、杭州,1915年应江谦之聘,兼任南高师国画、音乐教师。大画家丰子恺及国立东南大学、中央大学许多著名美术教授都出自他门下。1918年出家杭州定慧寺,号弘一法师。对于音乐我修养不够,无力评论其曲之高下。

吾校历史上的第二首校歌是由汪东作词、程懋筠作曲的《国立中央大学校歌》,全文如下:

维襟江而枕海兮,金陵宅其中。

陟升皇以临眽兮,此实为天府之雄。

焕哉郁郁兮,文所钟。

宏哉黉舍兮,甲于南东。

干戈永戢,弦诵斯崇。

百年树人,郁郁葱葱。

广博易良兮,吴之风。

以此为教兮,四方来同。

与第一首校歌相同处是这首歌词也是一首骚体写成的诗。前八句写学校所在的地理位置,写南京深厚的文化积淀。"宏哉黉舍兮,甲于南东"两句写及明代吾校所在地为国子监以来在东南一代文枢的地位。后八句涉

及本校的办学理念与办学方针。这是一首写得很好的歌词，缘于其作者汪东（1890—1963）先生深厚的文学底蕴。汪东是著名文学家，曾入日本早稻田大学，又与黄侃、钱玄同、吴承仕同为章太炎先生的四大弟子。1927年受校长张乃燕之聘任中文系教授兼系主任，后任文学院院长。

曲作者程懋筠（1900—1957）则为著名音乐家，17岁留学日本，为中央大学教育学院艺术系主任，曾为《中国国民党党歌》（亦称《中华民国国歌》）作曲（词乃孙中山作）。仅就校歌的歌词而言，汪东作词的这一首似较其他二首为优。

但不知什么原因，罗家伦接掌中央大学校长以后便又自己撰词，由唐学咏作曲，完成了中央大学的又一首校歌。词曰：

> 国学堂堂，多士跄跄；
> 励学敦行，期副举世所属望。
> 诚朴雄伟见学风，雍容肃穆在修养。
> 器识为先，真理是尚。
> 完成民族复兴大业，增加人类知识总量。
> 进取、发扬，担负这责任在双肩上。

罗家伦任中央大学校长为1932年9月5日，此校歌当作于此之后。据载此校歌问世后，曾两校歌并存。罗家伦是吾校历史上最有作为的校长之一，特别是抗战内迁中，他远见卓识，使大迁徙不仅未伤筋动骨，还出现空前繁荣。他也是我国著名大教育家。这首校歌的突出优点是体现了他的教育思想，这是显而易见的。

2001年南京大学也曾考虑将罗家伦歌词保留，由印青、吕晓祎重新谱曲，共谱曲三首，还因此举行八首校歌演唱会（另五首为江谦作词之《南京高等师范学校校歌》、汪东作词的《国立中央大学校歌》《金陵大学校歌》、校友新创的两首校歌）。据收回的675张选票，这三首得票分别为384票（占56.88%）、121票（占17.92%）、13票（占1.92%）。可见罗家伦校长至今仍受到人们的爱戴。但这首歌词有20世纪30年代文白夹杂之病，且未采用形象思维，尽管其得票占绝对优势，南大亦未采用它为新校歌。这首歌的作曲者为唐学咏（1900—1991），曾留学法国里昂学院，毕业时获法国文坛最高荣誉"桂冠乐士"称号,当时任中央大学艺术系教授。

以上三首老校歌与我校的历史相联系,在历史上均产生过一定影响。我在撰写《东南大学校歌》时均曾参考过,但并未试图改写,甚至任何一句亦未引用。

新校歌是怎样诞生的

十年准备 我调入东大的第二年便赶上九十周年校庆,学校让我们几位有文科博士学历者撰写《东南大学校歌》,我们的歌词在校报上刊发后未引起任何反响,我深深后悔用了白话诗的形式,亦深深为未能完成学校交的任务而内疚。1999年,我赴武汉参加中华诗词研讨会,接着又与林萍华、陈怡一起参加在同地举行的全国文化素质工作会议。时任校党委副书记的林萍华就问我:为什么不为东大写个校歌?我无言以对。返校后我便与南京师范大学(简称南师大)常国武教授商议:校歌可否采用词的形式,用文言文创作?这受到相关专家的支持。常国武教授知我很擅长写"临江仙"词,便建议我用此词调。该词仅58字,易读易记。柳永《乐章集》中《临江仙》入"仙吕调",为"黄钟宫"六调之一,黄钟、大吕属高亢激越的词调,最长于抒情。我选之《临江仙》全词共十句,上下片平仄句式相同,均为两个六字句、一个七字句、两个五字句,句式参差但变化不大,而且上下阕之一二、四五句字数相同、平仄相反,易用对仗。如今看来,这一选择是成功的基础。

以众为师 2001年3月校庆办虽收到一二百种校歌应征稿,但均感不满意(我未应征),才根据一些专家的建议向我单独约稿。我经过一个多月的努力于4月下旬交出初稿,并附上给校领导的信,信中说:"东大是格律诗词的发祥地,校歌用格律诗词来写,不仅其文化底蕴更丰富,也有利于与境外校友,尤其是与我国台湾地区'中央大学'的交流。过去的中央大学、金陵大学校歌也都是用浅近的文言文写成的,这样语言含蓄,可以百看不厌。""如果领导同意这种形式,我这里奉献的仅仅是初稿,使正式校歌的写作有一个修改的基础……我有一批朋友是全国诗坛的一流高手,我可以将此词打印后广泛征求他们的修改意见,使最后的定稿成为一流的精品。"初稿便受到校领导的高度认可,学校基本确定校歌歌词由我撰写。这是对我莫大的信任,也是我坎坷的人生中难得一次可施展才华的机遇。我暗下决心:一定要把校歌写好,要十年后我自己也无力改动其中一个字。

当年"五一"长假,我不仅自己全身心投入修改,还于4日、5日两天分别宴请江苏省春华诗社(我为社长)、中央大学校友诗社(我为总干事)的十六位诗友,前者是四五十岁的中青年诗人,后者为七八十岁的老教授、老专家。他们是江苏诗坛的诗词高手,苏昌辽、常国武以及丁芒等先生在全国也算高手。天下着雨,我与夫人在楼下迎候他们,付"打的"费。两整天,每天八人,帮我一字一句地推敲,提修改意见,使校歌创作又迈进了一大步。长假后,我综合大家意见,又交出第二稿。

此后我或登门求教,或电话咨询,仅给常国武教授打电话便在 50 次以上,上他家门不下 10 次。南京农业大学(简称南农大)单人耘先生家住卫岗,我也上门求教,中午还请他全家和南农大的其他诗友一起吃饭。丁芒先生家是我常去之地。我甚至向比我年轻的诗友请教,向我的学生请教。上课时我把不满意的字句写在黑板上,让学生提意见。把两个拿不定主意的句子,让学生投票,说哪种方案好。过去诗坛上闻所未闻的笨办法、怪办法,我都用上了。我只想让大家帮帮我,不要辜负学校的期望。

千锤百炼 修改校歌的九个多月里,我仿佛着了魔似的。夜深了,我一个人坐在阳光广场边上,为一个句子中的某个字的修改冥思苦想;下半夜两三点钟,我一个人起来,开亮小餐厅的灯,一直干到天亮。家里人多嘈杂,每次向校方递交一次修改稿,我都要两三点起身。至少有十几个晚上,我一夜只睡两三个小时。

人多意见多,孰是孰非?我焦灼、不安,甚至常常如热锅上的蚂蚁乱转;我烦躁、狂喜,在别人眼里,我如醉如痴,甚至有点神经质。这时才知道,我进入了一种境界——诗的境界。唯其如此,我才会不计较任何经济得失,才会不耻下问,才会不受任何世俗观念的羁绊,才会吃得了任何辛苦……春去秋来,寒来暑往,除了上课,我以校歌为中心,像个陀螺一样高速旋转不停，自然也排除了一切其他的干扰。

"六朝松下听箫韶"一句，最初作"千年松下话六朝"。有专家说"六朝松"是东大的象征，应当明说，便改为"六朝松下话前朝"。又有人说："前朝"容易使人想起民国，有歧义，于是又改为"六朝松下舞箫韶"。"箫韶"是舜时的舞曲，"舞箫韶"虽通，不知其出处则不好懂，加一"听"（读去声）字，知"箫韶"为可听之物，它应是音乐、乐曲之类，距离其本义便很近了。一次次修改，越改越精，越改越美，越改越突出东大的历史文化传统。

"海涵地负展宏韬"一句，初稿作"创新求实赶帮超"，一交上去便觉得太俗，又打电话去要求改成"谨严求实创新高"，后来又改为"兼容并蓄创新高""创新求实展宏韬""钩深致远展龙韬""兼容并蓄驾新潮"，后来定为"兼容并蓄展宏韬"。有人说"兼容并蓄"很容易使人想起蔡元培的"兼容并包，学术自由"，能否回避一下，而且"兼容并蓄"字眼太"熟"，最终才改为"海涵地负"，这个词很冷，《辞源》《辞海》里都没有，只有十二大本的《汉语大词典》里才可查到，但"海涵""地负"都不难懂，合在一起意思也未改变。它作为东大的办学理念，内涵更丰富，有海纳百川、地载万物之意，既有博大精深之意，也可兼含"兼容并包"的理念，且气魄宏大，又生新不熟，要比未改前好得多。

校歌经过数十次修改，历时十个月，它含有四月初稿、五月稿、七月二稿、九月二稿、十月稿、十二月定稿，仅送呈校领导审阅的便达八稿，其中九月两稿还是各两首（分两段唱）。后来挂上东大BBS征求过意见，又挂上东大网并登在2001年10月30日校报上。定稿与初稿比，除"百载文枢江左"一句未改，已面目全非。《临江仙》最后定稿如下（调寄《临江仙》）：

> 东揽钟山紫气，
> 北拥扬子银涛，
> 六朝松下听箫韶，
> 齐梁遗韵在，
> 太学令名标。
> 百载文枢江左，

> 东南辈出英豪。
> 海涵地负展宏韬。
> 日新臻化境,
> 四海领风骚。

相映生辉 校歌的曲作者印青同志现任总政歌舞团团长,是《走向新时代》等著名歌曲的作曲者。我与他并不熟悉,从七月修改稿起,我便同时写了《关于校歌的说明》《校歌歌词赏析》,这些都是供印青作曲参考的。校歌改了,说明、赏析也跟着改。改动太多了,文章的文气不贯,干脆推倒重写,仅赏析便达6 000多字,比校歌长100倍。2002年春节,印青回宁探亲,胡凌云书记宴请他,让我参加。我们谈了两小时,他很满意,说:"这下子回去可以写了。"

果真又过了不到一个月,曲子便出来了。印青来函说:

遵照校方对歌曲"古风与现代气息兼备,旋律简洁,节奏明快激昂,易唱易传"的要求,作者将歌曲处理成单二部曲式,采用小调调式(民族称羽调),具有类似昆曲等古韵之风,但形式上又采用进行曲的风格,给人以向上、自豪的精神风貌。在B段的文字处理上,调整了顺序结构,一是为乐句的相对工整,二是突出"百载文枢江左,东南辈出英豪"这重点的两句词,使歌曲一气呵成,高潮起伏,错落有致,全曲音域仅十度,便于群众歌唱。

当年2月,校文化艺术中心组织学生合唱团演唱,胡书记及校党政领导及部分中层干部到场,大家均表满意,仅我强调"听"必唱去声。3月29日校党政联席会议决定确定为校歌。次日《东南大学报》正式予以公布,并配发我的《校歌歌词赏析》(本为作曲参考用)。江苏音像出版社还出版了中央交响乐团演奏、中央广播合唱团演唱的《东南大学校歌》光盘。

新校歌问世以后

由于大家的共同努力,东大校歌取得了巨大成功。中华诗词学会的七位会长、副会长看了歌词后说:内容高度概括,气魄宏大,音节优美,用事(用典)恰到好处,还说"多年看不到写得这样好的诗词了"。

百年校庆期间，校园内外、五台山体育场，到处响起我们的校歌声。百年校庆当晚，丁肇中先生与百名教授同唱校歌，使我们最终拿到了"合格证"（或"出生证"）。北大百年校庆的"三大遗憾"之首便是"没有一首与北大地位相当的校歌"，我们避免了这一遗憾。

诺贝尔奖获得者丁肇中教授与东大师生齐唱校歌

校歌也受到省委领导、校友的广泛欢迎。广西桂林电子工学院离休副院长易寅亮是1941年我校毕业生，时已85岁，竟然打电话给我，在电话里唱校歌。

一次次校歌竞赛，让上万师生都登过礼堂舞台唱校歌。新生入学后，也以唱校歌的方式融入东大的大家庭。

如今六年过去，校歌成了东大人引以为豪的名片之一，成了全校师生和校友的共同精神财富，成了我校校园文化的一个组成部分。当东大人一致同意将之刻到九龙湖校区大门上的时候，我才敢说：我和大家一起努力，没有辜负领导对我的期望。

如今若用百度、搜狗等搜索引擎搜索关于东南大学校歌的信息，用"好评如潮"来形容并不过分。许多人认为这是全国写得最好的校歌之一。许多学校都欲以我们为榜样写自己的校歌。

借此东风，我在四牌楼、丁家桥开设的"诗词格律与创作"课，也连年不断，本科生、研究生都开过。东大学生的诗词创作，不仅走在全省的前列，在全国也属先进行列。东大文学院还被授予省"诗教先进集体"，最近中华诗词学会派调查组到我校调研，要推广东大的经验。今年我们还将以之与"唐诗鉴赏""唐宋词鉴赏"一起再申报一门国家级精品课程。

  校歌歌词的创作成功,向世人证明:传统诗词可以为现代化服务,可以为今天的精神文明建设服务,我们可以以诗词为形式讴歌我们的时代,写出无愧于祖先的壮丽诗篇!我将在有生之年再创作一些大题材的作品,让全国、全世界的人都听到我们东大人的歌声!

  (载 2007 年 6 月 2 日第 1031 期《东南大学报》第 11 版)

相关新闻选摘

六朝松下话东南　演讲引动爱校热潮
师生起立齐唱校歌将成东大人文讲座永恒序曲

10月12日晚，令九龙湖校区学生期盼已久的东南大学人文讲座拉开了帷幕。应东南大学文化素质教育中心的邀请，我校人文学院中文系教授、国家级精品课程"大学语文"学术团队首席专家王步高先生在教一楼111做了主题为《六朝松下话东南——东南大学的百年积淀与文化传统》的精彩演讲，在新校区掀起了一阵"我以东大为荣"的热潮。

首场讲座在全场齐唱昂扬奋进的《东南大学校歌》中开始。作为校歌词作者的王步高教授结合其创作校歌的历程与感受，以那首脍炙人口的《临江仙》为索引，每一句歌词为一个单元主题，为大家解读和展示东南大学这块热土上曾有过的一千七百多年的辉煌灿烂历史。从六朝松、箫韶，到齐梁遗韵，再到百载文枢；从昔日的辈出英豪，到今日的再展宏韬……王步高教授谈起东南大学的沿革与变迁，娓娓道来，如数家珍。在讲座中他特别提到东南大学这片热土不但曾经是六朝皇宫所在地，昭明太子在这里编辑过《文选》，而且这里曾经走出过许多科学巨匠与人文大师，一部东南大学的历史可以用十个字来形容：英才遍寰宇，荣光耀华夏。这时候,一股东大人所特有的自信与豪迈从他的脸上流露出来,他殷切地鼓励现场东大学子要秉承凝聚着无数东大先贤期望的"止于至善"的校训,在东大这片热土上奋发图强,"日新臻化境,四海领风骚",做一个无愧历史的东大人。

在讲座的最后,王步高教授应主持人的请求,现场吟诵了《东南大学校歌》。整个讲座被强烈的爱校情感所感染,不时爆发出雷鸣般的掌声。同学都反映,参加该活动受到了强烈的鼓舞与震撼。

这次演讲也是东南大学文化素质教育中心策划的"新人文讲座"——"初识东南"系列的第一讲。从1996年开始人文讲座已经在东南大学举办了1 200余场,曾邀请费孝通、钱伟长、杨振宁、谢晋等著名学者与各界知名人士600余人来校访问和讲学,这已经成为东大学子四年大学生活中最难忘的时刻之一。从本学期开始,该系列讲座将以"东南大学新人文讲座"的面貌出现在广大师生面前,力求打造成科学与人文交融并能感受大师学术魅力的文化热点。

文化素质教育中心在原来人文讲座成功经验的基础上,也对讲座的整体设计进行了改革。为了培养广大师生热爱东大的情感,营造感人的现场氛围,从本学期开始对由学校举办的"新人文讲座",要求在活动开始前全体听众起立,齐唱《东南大学校歌》。这项举措得到了广大听众的支持和响应。(潘夏莲)

(载2006年10月20日第1010期《东南大学报》第1版)

校景：永远的四牌楼

一字房——南高院

1909年落成的一字房，造型古朴典雅，东西两层，中部三层，居中钟楼四层，呈金字塔形。因学校历史上曾为南京高等师范学校，命名该楼为南高院。南高师是我国最早成立的四所高师之一，著名教育家陶行知、陈鹤琴当年即在此执教。1933年重修，自南高、东大至中大初期，校长室皆设于此，成为学校行政中枢。中央大学后期，教育学院设此。五十年代时曾为南京工学院办公楼。1963年拆除重建，现为学院办公地。

图书馆

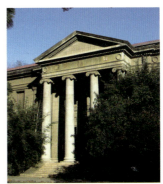

　　1921年，国立东南大学成立，兴馆建舍，图书馆为当务之急。经校长郭秉文奔走，获江苏督军齐燮元首肯捐资，1922年立基，1923年落成，耗资16万银元。建成后，以齐父之名命名为孟芳图书馆，张謇题匾。1933年，关颂声、朱彬、杨廷宝设计并扩建。图书馆建筑造型为西方古典建筑风格，比例匀称，构图秀丽，入口爱奥尼柱廊及墙面装饰细部极为精美，是国内近代建筑的优秀作品，现为东南大学办公楼。

口子房——科学馆——江南院——健雄院

　　口子房是两江师范学堂的主楼，1909年落成，1923年毁于大火。1922年间，美国洛克菲勒中国医药部拟在中国科学力量最强的大学建造一座科学馆。调查结果认为，国立东南大学的科学研究力量居全国之冠，遂决定把科学馆建于东大。在美国洛克菲勒基金会的捐助下，1924年在口子房的旧址兴建科学馆，1927年建成，成为培养理科人才的重要基地。数十年来，从这里走出的师生中仅担任中国科学院副院长的便有竺可桢、严济慈、李四光、童第周等5位。美国科学院院士亦曾就读于此。1952年院系调整，成立南京工学院后，为纪念并入部分系科的江南大学，科学馆更名为江南院。1992年学校九十华诞，复更名为健雄院。现为信息科学与工程学院所在地。

精神图腾

梅　庵

始建于1914年,是我国近代艺术教育的发源地,是为了纪念东南大学前身两江师范的督学、我国晚清著名学者、教育家、书画家李瑞清(号"梅庵")而建。当时建有3间茅草平顶的平房,门前挂有李瑞清手书的校训木匾"嚼得菜根,做得大事"。五四运动后,这里曾是中国进步浪潮兴起之所,梁启超、胡适曾在此讲学,1922年南京的中国社会主义青年团在此成立。次年8月瞿秋白、邓中夏等参加的中国社会主义青年团第二次全国代表大会也曾在此召开。1932年改建为砖混结构平房,著名文史学家柳诒徵于1947年6月亲笔题写了"梅庵"2字匾额。

体育馆

南京高等师范学校校长江谦,倡导德智体三育并举,将体育列为各科必修,并于1916年春率先开设体育专修科。1921年,南高师更名为东南大学,校长郭秉文即向省公署请建体育馆,1922年立基,1923年落成,面积2 317平方米。该主楼耗资6万银元,游泳池及配套设备4万银元,堪称当时国内高校之最。体育馆建成后,不仅作为体育健身之所,诸多重要活动亦常于兹举行,英国哲学家罗素、美国教育家杜威、印度诗人泰戈尔等,均曾在此作过讲演。

大礼堂

　　1931年竣工，1965年添加两翼。造型庄严雄伟，属于西方古典建筑风格。正面用爱奥尼柱式与山花构图。上覆欧洲文艺复兴时期的铜质大穹隆顶。顶高34米，总面积6 864平方米，可容纳27 000多人。国民政府第一届全国代表大会在此召开。1965年添建两翼，为杨廷宝设计，2 544平方米。1994年4月，在台湾的中大校友余纪忠先生捐资107万美元修葺大礼堂，使其焕然一新。数十年来，海内外校友均视礼堂为母校之象征，是东南大学的标志性建筑。

生物馆——中大院

　　1929年落成，面积2 321平方米，造型为西方三古建筑风格，楼前矗立四根爱奥尼柱，与上部山花联成一体，和图书馆相仿，且两楼东西呼应，相得益彰。从南高至中大，生物学科俊彦云集，秉志教授被尊为我国生物学鼻祖。1952年院系调整成立南京工学院后，为院办公楼所在地。两翼教室为1957年杨廷宝设计加建。以学校历史上曾为中央大学，遂又更名为中大院，1958年后为建筑系（现为建筑学院）所在地。

精神图腾

六朝松

高 9.58 米,围 2.65 米,古劲苍茏,相传是六朝时遗物,故称六朝松。六朝松矗立在校园西北隅的梅庵之旁。它主干笔挺,外皮斑驳,如同一个历经沧桑、饱经忧患的老者,同时又苍葱滴翠,更像一个傲骨峥嵘的年轻勇士。多少年来,人们围绕这棵古松,嗟叹兴咏,留下许多篇佳作。六朝松已成为海内外校友心目中母校之象征,每年东南大学的毕业生、回校的海内外校友,都要汇集在六朝松旁摄影留念。

校园南扩

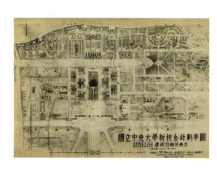

20世纪30年代的中央大学时期,校长罗家伦曾在雨花台南征地2 700亩,动工建设新校区,但日军全面侵华战争碾碎了中大南迁扩建的梦想。时光荏苒,70多年后东南大学南扩的梦想终于变成现实——2007年6月,东南大学105周年校庆之际,占地3 700余亩的九龙湖校区落成。

春晖堂

位于东南大学四牌楼校区大礼堂东侧。1994年,东南大学杰出校友、台湾《中国时报》董事长余纪忠先生捐资100万美金修葺母校的标志性建筑——大礼堂,为纪念其母储蕙娟夫人,于礼堂东侧捐资修建春晖堂,取"报得三春晖"之意。内悬镌刻时任台北故宫博物院院长秦孝仪先生手书《春晖堂记》碑文石铭,详述建造春晖堂之深意。现已成为东南大学开展各类学术活动的重要场所。

附

春晖堂记

余纪忠

余家世居江苏武进县。先父幼舫公讳大鸿,晚清毕业于两江武备学堂,后留学日本。凛于日俄觊觎满蒙为中国最大外患,故归国后服务军界,手著《筹边方略》,为我国当时倡议设置边防军备最早之画策。不幸于民国二年(1913)病逝军次,赍志而殁。

其时,纪忠年方四岁,幼妹宗玲尚在襁褓,一门孤弱全仗母氏抚养教育。母氏储太夫人讳蕙娟,为晚清江苏宜兴阳湖学派储同人先生后裔。幼承家学,娴习经史,从先君游宦海内,洞明时局,愤于外侮侵凌,深具民族意识。先君见背后,悉心培育子女,灯下课读,亲授《四书》《左传》。民国十二年(1923),纪忠在家乡武阳小学毕业。母氏先期得闻南京东南大学附属中学学风鼎盛、人文荟萃,乃亲携纪忠前往投考,得被录取。

东大附中当时校务由廖世承号茂如先生主持,实行道尔顿新学制,因材施教,学生多具救国图强之意识。校园中弥漫革命思潮。民国十五年(1926),纪忠所住中一院宿舍被孙传芳部队黄夜包围,逐间搜索革命书籍,同学成律、吴光田以传播革命思想被捕遇害,两君事迹校方曾于校园立亭纪念,载之校史。

民国十七年（1928），纪忠考进东大改制后之中央大学。其时，日本积极图我全国，抗日情绪高涨。民国二十一年（1932）一月二十八日，蔡廷锴十九路军翁昭垣部队在吴淞率先抗日，其驻防南京之六十一师一二二旅张炎部队奉令驰援，由鼓楼开向下关车站。时，中大同学集队送行。纪忠激于忠愤，当日即偕同学黄肇兴、张纪培投效军队，开赴前线。迨至三月间，日军从浏河登岸，战争结束，返乡。其间，音讯隔绝，母氏忧伤成病，亲友多斥纪忠过于鲁莽，唯母氏无片言见责，且以男儿有志报国为慰。

纪忠在中大毕业后，即于民国二十三年（1934）赴英国伦敦大学经济学院留学。在英期间，日本侵华日甚，从沈阳事变以至塘沽协定，并吞我国之野心暴露无遗。纪忠本国家兴亡匹夫有责之义，决计回国请缨。爰自英伦函禀母氏，并以一旦长期抗战必将波及江南家中，宜早为备。民国二十六年（1937）七七事变爆发后，母氏亲笔覆函："国难当前，正是男儿报国之时。回国从军，义所当为。余家亦决不苟安日寇铁蹄之下。"纪忠遂即取道马赛，经河内、昆明辗转归国。讵知抵达重庆时，母氏业已于民国二十六年（1937）八月一日携同宗英、宗玲两女，义子熊丸及寡居之小姑，一家五口由南京溯江而上，先达重庆，寄居熊宅。是为抗战时期常州一地义不事敌，尽室迁徙之第一家。

纪忠在渝停留十日，即赴南京前方投军参战。民国二十七年（1938），奉调西安军校，乃奉母氏迁居西安王曲后山之北堡寨。北堡寨毗邻军校，致遭日机炸毁，家人仅以身免。嗣乃迁居终南山下河西农场，茅茨土堦、地旷人稀，时有兽迹，家计全赖军中配给。八年于兹，艰辛备尝，而母氏持志不衰，从无怨色。迄至民国三十四年（1945）抗战胜利，始返故乡。

民国三十八年（1949），迁居台湾。纪忠在台北创办《征信新闻》，即今日之《中国时报》。创报之初，筚路蓝缕，母氏期勉弥殷。晚岁思乡，时兴九州未同之叹，故土情怀中爱国热忱洋溢。《中国时报》一贯秉持之信念，胥皆谆谆慈训之发皇。

来台后二十三年公元一九七二年三月二十九日，母氏病逝台北，享寿九十四岁。生于旧时代、胸怀新思想，持节抚孤、身教忠孝，离乱间益见恒毅，平凡中卓显伟大。兹值母校修葺礼堂竣事，允辟一馆，以彰懿德。

今日重睹校园，七十年前，母氏牵衣送考之情景，恍如昨日。亲恩无极，刻骨难酬。春晖堂辟馆勒石，何能尽寸草心于万一！

公元一九九五年三月之吉，男余纪忠叩撰。

纪忠先生以《春晖堂记》属书，深感耆年犹慕，孝思不匮。尤钦仰储太夫人义方懿德，赐类无疆。敬为薰沐书石并为篆著。秦孝仪心波载拜。

高贵的单纯　静穆的伟大
——东南大学四牌楼校区校园建筑文化解读

汪晓茜

毫无疑问，2017年春天中国最火的景点位于一所大学校园，那就是号称"东南影视基地"的东南大学四牌楼校区。《人民的名义》一剧的热播为本已声名在外的校园环境和校园建筑进一步添加了热度，套句时髦的话就是成了"网红"。

原国立中央大学作为中国最早兴办的近代高等学校之一，其校园建筑大多是在1921年后建造的。当时的校长郭秉文聘请杭州之江大学的建筑师韦尔逊先生拟订通盘规划，校舍基本上呈对称布局，从南大门至大礼堂形成一条中轴线，其他的建筑物依次排列两侧，形成排列有序、错落有致的建筑群。这所由中国人创办的大学，明显受到西方建筑史上复古思潮的影响，用西洋古典建筑式样的建筑外壳去包装具有现代特点的使用空间（如图）。

中国高等教育近代化的进程不是对传统的国子监、书院的继承，而是移植和传播外国高等教育办学模式的结果。犹如蔡元培1930年时所言：

"吾国之今日大学,乃直取欧洲大学之制而模仿之,并不自古之太学演化而成也。"同时也将美国大学视作欧洲同类。特别是民国时期,因美国教会大学的示范和留美人员在首都南京的独领风骚,南京的高校树林最终都被修整成了以"美国模式"为主导、兼取中外之长的风格,既包括完全移植美国模式建立和发展起来的金陵大学、金陵女子大学这两所教会大学,也包括原国立中央大学。它们不仅管理体制效仿美制,连校园规划都受美国模式影响,即规划布局都借鉴参考了美国弗吉尼亚大学校园形制。

弗吉尼亚大学形制是指由美国弗吉尼亚大学首创的,不同于英国传统的庭院式校园的一种开敞的规划方式。该校园采用开敞的三合院布局,以大草坪为中心,空间向南打开,使师生与大自然建立密切关系,东西两面对称平行排列10个系馆,学生宿舍在两边排成两排,三合院的轴线在北端结束于带圆形穹顶的图书馆。

由于这种三合院形制与中国传统宫殿的院落式布局颇为相似,其中轴对称、主体建筑位于尽端的格局符合传统伦理、等级的纲常文化,因而这种西方大学校园的轴线式三合院布局在近代中国获得广泛认同,也成为中国近代大学校园的基本形式。如原国立中央大学建筑群旧址的规划轴线,是以校门为起

点，并结束于带有穹顶的大礼堂，图书馆、生物馆分布大礼堂前方两侧，与大礼堂组成类三合院的开敞布局，轴线两侧布置规则形状的大草坪（如上右图）。

在校园建筑风格的追求上则体现为两种极端：一种是极力追求模仿中国古代宫殿建筑式样，如金陵大学和金陵女子大学、长沙雅礼大学等属于这种；另一种是追求正统的西方古典建筑式样，原国立中央大学、清华大学等属于这一种。前者乃西方教会为顺应基督教在中国的本土化运动趋势，将模仿中国古代建筑式样作为表述"发扬东方固有文明"的重要手段；而后者则以追求正统西方建筑式样来标榜西学新风尚（如右图）。

为什么国内影视剧组如此青睐东南大学四牌楼校区？除了因其浓郁的民国风貌具有时代特色外，校园主要建筑所采用的西方古典风格其实在《人民的名义》这部剧中也别有一番寓意。原国立中央大学校园的校门、生物馆、孟芳图书馆、大礼堂、金陵院等主要建筑组成了南京地区最大规模也是最正宗的一组西方古典建筑群。西方古典建筑形式最早起源于公元前5世纪古希腊神庙建筑形制，经过两千多年的演化发展形成特定的造型：立面采用山花、柱廊和基座的三段式处理，有着比例匀称的构图，线脚和装饰细腻优美，整体看上去对称均衡，端庄典雅，气派十足（如下图）。

18世纪德国著名艺术史学家温克尔曼（Johann Joachim Winckelmann，1717—1768）曾评价希腊建筑为代表的古典艺术的最高理想是"高贵的单

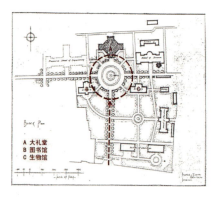

纯,静穆的伟大"。近代西方社会普遍将这种有着高度美学质量的建筑样式与国家的文明强盛、制度的民主公正联系起来,大量的政府办公楼、博物馆、美术馆、宫殿、研究机构、银行、法院、高等学府、城市标志物等都喜爱采用此类造型,其形式美背后蕴含的是高尚情操和美好品质的寓意,所以不难理解《人民的名义》剧中的检察院、反贪局为什么会选择东大校园内的古典建筑做外景,而电视剧的主要宣传海报也是以孟芳图书馆为背景架构起来的:一方面这种建筑风格有利于体现政府办公机构的稳重大气,另一方面也可以视作对追求公平正义剧情的一种回应吧(如上图)。

汪晓茜博士,东南大学建筑学院历史与理论研究所副教授,硕士生导师。主要从事世界建筑与艺术史、中国近代建筑、建筑遗产保护与更新、可持续人居环境等方面的教学和研究工作。迄今已主持和参与完成国家、省部市级科研项目10余项,出版专著和教材15部,论文50篇。目前担任全国高等学校建筑学学科专业指导委员会建筑历史与理论教学工作委员会委员暨轮值主任,南京市历史文化名城暨重要近现代建筑保护与利用专家委员会成员,南京市历史文化名城研究会理事,英文SCI期刊《亚洲建筑和建筑工程》编委,现代画报专栏作家。曾多次荣获东南大学的奖教金、中国建筑学会建筑历史分会勒•柯布西耶奖,两度被评为"东南大学最受喜爱的十佳研究生导师"。

(载2017年5月20日第1342期《东南大学报》第7版)

东大精神

诚朴求实　止于至善
——东大精神的演进与传承

时巨涛

精神图腾

东南大学已经走过了105年的光辉历程,作为一所始终立于中国高等教育前列的百年名校,东大一定有着她自己独特的文化传统和绵延传承的学校精神。我们应该了解它、认识它,从而发扬光大。学校精神作为学校文化之魂,是一种具有共性或形成默契的行为取向和精神观念,它可能是无形的没有诉诸文字却是组织成员时时可以感受到的东西,并潜移默化地影响每一个人的行为，影响着学校的办学理念和传统。

东大精神作为学校文化的核心，它的特征是什么？这种精神的实质又是什么？它在东南大学发展成长的历史中究竟起到了怎样的作用，是如何引导着我们的办学理念，形成自己的办学特色，并影响着一代代东大人行为的，这是值得我们认真思考并加以总结升华的。

关于"大学精神"

所谓"组织精神"可以看作是组织成员共同追求的一种信念或者精神境界，以此为座右铭的行为准则和渗透到血液中的核心价值观。大学精神有着普适性。例如，我们谈到大学精神，一般都会概括出这样一些特点，如追求真理、崇尚科学、探索未知的精神，宽容民主、思想自由、独立批判的精神，关怀终极价值、关注社会、关心人类命运的精神等等。这是大学的核心价值所在，也是大学区别于其他一切社会组织的地方。但大学又是发展着的，它的社会责任和精神取向也会随时代发生变化。每一个学校又会在紧随时代潮流中形成自己的特色，在长期的办学实践中形成自己的传统和学校精神。

我们前面说过，"学校精神"是组织成员认同并共同追求的一种信念，是由一个学校历史和文化传承所凝结的核心价值观体系，一旦形成就不以某个个人意志为转移，它是一个学校文化的核心。而校训一般说来是由办学者有意识倡导的一种办学理念或者期待，它更多地体现了一个学校的特色和追求。或者说，校训是主事者对于未来的期待，不是历史的总结；是把组织的宗旨具体化，它往往反映了一个组织的特性，即区别于其他组织的独一无二之处。好的校训、厂训凝练和明确了组织倡导的精神和价值取向，沉淀下来就升华为一种精神，而且往往非常有特点，与众不同。如：

* 北大校训：思想自由、兼容并包

* 中央党校：实事求是

* 北京师范大学：学为人师、行为世范

* 国家会计学院：不做假账

* 西点军校：责任、荣誉、国家

＊同仁堂：品位虽贵并不敢减物力、炮制虽繁必不敢省人工

因此，我们所说的学校精神，实质上是一个学校长期形成的并为全体师生认同并遵守的价值观和行为准则；校训则是组织精神、组织宗旨、组织愿景的具体化，同时又是时代的产物，有鲜明的学校特色；而校风、学风等则是学校精神的外在行为表现，它与学校精神互为表里，构筑了学校文化的整体架构，形成了一个学校的办学传统。

东大精神形成、演进的历程

学校精神的形成与发展与诸多因素相关。既有大时代的背景、教育思想的转变、管理制度变迁带来的外部冲击，也与领导人的倡导、组织成员的甄选以及学校与社会互动产生的合力有关。其中，社会政治制度、教育制度的变迁和当时学校领导人的办学理念对学校精神的形成和演进起着主要作用。我们不能脱离历史、脱离时代环境抽象地谈所谓"大学精神"。

我个人认为，在东大一百多年的办学历史中，东大精神或东大办学传统的形成、发展、演进大体可分为四个阶段，即1902—1912年，三江、两江优级师范学堂时期；1915—1949年，南高师、东南大学、中央大学时期；1952—1987年，南京工学院时期；1988年至今，新的东南大学时期。

这一划分与一般按编年史分略有不同，主要依据是两条：一是学校办学的外部环境是否发生重大变化，国家的政治经济文化制度、教育管理体制是否出现大的变迁及社会转型。二是当时学校的领导人是否有自己系统的办学理念，形成鲜明的办学特色，有实实在在的办学实践及成果，而且是"校内有共识，社会能认可"的。下面，我按照这一历史线索谈谈对东大精神或办学传统的认识。

A."嚼得菜根、做得大事"，李瑞清与"三江精神"——三江、两江优级师范学堂时期（1902—1912年）

这一时期是中国现代高等教育初创阶段，也是东南大学的初创期。废科举、办学堂、兴教育，以培育师资为起点。在办学思想上，由过去的尊孔读经到"中学为体，西学为用"；在学制和教学内容上主要是学习日本，引进了算学、物理、舆地、博物、农学等自然科学课程。这一时期既是晚

清政府风雨飘摇、中国社会将要发生重大变革的时候，也是中国教育由传统的科举教育向现代教育转型的重要时期。

李瑞清主持两江师范学堂（简称"两江"）期间，广延中外教师，开办科学教育，建立实验实习场所，重视学生实践、动手能力培养。学堂开办近十年，共培养学生2 000人左右。教学成绩卓著，学生考试成绩为江南各高等学堂之冠。

从办学模式和教学内容看，这一时期主要是向日本学习。因当时系我国高等师范教育初创阶段，无章可循，教学内容及形式，一般模仿日本。所安排课程，除国文、历史、伦理学、经学、修身等课外，其余均参照日本师范学校所设课程而行。在师资上除直接聘用日本教习外，还一次选送52人赴日本留学深造，这批人中有近50人先后在两江师范学堂任教。另外在学科课程设置、学制年限、师资聘用等方面也形成了规范。与传统的书院学堂相比，已具有现代大学雏形。这是中国教育第一次对外开放，也是第一次留学生潮，对中国的教育及中国的社会进步都有着重大影响。

在办学指导思想上，三江、两江师范学堂大体遵循的是当时洋务派代表人物，也是三江创办人张之洞先生主张的"中学为体、西学为用"。一方面西学东渐，统治阶层中的有识之士看到中国与先进国家的差距，希望学习借鉴西方先进的科学技术，达到富国强兵的目的；另一方面，又想维护传统经学伦理的正统地位，维持清王朝的统治。在办学方向上的徘徊和犹疑，恰恰表现了中国高等教育初创期的稚嫩和不成熟。

李瑞清对后世的影响，除了他的办学成就外，更多的是在精神人格方面，他学识渊博、人格高洁，以"视教育若性命，学校若家庭，学生若子弟"的精神，悉心兴学育才，始终不渝。在校风学风建设上，李瑞清以"嚼得菜根、做得大事"为校训，培育"俭朴、勤奋、诚笃"校风，也体现了李瑞清重视学生德行养成，倡导诚朴踏实的精神。由于这一时期较短，仅仅十年，其间又数经战乱兵火，办学经费窘迫，正常教学尚难维持，虽然李瑞清校长苦心经营，身教言传，仍未形成稳定的教学传统和学校精神。

B. 诚朴求实、民族、民主、科学,是南高师东大精神的核心——南高师、东南大学、中央大学时期(1915—1949 年)

这一时期是中国现代高等教育形成发展的重要时期,也是东南大学历史上一段辉煌的时期,奠定了东南大学国内一流大学的地位。从大的时代背景看,经历辛亥革命,中国由封建走向共和。虽然直到新中国成立,国家一直处在军阀争斗、内忧外乱之中,但高等教育还是在艰难中有了长足发展。其最主要的变化是,由学日本到全面仿效欧美,一大批受过西方教育又有深厚国学根底的海外留学生回国投身高等教育,使中国出现了真正意义上的综合性大学,并且形成了自己的办学理念、完整的办学体系和管理模式,集聚了一批优秀的师资,培养了大批人才,具有东大特色的"诚朴、勤奋、求实"的校风和"民族、民主、科学"的学校精神也初步成形。东南大学及其校长郭秉文先生就是其中的杰出代表,以后的中央大学也大体沿袭了东大传统。

南高师(可进一步简称"南高")在东大历史中存续时间不长,但却对学校精神及校风、学风的形成有着重要的影响。

什么是南高精神?什么是南高校风?朱斐先生在《东南大学史》中曾有一段较为精辟的论述,"概括地讲,主要是民族的、民主的、科学的精神;南高的校风,主要是诚朴、勤奋、求实。但两者并无截然界限,它往往融合、贯穿在一起,如纯朴、勤奋之于民族精神,求实之于科学精神,都有难解难分之处,但细细地分析思考,还是有所不同,各有侧重。学校精神是指在学校处于主导地位的思想意识形态,学风主要指授业、治学的精神和态度,校风则泛指教学上、工作上、生活上、纪律上的教化与风气"。

南高第一任校长江谦立"诚"为南高校训。诚,可寓真诚、忠诚、诚朴、诚实等意义,而一般地说,则指道德上的自我完善和知识上的明达物理。江谦在 1915 年 8 月《关于南京高等师范学校开办状况报告书》中提出,"本校校训所用诚字,诚者自成,所以成务;先圣至言,实为教育精神之根本。演言之诚,则有信心、有信力。有信心,乃知非教育不足以救国;有信力,乃知非实行教育不足以救国。期望学生以信心为体,以信力为用。此本校训之主旨也"。他修"梅庵",把两江师范的"嚼得菜根、做得大事"的校训悬于门首。江谦躬身示范,师生相行相效。"诚实、俭朴、勤学、勤劳"之风渐渐形成,是谓善始。

郭秉文主校后继承和发展了江谦"以诚为训"的教育主张。认为南高以"诚"为训育之本,也应以"诚"为智育之本。诚可以让人明白事理,择善而守,都是智育范围的事,也是达到"诚"的境界的途径。所以,智育也应以"诚"为本。这就把"诚"拓展为真诚地追求知识及实事求是,坚持真理。郭秉文还提出《中庸》所言之诚,即包涵知、仁、勇,而勇者必须有坚强之体魄和充实之精神。这样以"诚"为训便包含了丰富的内容——诚涵知、仁、勇,诚育德、智、体;以诚为训,即以诚植身、以诚修业、以诚健体、以诚处世、以诚待人。

南高师改组为东南大学后,郭秉文又将校训确定为"止于至善",要求师生的言行品性臻于完美。此校训取于《礼记·大学》"大学之道,在明明德,在亲民,在止于至善"。

郭秉文在贯彻以诚为训的办学思想和提出"止于至善"的校训时,也不是限于要求学生道德的完善和人格完美,而是同时贯之以民族精神和科学精神,明确提出"不发扬民族精神,无以救亡图存;非振兴科学,不足以立国兴国"。

郭秉文是东大历史上,也是中国现代高等教育史上一个值得大书特书的重要人物。他对中国高等教育的贡献现在也越来越为人们所认识和肯定。他1914年从美国哥伦比亚大学获教育学博士学位后,应江谦之邀1915年出任南高师教务主任,后接任校长。1921年又力主筹建东南大学并任第一任校长,直到1925年东大"易长风波"辞去校长职务。短短十年间,就使东大无可争议地成为当时最优秀和国际化程度最高的中国大学(北大、东大、清华、交大)之一。这个十年可以说是东大历史上的第一个"黄金十年"。

中央大学的校风和精神在某种程度上延续和继承了东大的传统。罗家伦在就职中央大学校长的就职演说中说,中国的国难深重到如此,中华民族已临到生死关头,作为设在首都的国立大学,当然要为民族和国家尽到特殊的责任和使命。这个使命就是为中国建立有机体的文化。

罗家伦还提出"诚、朴、雄、伟"四个字的校训,其中"诚朴"二字,可以说是两江、南高、东大以来多年校风传统的基本内涵;"雄伟",是指要有"大雄无畏"之精神和追求"伟大崇高"之志向。当时正值日本帝国主义发动九一八事变,国难深重、民族危亡之时,国内抗日呼声高涨,校园内学生群情激奋,罗家伦提出这四个字作为校训,无疑是针对时弊对东大精神和校风做了新的阐发。在抗战中,中央大学西迁重庆,在敌机轰炸、物质条件极端匮乏的情况下坚持办学,全校师生同仇敌忾,团结镇定,坚持教学科研,弦歌不辍。抗战胜利后,面对国民党发动内战、政权腐败,中大师生奋起抗争,喊出了"反饥饿、反内战,要民主、要自由"的口号,开辟反对国民党统治的"第二条战线"(毛泽东语)。这亦是"民族的(爱国)、民主的、科学的"精神的生动体现。

C."严谨、求实、团结、奋进"的南工校风——南京工学院时期(1952—1987年)

南京工学院(简称"南工")是东南大学百年历史上的一个重要阶段。之所以以1952年为始点,是因为1949年新中国成立到1952年,原中央大学虽更名南京大学,但基本处在对旧大学改造整顿阶段。1952年全国高校院系调整标志着中国高等教育体系发生了根本性的变化:一是强化了党对大学的绝对领导,党和国家对高校的办学方针、人才培养标准、学科课程设置等有明确的规定和要求;二是高等教育全面纳入国家计划经济轨道,最突出的标志是干部、师资由国家任命调配,学生统招统分,经费全部由财政拨款;三是高等教育模式全面学习苏联,推行专门化,创办了一大批单科性大学,强调为国家经济建设特别是工业化培养人才。这些变化不可能不对学校的办学思想、人才培养和管理模式产生重大影响。以原中央大学工学院为主体成立的南京工学院,作为一所单一的工科大学,是"工程师的摇篮",其人才培养目标是国家工业建设急需的"高级专门人才",因而在校风学风以及师生身上体现出的"严谨、勤奋、实干"的特色就不足为奇了。

现在我们看到的"严谨、求实、团结、奋进"的校风提法,应该是20

世纪 80 年代初的事了。但确切的出处究竟在哪里，是谁最先提出的，暂时也没有证据。有人认为这个校风或校训的提法流于一般，缺少特色。我倒觉得，它与南工的校风及学校精神倒是相契合的，与历史上的东大、中央大学的校风也有一脉相承之处。至于缺少学校特点，其实也是当时中国高校乃至中国高等教育共同的"特色"。

D. 诚朴求实、与时俱进、止于至善——新的东南大学时期（1988 年至今）

以 1988 年南京工学院复更名为东南大学为新时期的始点，而不是惯常的以 1976 年"文革"结束或 1978 年改革开放为起点，是基于以下一些理由：中国由计划经济向市场经济的转型是从 80 年代中后期开始的，到 1992 年邓小平南方谈话为标志，基本结束了理论上的争论。高等教育也从十年"文革"动乱中走出来，经过 80 年代初的整顿恢复进入了一个全新的发展时期，从单一的教学教育改革到全面深化改革，从过去学苏联到向世界全面开放；而且回顾更名后近二十年的发展轨迹，东大的校风精神应该说基本是一以贯之的。

在改革开放和社会主义建设新时期，东大精神又被赋予了新的内容。改革开放初期，学校提出"严谨、求实、团结、奋进"的校风，将其核心精神概括为"严密审慎、实事求是的科学态度，同心同德、自强不息的奋斗精神"。80 年代末，针对当时的社会思潮和学校面临的挑战和压力，学校党委提出，一个学校要有凝聚力，必须有它的精神追求和价值取向，要创办一流大学、培养一流人才，必须树立一流意识，要形成和发扬与学校奋斗目标一致的东大精神，并在全校开展了关于东大精神的大讨论。时任校长韦钰指出，在继承发扬东大优良传统的同时，要赋予新的时代内容，应该倡导责任、奋斗和奉献精神，每个人都应意识到自己对国家、对民族、对学校的责任，为国家富强、民族昌盛、学校振兴而努力奋斗和贡献自己的力量。

20 世纪 90 年代初，东南大学确立了要建设成为综合性、研究型、开放式的国内外知名大学的奋斗目标，并在学科建设等方面进行了大胆的改革和创新。强调现代大学的使命是通过人才培养、科学研究和社会服务实现"引领社会前进"。要根据经济和社会发展的需要，适应国际科技教育发展的趋势，大力培养符合时代要求的创新复合型人才。在新时期人才培养目标上，易红校长进一步明确："要始终把高素质的人才培养作为学校根本任务，大力推进教育教学改革与和谐校园建设，使我们的学生能具有远大的目标、坚定的信念、健全的人格、健康的体魄、扎实的知识基础和优秀的创新能力，成为能够报效祖国、造福人类、引领社会的精英人才和栋梁之材，使东南大学为中国教育事业发展和建设创新型国家做出新的更大贡献。"

2002年，在东大百年校庆时，学校决定恢复郭秉文任东大校长时提出的"止于至善"的校训，我是赞同的。但我觉得如果能以"诚朴求实、止于至善"作为校训，也许更能反映东大的历史传承、东大精神的内涵，也更能体现东大区别于其他学校的办学特色。"诚朴求实"反映了东大的校风学风和治学为人的态度，也是百年东大为世人公认和最显著的特征；而"止于至善"则表现了一种与时俱进、不断创新和追求更高境界的精神。

最后，我想说说我对东大精神的理解。在我看来，爱国主义、科学民主应该是大学精神的核心，承担起国家富强、民族振兴的责任，追求真理、探究未知、思想自由、兼容并包是大学精神的内在要求。在此基础上形成的"诚朴求实、止于至善"办学传统和特色，可能是东大精神的具体体现。

一个学校的精神不是写在纸上，不是存在于学校标语口号上，甚至也不仅仅体现在校长的办学理念中，而是一种历史的积淀、精神的升华，它体现在每一个教师学生身上，体现在学校的各个方面。一个人只要在这里工作学习过，就会受到它的浸染，被打上深深的印记，并影响一生。

（根据作者在东南大学人文大讲堂的演讲，有所删节）

（载2007年12月18日第1048期《东南大学报》第1版和第4版）

六朝松下话东大
——东南大学的校史与校歌
王步高

东大人有爱校的传统,从2002年到现在,我讲"六朝松下话东大"这个讲座,今天是第34次。就站在这个讲台上讲这个题目也远不是第一次,当我们从浦口校区、四牌楼校区第一次迁到九龙湖校区的时候,学校安排的第一场讲座就是"六朝松下话东大"。每一次讲我都努力把课件做认真的修改,对讲的内容做认真的补充。这一次讲,我们从原来67张PPT增加到102张,我们努力把这个题目认真地做好。"六朝松下话东大"能够激起我们的同学们、老师们对这个学校的热爱,希望我们东大人通过这个讲座能了解我们学校悠久辉煌的历史,更爱这块土地,更爱这所学校,更愿意为东大的腾飞贡献我们自己的力量。下面我就开始讲座。

这个讲座就以我写的东大校歌的歌词的顺序作为线索,讲我们学校1700年的历史。

"东揽钟山紫气,北拥扬子银涛。"这两句在校歌的十句歌词中是交代东大的地理位置的。我们的东面是紫金山,北面是扬子江。"紫气"不是指老子过潼关时候"紫气东来"的"紫气",这里面暗指一种吉祥之气。紫金山因为它的石头是一种暗红色,所以这个"紫气"也暗指紫金山给我们东大带来的吉祥之气。庾信《哀江南赋》中便有"昔之虎踞龙蟠,加以黄旗紫气"之句。

这个"揽"字,本来是一个动作,正表示我们紧靠紫金山,站在东大校园的高楼上几乎对紫金山伸手可及,一个"揽"字可以揽紫金山入怀。"北拥扬子银涛","拥"这个字也带有拥抱的意思。当年我写校歌的时候,东大的校园主要分两块，江南的一块就是我们四牌楼校区，江北的一块是浦口校区，我们学校客观上跨了长江两岸，扬子江似乎变成了我们东大的校内之河了。本来这里我用"北跨扬子银涛"，后来用"拥"呢，就把它抱在我们怀里，更能表示我们学校有一个广阔的胸怀。所以开头两句我故意用《临江仙》这个词调，它有十三种格式，我用了第六种。第六种是以两个六字句开头，而且平仄正好相反，易于构成对仗。在这里"东"对"北"，"揽"对"拥"，"钟山"对"扬子"，"紫气"对"银涛"，"紫"和"银"都是色彩词表示颜色的，所以应该说对于词来讲对得很工整。也有人说你还不是对得最工的，因为"钟山"对"扬子"并不十分工整，这句话是很内行的话，但是词里面的工整和诗里面是有区别的，在词里对仗到这种程度已经算是对仗很工整。我们这两句交代了东大的地理位置。同学们现在看一下南京的粗略的地图，这是我们四牌楼校区，你们可以看到"东南大学"几个字，你看离钟山有多远？很近很近，站在我们校园的高楼上，你可以清楚地看到紫金山就在我们学校的旁边，所以说"东揽钟山紫气"。再看我们的浦口校区就在那个京新村旁边一点点，那个地方就和我们浦口校区隔着一个长江大桥，扬子江离我们非常之近，所以说"北拥扬子银涛"。用这样两句话马上就带出一个很强的地域特点，正因为扬子江是对长江下游的这一段的称呼，九江以下的这一段叫扬子江，而且在英文中，长江都译成"扬子"对不对？实际上就我国来说扬子江是长江下游这一段江面的称呼。在这样一个世界著名的大江旁边，又在钟山这个著名的山峰脚下，又在南京这样一个十朝古都的古城建设这样一座著名的高等学府，就有了一个地理位置的优越性。

尽管四牌楼校区的面积不大，我们被迫又迁到江宁这个校区来，但我很赞同学校领导的这个举措。我们有四千亩左右的土地，前两天于丹到我们学校来，学校领导安排吃晚饭的时候正好我也到这边来上课，学校安排我跟她一起吃晚饭。她刚刚来的时候就说："你们学校的校园真大啊！"因为来吃饭之前，郑校长陪她在九龙湖校区转了一圈。她说，你们这个校园真大，那块图书馆门口的草坪有多大啊？校长说有两百多亩。一块草坪就两百多亩，人家一个学校才多少亩？所以我们校歌的开头两句就以一个磅礴的气势、一个阔大的胸怀来开始讴歌我们这样一个学校。

下一句是"六朝松下听箫韶"。"六朝"大家都懂，东吴、东晋、宋、齐、梁、陈称六朝，南京是六朝的故都。"箫韶"是舜时候的舞曲，尧舜的舜。六朝松是我们学校的一棵老松树，现在同学们到四牌楼校区千万要到我们学校的西北角，也就是梅庵附近看看，这棵松树现在还活着。在南京所有的六朝文物当中，它是唯一活着的文物。有人问它的无形资产值多少？我说再值多少我们东大都不会卖的，你再估价一个亿我们也不会卖，因为我们在校的师生把它看成宝贝，而且因为它是六朝的文物，相传是梁武帝手栽的，从那个时候算到现在 1 500 多年了。其实咱们四牌楼校区的历史，比六朝松的历史还要久远。我说到"六朝松下听箫韶"，有些精通诗词的同学马上就会觉得，我这里这个"听"字用得很好。有人说"听"是一个再普通不得了的字了，"箫韶"是一个比较冷僻的词，并不是每个人都懂。但是读过《论语》大家都知道孔子闻韶三月不知肉味，"韶"是韶乐，"闻韶"是听了韶乐。我这里用了一个"听"字——没有用闻——因为这里要读去声，唱校歌的时候唱到"六朝松下听箫韶"这个"听"字要着重一点，这样一个通俗的字眼用在这样一个冷僻的词的前面，就一下子把这个冷的词化雅为俗。大家不懂"箫韶"什么意思，但至少知道它是可听的东西，与可听的乐曲、音乐有关，是不是舞曲就不重要了。这样一来呢，"六朝松下听箫韶"一下子从这个古老的 1 500 多年的老树，再回到比它更古老的古曲，就把我们的大镜头——这个广角的镜头拉近到"钟山""扬子"，拉到对准着这样一棵古老的松树，对准东南大学的校园，对准我们历史的文化积淀，让我们一起来回顾这样一个从 1 700 年前开始的我们学校悠久的历史。

公元 220 年，魏文帝曹丕称帝，改元为黄初元年，废掉了汉献帝，第二年蜀汉昭烈帝刘备也称皇帝，当时孙权没有立即称帝。到公元 229 年吴国孙权才称帝而且改年号为黄龙元年。4 月份称帝，9 月份迁都建邺，也就迁到南京来，10 月份开始营造宫城，当时的皇宫所在地就在我们四牌楼校区这一块。所以同学们，如果我们在四牌楼校区上这一门课，我们就是在皇宫里上课。刚才陆老师说南大也谈正统我们也谈正统，就从土地来说，我们这是皇宫的正统，而且六个朝代的皇宫都在这里，东吴、东晋、宋、齐、梁、陈六朝的皇宫都在这里，在全中国还没有其他哪所大学是办在皇宫里的。同学们看这样一个六朝古城的图，北边是元武湖、鸡笼山，我们学校就在这个鸡笼山的脚底下，后面写着"乐游苑"，就是六朝的时候的乐游苑，从地图的最上面下来向下看"乐游苑"，就是皇宫的后花园，后花园就靠近玄武湖了，我们学校就在乐游苑以及乐游苑的前面，乐游苑本身就是皇宫后花园，整个学校都在那里。我现在还有个怀疑，六朝松旁边我们发现了一口古井，这口古井很可能就是历史上赫赫有名的胭脂井。根据文献记载，胭脂井就在这个附近，是在鸡笼山的南面，在台城的里面。现在南京人把台城搞错了，以为是玄武湖那个解放门旁边的一段废城墙。所谓"台"是中央机关，是皇宫和这些中央机关，台城是中央机关所在地，应该是东南大学校区这块地方。胭脂井在台城里面，在皇宫的景阳宫的旁边，（景阳宫）大概应该在现在那口古井的位置附近。我请过南京博物院的同志来考察，但是当时有人给它弄块铁板还锁了，没有看得清，后来呢我也就拖拉了，终究希望有机会请文物部门，请博物馆的同志首先来淘一淘，看这口井是不是六朝的井，然后我再去看大量的文献看能不能断言这口井就是当年的胭脂井。胭脂井比六朝松更出名，如果说这口井能定下来，东大就又栽了一棵"六朝松"。

你看这个古城，当时的这个古城在这边，北边是元武湖，在古文中"元"和"玄"是通的，就是玄武湖。玄武湖南面是覆舟山，那么我们学校就在这个玄武湖的旁边，正是这个皇宫的宫城所在地，大家看得出来，这都是古地图，我们把它扫描进来。六朝时，大帝孙权建都，后来传给会稽王孙亮，接着传给景帝孙休、末帝孙皓，再底下孙皓最后灭亡之后，三国归晋就转入西晋，西晋的历史只维持了 51 年，就灭亡了。然后东晋王朝南下，最后又迁都到南京来。317 年晋元帝司马睿就在南京建立了东晋，接着 420 年宋武帝刘裕建立宋，479 年齐高帝萧道成建立齐，502 年梁武帝萧衍建立梁，557 年陈武帝陈霸先建立陈，一直到隋朝灭掉陈之后六朝才结束。历史上的东吴、东晋、宋、齐、梁、陈这样六个朝代，当时的皇宫所在地都包括我们整个的四牌楼校区在内，甚至还包括我们东面的那个文昌桥宿舍区，师生们的宿舍区都在里头，也就是说我们现在还有一部分老师和学生也是住在皇宫里的。

下面我说"齐梁遗韵在"。这一段用"齐梁"来代指六朝，前面出现了"六朝松"，后面不能再出现六朝，所以用"齐梁"。齐梁是在六朝当中历史比较长而且文化积淀特别深厚的两个朝代。六朝时期在我们四牌楼校区这块土地上留下了深厚的文化积淀。东吴景帝孙休永安元年，当时就诏立五经博士，这个跟教育有关了。宋文帝刘义隆元嘉十五年雷次宗讲学在鸡笼山下。鸡笼山是什么山？我们到过鸡鸣寺的同学都知道，鸡鸣寺所在的那个山就叫鸡笼山。同学们，我说一两句题外话，南京的山的名字都是东晋的时候那些从山西过来的达官贵人施行"侨置"的现象，因为他们从北方逃到南京，虽然做了大官但是有家归不得，回不去，很想家，他们又有这个权力，就把南京的山的名字统统都改一改，用山西的山的名字命名。原来南京的这座山最初叫钟山，后来到东吴的时候改名叫蒋山，因为有个叫蒋子文的安葬在这里，后来又显灵（当然这个带有点迷信色彩），后来孙权把它命名为蒋山，再后来又改名为紫金山，紫金山这个名字是山西的山的名字。南京有很多山，包括五台山，同学们都知道山西的五台山是很出名的，南京的五台山几乎就是个土丘了，对不对？五台山旁边是清凉山，山西的五台山旁边就是清凉山，南京有清凉寺，山西有清凉寺，鸡笼山也是山西的山的名字。在南京你基本上叫得出的每一座山的名字都能一一在山西找到。这是我的发现，前两年因为我研究一个山西作家——唐代的诗人司空图，我要写由匡亚明校长主编的那个《中国思想家评传》当中的《司空图评传》，我还到山西考察过，到山西司空图的家乡住了一段时间。对山西的历史、山西的方志我很熟悉，突然我就发现在山西的方志里到处能找到我们南京的山名，不是南京人把山搬到山西去了，而是他们山西人把他们的山的名字搬到我们南京来了，这是一个很奇怪的现象。鸡笼山下有雷次宗他们办学，这件事情同学们不可小看，前面我们提到诏立五经博士，在汉朝就设立了五经博士，只学儒家的经典《五经》（《诗》《书》《礼》《易》《春秋》），这一点说到底学的仅是儒学。雷次宗在鸡笼山下办学，在中国高等教育史上第一次有了一个多科性的大学，不仅学儒学也就是经学，还学史学、文学和玄学。如果研究中国教育史，这是中国第一所多科性大学，在哪里？在鸡笼山下，就在四牌楼校区。也就是说中国高等教育，至少是多科性的高等教育在哪发源的？东南大学。当时非常辉煌。我们说祖冲之也在这块地方做官，大家知道祖冲之是个大数学家，他把圆周率算到了 3.141 592 6 ~ 3.141 592 7 之间，比西方的科学家早了几百年，他能把太阳周率预算到误差不超过 50 秒，把月亮周率算到误差不到 1 秒，太了不起了！六朝的时候文学著作也非常辉煌，比如钟嵘的《诗品》、刘勰的《文心雕龙》、干宝的《搜神记》、刘义庆的《世说新语》、萧统的《昭明文选》。现在镇江有些地方还有些昭明太子的读书台。有人说《文选》就是在那里编的，不可能。《文选》是一部总集性的著作，把古代的诗、词、文、赋等等还有其他的体裁（这些体裁现在都没有了）都编成一部大型的文学总集。同学们知道他要看很多很多的书，萧统那个时候的书，是竹简韦编，一本书是很大很大的，用竹简写，不是放在 U 盘里，要带上很多书，放在那个读书台上，放得下几本书呢？所以只好在太子宫里。太子宫根据我现在的考证，在我们东大校东的文昌桥宿舍那一块。当时太子宫里有三万卷书，三万卷都是竹简韦编，要放很大一块地方，昭明太子在太子宫附近自己还挖了一个小小的湖，当然年深日久这个湖早就淤塞起来了，变成陆地了，当时他有的时候还在里面划划船。当时像钟嵘（写《诗品》的）、写《文心雕龙》的刘勰等人都是他的门客，说不定《昭明文选》更多的是这些人帮着编的。当时还有一些大书法家，像王羲之，画家顾恺之、梁元帝、顾野王，还有一些道家，像陶弘景、葛洪等人都曾经在东大这块土地上生活过，或者做过官。王羲之就在这里做过官，梁元帝就在这里做过皇帝。还有顾恺之这些都是当时的大画家，其实有些其他的书法家我就不说了，比如像王羲之的儿子也同样在这里。更有一点，因为我是搞文学的又是搞诗词的，我知道中国的格律诗词，中国的格律诗词是在东南大学发源的，同学们注意我说的是格律诗词，《诗经》不在东大。当时"竟陵八友"，竟陵王萧子显他下面有八个文人，包括沈约、谢朓等等一些人，这些人就在鸡笼山下和他一起从事文学创作活动。鸡笼山就在学校旁边，他所说的鸡笼山下就指东大校园这块地方。沈约、

精神图腾

谢朓这些人当时发现中国汉字有四声的变化，从转读佛经发现汉字的读音有四声，也就是"平、上、去、入"。我们各举一个例子来说："东"东大的东，声音是"懂"就有升降了，"动"就是降调，还有一个字叫"笃"，"东、懂、动、笃"，它们的基本的声母韵母都是一样的，所不同的一个是平声，一个是上声，一个是去声，一个是入声，"东、懂、动、笃"。后代人把这四声进行区别，平声说它是"平"，上去入叫"仄"，所谓"仄"者就是不平，这样汉字四声就有了平仄的变化。后来把这些平仄的变化用到诗歌创作里去，慢慢就形成了格律诗，我们最简单的格律诗是五言四句，简单地说就是"仄仄平平仄，平平仄仄平。平平平仄仄，仄仄仄平平。"比如我们最熟悉的《登鹳雀楼》："白日依山尽"，仄仄平平仄；"黄河入海流"，平平仄仄平；"欲穷千里目"应该是平平平仄仄，第一个字用了入声字，因为这个位置是可平可仄；"更上一层楼"是仄仄仄平平。把平仄用到格律诗词里来，旧体诗词就有了一种音乐的美。我们唱歌"do re mi fa sol la si"就是因为它的声音高低不同，有的是一拍，有的是半拍乃至四分之一拍、八分之一拍，是长短的不同，把这七个音阶根据声音高低长短的不同就可以组成很多很多的乐曲。我们的汉字也有声音的高低和长短的不同，按照平仄把它们组合起来，我们的古诗词就自然有了一种音乐美。我们想一想李后主写的《虞美人》："春花秋月何时了，往事知多少。小楼昨夜又东风，故国不堪回首月明中。雕栏玉砌应犹在，只是朱颜改，问君能有几多愁，恰似一江春水向东流。"不加任何音乐你看它就抑扬顿挫，就有一种音乐的美，这种音乐的美最早发祥地就在东南大学四牌楼校区。当时人们把这"四声八病"用到诗歌创作里去，在齐武帝永明年间写下了最早的"永明体"诗歌，这一点没有任何争议，只不过人们晓得"永明体"是格律诗词的源头，但是人们没有把"永明体"和东南大学联系在一起。

其实不仅格律诗如此，词也是如此。我们看梁武帝写的《江南弄》七首，我不一首一首地读。同学们看一下，这七首词有一个共同的特点：每一首词都是七句，前面三句是七字句，后面四句是三字句，第四句重复第三句的末尾三个字，大家看是不是这样？我显示在屏幕上的两首是这样，

我们再看另外的五首,是不是都这样?我们看了四首了,再看后面的最后的三首,是不是都这样?有人说这是偶然巧合,没有这样巧的事情。再看他的臣子沈约和他的儿子梁简文帝萧纲写的《江南弄》是不是也是这样?沈约写的三首,是不是每首都是七个字,前面三句是七字句,后面四句是三字句,第四句重复第三句的末尾三个字。这是沈约写的,再看萧纲写的也都是如此,所以学术界的人就认为齐梁时期的乐府,或者具体地说《江南弄》这样的组词就是最早的文人词。再比如《长相思》,大家看,这也是梁代的,总共这几句,两个三字句接着一个七字句,再两个三字句,接着四个五字句,第一首是这样,大家看后面几首是不是也这样。大家看,不是那么偶然的,要是那么偶然的话,三首中两首相同可能,一个人的七首全相同,而且其他人也都跟他一种格式。同学们想想,这跟后来我们看到的词——长短句式的词是不是很相似。2001年在澳门大学召开的国际词学讨论会,第一天上午叫我做学术报告。我在会上就讲,词产生于齐梁乐府,最后台下很多学者举手反驳我,结果有六个人站起来反驳,当年是叶嘉莹教授主持会议。主持之后她说:"王步高教授,再给你十分钟你回答一下。"我说:刚才这几位朋友都提到这些《江南弄》也好,《长相思》也好,不能说是词,原因是什么呢?平仄不合。如果把它们的平仄都推敲一下,这些词确实跟我们已经成熟的词还是有区别的。我说你们六个人,可能台底下还代表的不止六个人,说到底就是这一条理由。请问不成熟的词就不是词啦?第一条,敦煌曲子词是不是词?我提的一个是不是问题的问题,敦煌曲子词自然是词,敦煌曲子词格律符合吗?不符合,如果按照

精神图腾

今天的词牌一一去推敲几乎没有一首是符合的，那么敦煌曲子词可以算词，为什么《江南弄》《长相思》就不是词呢？再一个，中国猿人是人吗？如果现在冒出一个中国猿人站在王老师旁边，你说他是人吗？他浑身是长毛，衣服也不穿，话也不会说，他除了直立站着之外还能直立行走，基本上不具有人的多少特点，但是他却是我们的老祖宗啊，这一点似乎没有争议了，长毛的没有成熟的中国猿人也是人。再说"大江东去，浪淘尽，千古风流人物"，那个"乱石穿空，惊涛拍岸，卷起千堆雪"的是长江，而沱沱河的上游，那个在石头上往下一点点滴水，底下弯弯一点点小溪，那个水简直一步就跨得过去的，那倒是长江的源头啊，你能说那里也"惊涛拍岸，卷起千堆雪"吗？当然现在我们可以例举的证据就更多了，我在讲"唐宋词鉴赏"的时候专门写了一篇关于词的起源的文章，同学们知道王老师声嘶力竭地讲词产生于齐梁乐府，其实有一个"不可告人"的目的，大家知道如果产生于齐梁乐府，词就产生于东南大学。这样我们东大这块土地上就跟中国的文学结下了相当深的友谊，而且中国整个的格律诗、词都是从这一小块土地上发源的，中国除了这里还有哪一块你找出来和我比比看呢？再讲《昭明文选》。不仅《昭明文选》，很多这样的书都是在我们四牌楼这一块地方编成的，所以东大历史非常悠久。我跟校领导多次说过，不要去跟南大比这一百年所谓正统，我从1700年前算起，就不要比了。我是南大毕业的并不想贬低母校，而且我家四五个人是南大校友，但是这个问题不要争，我就谈我们这块土地，就谈这块地方，这是没有争议的。这块土地只要东大未来不出不肖子孙，没有人把这块土地转让卖掉，仍然都是世世代代东大人值得自豪的。

东南大学的再度辉煌是明朝洪武十四年（1381）开始，在这里建立了国子监，国子监建起之后它的范围比起我们四牌楼校区还更大一些，包括南京现在的空军司令部这一块，包括南京外国语学校那一块地皮，包括我们校东的文昌桥校区，这一大块都是当年的国子监所在地，当然重点部分是我们的四牌楼，当时那里的确有四个牌楼，所以那条街叫四牌楼。在明成祖年间他的学生达到了9000人，世界第一啊！当时还有比我们这个学校更大的学校吗？不论英国美国，美国那时候还没有呢！有人说从洪武十四年开始,我们学校到现在的历史,同学们算一下从2009年减去1381年,我们学校的历史是628年是不是?因为从这个时候开始,东大这块土地办学的历史基本没有中断过,中断停办个三五年是有的,没有长时间的停办,这个读书的种子延续到今天。有人说这算大学吗?怎么不算?剑桥八百年,一开始就是现在这种学校吗?不是。哈佛大学是从一个学生算起的,算学校的历史,最初就是一个学生。你从一个人算起,我从9 000人算起,哪个大?另外从另一个意义上来说,我们学校的历史,就从鸡笼山下雷次宗他们办学那个都不算了,我们很大度,那个历史都不算,要算的话我们一千几百年呢!那个都不算,就从国子监算起到现在是628年,全国还有比我们更早的大学吗?北大有个学生在网上看到我们东大校歌,就讽刺我们说,"太学令名标"你怎么能算是"太学"呢?我们学校京师大学堂才可以算。你京师大学堂毕竟不是太学,尽管是国家办的一个著名大学,但跟国子监直接称太学不是一个概念,我这里是国子监啊——国子监就是太学,标准的太学,任何其他学校如果称太学,都是冒牌货。而且当时还有多国的留学生到我们学校来读书。这就是当年的古地图,明朝时候的地图,这一块就是国子监的位置。我故意把这几个字打成黑体字,注意一点,就在这个位置,不就是现在我们四牌楼校区所在地嘛!

更重要的,就在东大四牌楼校区这个地方,编成了《永乐大典》。同学们都知道《永乐大典》,你知道在哪编的吗?在东大编的。据《南雍志》记载:永乐二年(1404)十月丁巳翰林院所纂录韵书,赐命《文献大成》。当时没有被皇帝认可,然后又组织力量,叫国子监祭酒胡俨兼翰林院侍讲,及学士王景为总裁,开馆于文渊阁。前几年在南京市政府东面,南京市政协前面有一块碑,刻着"古文渊阁遗址",当年是没有北京东路的,市政府就从玄武湖过来一直到东大这块地方是连在一起的。所谓文渊阁,既是机关相当于国务院这样的机构,又是一个藏书机构,它和国子监是连在一起的。国子监的祭酒又兼《永乐大典》的总裁,当然总裁不止一个人,为什么要让他也兼呢,有一个作用,你那有9 000学生啊!《永乐大典》是整部整部书抄进去的,你的学生是一个最优秀的又是很易得的劳动力啊!你们那里的老师可以作为编辑,你的学生可以帮他抄写啊!9 000人哪，到哪去找这么多人啊，当时当然是考核一下，要毛笔字写得相当好的人，这样《永乐大典》也是在我们这里编成的。

下面我们看现在出的《永乐大典》的书影。这是《永乐大典》内部的情况，它是用红格子，要解释的条目是用黑体字大字，其他的说明的文字是小字。也有的是整部书，像这里它就是把《诗话总龟》——实际上是宋代的整个《诗话总龟》，这个书今天的排印本还是厚厚的两本啊——整个书都抄进去，这样面对的抄的工作量很大，要把《诗话总龟》抄进去，就要有个学生抄上两三个月了，对不对？《永乐大典》可惜散失得很厉害，明成祖永乐十九年（1421）迁都北京之后，《永乐大典》也运到北京，全书有22 877卷，另外有目录60卷。现在60卷的目录都保留下来了。但全书现在只剩下——就是最初中华书局汇录了一下——编成730卷，后来又发现67卷，最近又发现17卷，加起来全书只保留了3.558%，百分之九十六点几都不在了。但是现在存在一个幻想，他是明朝后期的一个皇帝，曾经组织人把《永乐大典》全部重抄了一遍，抄过之后原书就不翼而飞，现在我们看到的每一本都是后来重抄的，那原书到哪里去了呢？很可能带到棺材里去，当然这么多年，年深月久，这一套书想一本都不少比较困难。但是如果有这种可能的话，学术界就寄这个希望，哪天这个皇帝的墓开掘的时候能发现《永乐大典》。《永乐大典》如果被发现，我们这些人就忙起来了。为什么呢？明朝初年的大量的书今天都不全了，编《四库全书》的时候，当时《永乐大典》已经不全，就这样还在里面辑出385种书，包括著名的《旧五代史》和《旧唐书》。本来这两本书都失传了，后来从《永乐大典》把它辑出来，当然那个本子不是顶好，因为辑录的就不是百分之百的完整，还有一些散失。如果现在《永乐大典》整个书都发现，那不得了。就拿李清照为例，我们现在只见到她四五十首词的情况下，我们在《永乐大典》里能辑出七首李清照的词，你想想看在百分之三点几里面能辑出七首，百分之百呢？光李清照的作品就能发现很多，那么其他的作家呢？说不定还有很多著名的作家今天我们一个字都看不到了，但在它里面还能保存，当然这只是希望。我们要讲的就是，这样一部了不起的历史巨著是在东南大学编成的。

我们这里后来又改为江宁府学。入清之后，顺治是清朝最早的一个皇帝，顺治七年（1650）改南京国子监为江宁府学。因为这里不是首都了，还叫国子监不行，就改成江宁府学。地方官马国柱、周亮工、于成龙、曹玺，先后多次对这个南京的江宁府学进行修缮、扩建。嘉庆中它毁于大火。咸丰中又遭太平天国兵祸。但是这里还在办学，办着文昌书院。从清顺治十七年（1660），朱谟、白梦鼎就建立了文昌书院。即使后来江宁府学失火，文昌书院还在办着。这样一直到后来，到1902年开始筹建三江师范学堂，也就是我们学校的前身。

下面我们转入讲"百载文枢江左"。"百载"，百年来。有人说：王老师你想过没有，你现在讲"百载文枢江左"，我们百年来是江东文枢。何谓"江左"者？江东。学校再过一百年你这个校歌还能唱吗？当时写的时候，我们的老校长管致中就跟我讲过，说王老师你为什么不把它改成"千载文枢江左"呢？千载也不错啊，这千年来它的确是天下文枢啊，何况我只是说的"江左"。大家注意为什么讲所谓"江左"，就是江东。大家注意长江是由西向东的，这一点毫无疑问。但是奇怪，到了安徽的芜湖之后长江突然拐向北，而且呈东北偏北的方向，几乎要接近于正北的方向前进。从芜湖到南京的这一段，包括马鞍山，这一段是呈东北偏北。如果我们用直角坐标系，它不靠近 X 轴而靠近 Y 轴了，是不是？正因为这样，我们长江一个江南一个江北，你站在南京长江大桥上看看却不是一边江南一边江北，而是一边江东一边江西，所谓"江左"，就是江东。大家读《三国演义》"孙权据有江东，已历三世"，这两句话是哪儿的？是刘备三顾茅庐的时候《隆中对》中诸葛亮的话。"孙权据有江东"就是以南京为中心的东面这一片土地，当然实际上连江西面那一片也算在里头了。"百载文枢江左"，为什么用"江左"不用"天下"呢？当然一来是韵律上的要求，还有一个我们东大人历来比较低调，只讲我们是江东这一片的文化枢纽，就是文化的中枢，还不敢说"天下文枢"。其实在国子监时期，在民国中央大学时期，我们都是"天下文枢"，是不是？

下面，我们说说东大的历史沿革。这个百年"天下文枢"或者"江左文枢"是怎么算的。最早1902年建立三江师范学堂，1905年改名为两江师范学堂,1915年改名为南京高等师范学校,1921年改名为国立东南大学,1927年改名为国立第四中山大学,1928改名为江苏大学。1928年4月(改称国立中央大学)。这个中间江苏大学的寿命就是一个多月,为什么呢?当时学生非常反感,我们是全国的大学怎么能叫"江苏大学",都把江苏大学的牌子扛到教育部去了,最后教育部只好承认,决定把学校停办,最后把学校改名为国立中央大学。

到1949年南京解放了,全国解放了,还叫"中央大学"当然不妥,因为首都不在南京。因为这个学校办在南京,所以改名为国立南京大学,接着又把"国立"两个字去掉,后改名南京大学,一直维持到1952年。1952年院系调整。这个下面我会讲到,院系调整之后,我们这里把工学院留下,其他的分出去,我下面会一一讲怎么个分法,让同学们对东大的历史有一个具体生动的了解,不要道听途说。王老师讲的是正统的。

1952年10月之后,改名为南京工学院,1988年恢复东南大学的校名,我们曾经叫过东南大学,后来因为韦钰校长他们主张发展文科,主张发展多学科的学校,而不仅仅是工科,当时韦钰同志提出要"巩固工科,加强理科,发展文科",这样东大就朝综合性大学发展。那么就不能继续叫南京工学院了,所以改名为东南大学,这样从1988年到现在,同学们,又有20余年了。我是改名为"东南大学"之后才来到东大的,我没有来到南京工学院,我来的就是东南大学。2000年有几所学校并入东大——其实在我校的历史上有多次合并,最多时有9所学校并入,后来改名为"中央大学"之前有多所学校并入。前面我们学校历史上有这几个校门,后面几个校门都是一种格式，前面的这是两江师范学堂的校门，那是国立东南大学的老校门，下面就是最早的中央大学校门。在下面这个图下面，实际上就是现在这样了，就是现在的校门，只不过后来又一修再修。同学们，过去东大的校门是学生设计的，是建筑系的学生设计的，不是教授们设计的。这是南京工学院的校门，这是我们现在改名为东南大学之后的校门，实际上后来这三个校门都是一个门，没有改变过，当然我们现在又要加上九龙湖校区的门了，又有所不同了。

下面我用较多的时间讲这百年来东大的精神与办学特色。东南大学靠什么精神发展到现在，而且能够越办越出色，能够培养出很多著名的人物。

第一点是东大"诚朴雄伟，止于至善"的办学精神。这一点是一代代东大人的精神，也是一种道德的追求。这一点最早是南高师校长江谦提出来的，他认为道德、学术、才识之完善，均应本于至诚，诚则自诚。

江谦作词的南高师校歌即云："大哉一诚天下动，如鼎三足兮，曰知、曰仁、曰勇。千圣会归兮，集成于孔。下开万代旁万方兮，一趋兮同。"这个校歌在2002年被南京大学选作校歌，这是我们的校史上最早的一个校歌。南大当年定校歌的时候也经过了两年的征集，最后决定在几个校歌当中选一个，也有新写的，新写的大概不怎么样。后来还是把历史上的几个校歌又请印青同志——跟我们校歌的同一个作曲家，请他重新谱曲，对历史上的两个老校歌重新谱曲。加上这个校歌，请了两三百个专家学者来一起投票，投票下来得票最高的是汪东和罗家伦作词的两个中央大学校歌。但是后来不知道什么原因，说要定老校歌干脆定一个最早的，就选了这个校歌。这个校歌大概是1916年写成的，算算到现在多少年，90多年了吧。我在这里引这个校歌只说明一点，当年江谦也就是南高师的校长，他就是主张把"诚"作为我们学校的立校之本。同学们到东大来都不止一年了，就是我们大一的同学你也来快满一年了，你觉得东大人有什么特点？东大人厚道。我们生活的南京这块土地，南京人就比较厚道。到饭店里去吃饭，我们三四个人去点了三四个菜之后，管点菜的那个服务员就说"差不多够吃了，不够再点"。你到其他地方会遇到这种说法吗？怕你不给钱啊？没有。南京人这就有他的厚道之处，你够吃了再点就浪费了。当然不排斥你肚子很大，点五个还不够，你不够再点，这就是南京人的厚道之处。生活在南京这块土地上的我们东大人更是诚实厚道的典范，所以东大以"诚"立校。江谦认为"诚"含着知、仁、勇，"诚"孕育着德、智、体，这是一切道德的基本的部分；你若没有诚信还谈什么道德。你若弄虚作假，现在社会上有剽窃、抄袭，另外弄虚作假搞伪装的，如果都搞这一套，还有什么道德可言？《红楼梦》上叫"假作真时真亦假"，如果你搞许多假的东西，你即便是真的我也不相信了。所以当年江谦提出，全体师生均须以"诚"植身，以"诚"修业，以"诚"健体，以"诚"处世，以"诚"待人，始终讲一个"诚"字。在南高教授中，曾流行过这么一段话："想为官者上北京，想发财者去上海，唯我心甘情愿在南高。"东大人确实有一种奉献的精神，想为官你到北京去，想发财你去上海，你留在学校留在我们南高师，就要有一种自甘清贫的道德精神，有一种奉献的精神。

到中央大学时期，校长罗家伦还提出"诚朴雄伟"——现在是南大的校训，南大都是用的老祖宗的。这四个字做校训，"诚"即对学问要有诚意，不以其为升官发财阶梯，亦不以其为取得文凭资格的工具。治学须备尝艰辛，锲而不舍，对学问要有诚意，要有一种负责的态度，人与人之间更是推"诚"相见。这是一种精神。说实话我工作过不少单位，到东大之后我这一点感受很深。东大绝大多数同志，上至校领导和一些中层领导，下至我们许许多多的老师乃至我们广大的同学，都有一种"诚实、诚信、厚道"，这一点给我印象极深，大家不做伪。我们许多人都是透明的，透明的人优点大家看得见，缺点别人也看得见，只有一条，我们没有见不得人的东西。有缺点是有缺点，脾气不好，有的时候还性子太急会发火，这些大家都看得见，没有多少特别的隐私见不得人。东大人这一点应该引以为豪。另外，"诚朴雄伟"的"朴"即质朴、朴实的意思，力戒浮华，做学问切不为装点门面。崇实而用苦功，才能树立起朴厚的学术气象。"雄伟"则是"大雄无畏""伟大崇高"的意思。我们中华民族自五代以来一直很柔弱萎靡，特别到晚清时期，成了列强弱肉强食的对象。我们要振兴中华文化，不可有偏狭纤巧，也不能存门户之见而故步自封，所以同学们注意我们用"海涵地负"这四个字写到校歌里面去，留神注意的同学可以找到"海涵地负"这个词在《词源》《辞海》里都查不到。有人说王老师你为什么用这样冷的一个词？不冷。为什么？"海涵"好懂，"地负"也好懂，合在一起意思也没有变就是要海纳百川、地载万物。这一点跟罗家伦校长讲的"诚朴雄伟"一致，要有这种气度，东大人不是那种斤斤计较、一天到晚算小账的人，用马克思的话来说就是对别人踩了你的鸡眼这点仇都要报，这种人就没有多大出息。东大人就要大度，我们生活在这个名校，就要有这种名校的气概，同学们要记住"海涵地负"，让它伴随自己一生，走到哪里你脸上都刻着东大人几个字，要有这种"海涵地负"的气度，要能海纳百川、地载万物。"诚朴雄伟""止于至善"这两个校训的最好实践者首先是曾经在东大这块土地上辛勤耕耘的许多校领导，比如李瑞清、陶行知、刘伯明、郭秉文、罗家伦、吴有训、汪海粟、管致中等人，这里除了刘伯明没有当过学校的一把手之外，其他的都是学校的一把手。刘伯明是当时老东南大学的灵魂，他尽管相当于学校的二把手，当时不叫副校长，但实际上是学校的灵魂。他们的道德人品，堪称我们的表率，从而铸就东大人朴茂、勤勉、踏实、低调、真诚可信赖的形象。我会多次提到东大人的低调，不浮夸不虚夸。青年既要有远大的理想和抱负，有精湛的学识，又要有高尚的情操和气节，且要有一种雍容的风度，要大度。过去说"宰相肚里能撑船"，我们今天在座的同学也许没有谁今后能做到相当于宰相这样的官职，但是都要有这种"宰相肚里能撑船"的气度，记住要诚朴、要雄伟。1941年7月，罗家伦即将离任，在毕业典礼上谈到青年修养时说："胸襟狭，格局小，藩篱隘，成见深的人，就无从谈风度，我常勉励中大同学，做人处世，要持一种'泱泱大风'的气度。"你是从东南大学出来的，是从名校出来的，要有这种大度的做人气概，你要跟其他人在一个单位共事的时候，一看你跟别人就不一样，就像过去两个女子一个是大家闺秀，一个是小家碧玉，一比就不一样。我们每一个人走上社会都是东南大学的宣传员，人家看东大就从你身上看，你要有这种"泱泱大风"的气度。郭秉文校长曾形象地用"钟山之崇高，玄武之恬静，大江之雄毅"比喻东大的校风。我们生活在南京，在东大这块土地上求学好多年，今后要把这种"钟山之崇高，玄武之恬静，大江之雄毅"的精神带到全国各地。

第二点是求真务实、不趋时尚。从南高师的时候开始，我们学校的教授有两个显著特征：第一是很讲究节操，第二是重学育人，更把育人放在前面。前者讲操守，讲气节，讲有所不为。有的事情东大人绝对不去做，要有所不为，这便注定东大人在百年的政治风云变幻当中不趋附权贵，也不随波逐流，这种精神风貌是非常可贵的。举几个例子，20世纪20年代的时候，当时在五四新文化运动的影响下，全国到处提倡全盘西化，废除文言，提倡白话，这一点以北大的陈独秀、胡适为代表。当时在国立东南大学，就有以吴宓他们为代表的一些人办了一个《学衡》刊物，跟北方的《新青年》等等刊物唱反调。有人说，我们学历史的时候，都是肯定《新青年》，肯定新文化运动，那么你们这些是保守派。同学们，难能可贵的就是在大家头脑都发热的时候，它头脑发冷。它认真地针对"五四"以来新文化运动当中主张"打倒孔家店""全盘西化"的主张而创办，它反对我国当时流行的西方浪漫主义、实验主义、白话文学，是一种批判性、代表性的综合刊物。他们从1922年1月创刊到1933年7月停刊，出了79期，其中王国维、吴宓、柳诒徵这些人都大量地为它撰稿，它在其第一篇

《简章》相当于发刊词里就这么说:"我们办《学衡》的主旨就是:'论究学术、阐求真理、昌明国粹、融化新知,以中正之眼光,行批评之职事,无偏无党,不激不随。'除了昌明国粹与灌输新知外,还能不趋众好、追求真理,以期开启民智,转移风气。"这是多么了不起的一种风格,了不得!东大人敢于在这个时代潮流铺天盖地而来的时候,发出一个与主潮流不同的声音,这太了不起了!有人说大概像胡适、陈独秀那些人都有留洋的经历,而我们的学衡派都是穿着长袍马褂、拖着一个清朝人的长辫子,然后来写一些复古、复旧的文章。其实正好相反,当时东大的教师中有留学经历者或外籍教师占64.4%,其中理科占86.2%,农科占83.3%,工科占80.0%。1930年中央大学153位讲师以上的专任教师中有130人(占86%)曾留学国外,绝大多数都曾经获得博士、硕士学位。当时"学衡"派的主编吴宓就是一个在国外取得博士学位的、有很深的国外生活经历的人。当时是这些人学贯中西,看到了中国的文化传统,又亲身啃了一些洋面包,回到中国来,他们并不认为西方的月亮永远比中国圆,既要在科学、文化包括管理、民主等等一些制度上面主张学习西方,但又并不主张"打倒孔家店",废除文言文。同学们回过头来看,我们为"打倒孔家店"、为废除文言文,付出了多少惨重的代价!这么多年来,出过许多过"左"的东西。当然传统的东西不是什么都好,古代那些女人都裹小脚,走路都那么一蹬一蹬的,这就不好,要否定。但不是什么都否定,王老师在这里讲了一学期的唐诗,今后还有可能在这里讲一学期的唐宋词,还会讲中国的诗词格律,那么这些我觉得就不要否定,古代是有不好的东西,不是要认为老祖宗什么都好,如果是那样,还要我们干吗?老祖宗也有不好的,但也不是"洋面包"什么都好,外国的艾滋病至少不好。改革开放这么多年,好的先进的技术传过来了,但也有一些坏的社会风气:中国绝迹了多年的性病现在是非常普遍了;吸毒,现在也是个很大的问题。早先几年也没有这些东西,所以并不是西方什么都好。

"学衡"派反对的只是对于西方文化作空泛介绍的"灌输观"和不作任何批判的"全盘西化论",所强调的是弘扬民族精神,沟通并融合中西文化。在新文化运动的大潮中,"学衡"派几乎陷入四面楚歌的境地,后来也一直被冠以"保守派"的骂名。但"学衡"的旗帜却是我们东大人最应该引以为豪的东西。可惜今天，东大包括我在内，没有本事来高举这旗帜，这样的旗帜应该在全国有很大的影响，应该跟当前追求学术界的许多时髦的东西敢于唱些反调，当今学术界的一些主流派许多风气并不真，对中国文化的发展确实有许多做法是有害的。比如说，追求论文的数量，好像越多越好，级别越高越好。其实不是。前两天我给研究生同学上课的时候，我说你们在座的女生要找男朋友，要定很多个标准，比如说身高，每个人心目当中实际上是有个标准的，你愿意找一个一米四几、一米五几的男孩子吗？你肯定不愿意，但是这个标准你不能定得太高，如果定得太高，你找男朋友一定要找两米三零的，这个标准定高了，其他的什么标准你都不要提了，为什么呢？因为在中国有没有两米三零的人就是个问题了，你能不能找到两米三零的人，这个标准定得有必要那么高吗？假如说你希望高个子，你就定一米八零，再高就没必要了，除非你就是女运动员，你是女排的主攻手，你本身就一米八零，你找个男友应该是一米九零的，对不对？为什么要把这个标准定得那么高呢？现在追求论文的篇数，追求那么多，发表十五篇论文的人一定比发表十篇论文的人好吗？甚至一定比发表五篇的好吗？不见得。发表五篇很有分量的论文，甚至超过二十篇，超过五十篇都不止。

　　王国维的《人间词话》就是一万多字，现在研究王国维的《人间词话》的文章少说有五百万字，加起来能顶得过这一万多字吗？我研究司空图的《二十四诗品》，《二十四诗品》是二十四首诗，每一首四字句，十二句，一首是四十八个字，它总共加起来一千多个字。当年研究《二十四诗品》的人的著作和文章恐怕一千几百万字都有了，能顶得上《二十四诗品》吗？不是越多越好，我们的校歌就五十八个字！我们这五十八个字，我花了将近七千个字去解释它，还没有解释透。我前面写的过程当中还不止想那么多，但不能说得更多了，我写那个赏析是写给印青同志看的。有的人嘲笑我，说哪有人自己写首诗，又自己写首赏析，他们不知道我写给作曲家看，印青同志要充分看懂了我这首诗，他作出来的曲子才能充分体现我的创作思想，才能体现我们东大的精神，体现我们东大人的特色！东大人敢于跟历史唱一些反调，在北洋军阀和国民党统治时期，"东大人不受武人政客利用，不作武人政客之傀儡""东大学者，慕真务实，追求真理，崇尚科学，究义利之别，明诚伪之分，浸身于学问之中，不恋权势，不苟流俗，洁身自好，外人曾可惜以东大不出显要为憾。唯东大师生，以此为荣，以此为乐"。有人说东大没有出过政界的显贵，东大人过去是以我们的毕业生不当官作为荣耀的，这一点当然今天我们还是适当地改变一些。如果我们在座的为人非常正派，又具有我们东大人的精神，又有那种雍容大度的气概，如果你去当国家领导人，既是我们东大的荣耀，也是我们全国人民的幸运，但是你必须把东大好的东西带过去，否则你若变成一个贪官，祸国殃民，也是东大的耻辱，这样的官可不是东大的荣耀！我们学校历史上，我说的这四个人都是校长：李瑞清是两江师范学堂的校长，当时东大的一些学生被满清政府抓起来了，为了救学生，他接受了江苏布政使的头衔，然后把许多学生放出来。我们的校领导爱护学生，为了保护自己的学生，自己去冒了很大的风险。

吴有训是新中国成立之前中央大学的校长，他也保了许多地下共产党员，我有个朋友是原来南京工业大学党委书记叫李飞，当时就被国民党抓在监牢里，就是吴有训把他保出来的。

汪海粟是1957年前后南京工学院的院长，在1957年反右派的时候，他为了保一些老教授，为了保我们老师同学不被打成右派，他自己挨整。当时学校党委委员十九人，三个人被打成右派分子，这三个人自然开除党籍，另外还有两个人被开除党籍。汪海粟同志是国务院周总理任命的南京工学院院长，后来被贬到南京机床厂当副厂长，定为右倾机会主义分子，一直到"文革"结束之后，才落实了政策，担任了江苏省委宣传部部长，后来担任江苏省副省长。很有幸，他是江苏省诗词协会会长，又兼我们春华诗社的名誉社长，我是江苏省诗词协会副会长兼春华诗社的社长！汪海粟同志是我们南工人的骄傲。有这样的领导，当政治压力来临的时候，为了保护老师学生，宁可自己顶着，这跟汶川大地震的时候，让同学们先走自己顶着的那些老师是一回事。不过那种政治压力比地震压力更可怕，你们没有经过那么多的政治灾难，王老师是在"文革"当中两次被当成反革命的，所以我知道被打成反革命、被整是怎么一回事。

林克是"文革"后期南京工学院的革命委员会主任、党小组组长。当时南工、南大的一些学生在新街口闹事，贴"四人帮"的大字报，"四人帮"攻击周总理，他们公开在新街口贴上大字报，在南京开往全国的火车上写上："谁反对周总理，就打倒谁？"矛头是指向"四人帮"的，当时的省委领导召开常委会，把林克同志叫到会场上："回去都给我好好查，把这些人重办！"林克回来说："不查，照样分配！"所以保存了当时敢于顶着"四人帮"在江苏代理人的政治压力，保护南京工学院当时的学生，所以"文革"一结束，"四人帮"一被打倒，他就调任清华大学任党委书记。所以东大人在历史上几次具有这种反潮流的精神，这一点很了不起！

我们东大的办学精神和办学特色的第三点是嚼得菜根，自觉奉献。"嚼得菜根"就是吃得了别人吃不了的苦，能自觉奉献，东大人以俭朴为荣。

我这里要特别介绍王酉亭的精神。王酉亭是抗日战争之前我们中央大学农学院畜牧场的一个技师。全面抗战爆发的时候，罗家伦校长远见卓识，日本鬼子打到上海，他就又买了许多木板，做了许多木箱，把学校那些重要的图书、仪器都装满箱子，运到四川去。在重庆大学附近沙坪坝一带找一块地方，盖了许多简陋的房子。正好有个叫卢作孚的人帮着国民党把四川的军队调到南京来，当时运兵运到南京来，他空着船回四川，罗校长跟他协商看看能不能把这些箱子运到重庆，卢作孚不要一分钱帮我们运。所以，等到日本鬼子快打到南京的时候，中央大学很多重要的仪器设备以及图书都已经运到重庆，但是还有些东西运不走。我们进口的许多也很珍贵的猪、牛、羊、鸡、鸭、鹅等等运不走。所以 1937 年 12 月 4 日，日本鬼子快打到南京了，罗家伦校长被迫要撤离中央大学的时候，到我们现在的丁家桥校区，当时的农学院所在地，接见一些职工就说："你们愿意到四川去的同事希望×月×号之前到重庆我们的中央大学报到，还有一些同事实在不走的，给你派遣费、解散费，你就回家。"他还对畜牧场的人讲："现在这些进口的猪、马、牛、羊实在没有能力运走了，你们就地处理，你们已经为中央大学尽了最大的力了。"当时有个技师叫王酉亭，拿着学校发给他的派遣费，把几个人约到一起来商量。他不忍心让国家花了大价钱进口来的猪、马、牛、羊最后落到日本鬼子手里，或者就进了屠宰场杀了当肉吃。他把这些鸡关在笼子里挂在牛背上，租了四条小木船，在日本鬼子打进南京城之前三天，从下关渡过长江，又到了浦口，然后由这个队伍牵着这个牛、马、羊，把鸡笼子挂在牛背上，每一天走十几公里。等到他们到合肥的时候，日本鬼子就打到南京了。然后一路走，从全椒、合肥前进。在合肥失守之后，他们又来到了大别山区，天黑又冷，大雪封山，那个时候也不宜赶路，他们就在六安的叶家集度过严冬。后来学校知道了这件事情，知道东大拆迁的队伍中还有猪、马、牛、羊这样一支队伍，所以罗家伦校长给他们汇去一笔钱，然后他们就在第二年的春天又再度西征。到了8月中旬，他们本来想——现在叫京汉铁路了，就是北京到武汉的铁路——坐火车到武汉，然后再坐船到重庆。但是他们失算了，不久国民党军队大溃退，用火车装这些退兵都来不及，再加上不久武汉失守，武汉也落到日本鬼子手里，回到武汉是不可能了。要想从信阳乘火车去汉口不行，然后他们就想向襄樊老河口进发。武汉沦陷之后，他们才到桐柏山区，又在那里过第二个冬天。1939年的春天继续西行去重庆，到10月才到达宜昌，最后坐了一小段船到重庆，历经23个月，从南京走到重庆。同学们，这是什么精神？有一天黄昏的时候，罗家伦校长到重庆城里去开会。从沙坪坝出发，走在路上，看到公路上迎面一大堆的猪、马、牛、羊浩浩荡荡的队伍来了，这就是王西亭从南京带来的队伍。罗加伦校长从车子上下来，抱住那个牛的头都哭了。战乱年代，不但人遭受灾难，连这些猪、马、牛、羊也步行23个月从南京走到重庆。同学们想想，当时战争的时候，很多学校都溃不成军，而中央大学除了房屋没有运走，地皮、草、树木没有运走，连猪、马、牛、羊都去了重庆！同学们再想一想，每天走十几公里，天上是日本鬼子的飞机轰炸，路上常常是洪水泛滥，很多地方的道路都是泥泞的山地，只靠着两条腿走。走23个月啊！太了不起了！我们的老祖宗这样做的。这么多年来，我们学校能够兴旺发达，靠的是这种王西亭的精神！我们今天的东大人，没有为学校做多少贡献，就要这要那，嫌房子小、嫌工资低、嫌奖金少？在王西亭面前我们不感到脸红吗？同样是东大的人，王酉亭只是一个普通的技师，我们这些人是教授，你还觉得学校对你亏待了吗？所以每次讲到我们东大人这段历史的时候，我都讲到王酉亭。最近周武忠同志要对九龙湖校区一些文化建设做一些规划，我力主找一块地方列一个王酉亭的纪念碑，因为这样一个畜牧场的普通技师给我们树立了一个具有高尚的道德情操、一个非常高大的东大人的形象。希望同志们记住这个名字，这是个不很令人注意的、在其他校外的书上是查不到的这样一个小人物的名字，他也属于东大最光辉的名字之一！

小人物了不起，大人物也有了不起的。吴有训担任中央大学的校长，全国最高学府的校长，穿着一领长衫。人家其他学校的校长到教育部去开会，西装笔挺，坐着高级小轿车去；而他自己穿着一个长衫，坐个小黄包车走到教育部门口，教育部的人好几次把他挡在门外，说：开大学校长会，你来干什么？按照国家规定，中央大学校长是住小别墅的，而且国家会派很多人来给他做服务员，他把自己家的小别墅分给几个教授来共同住，自己仍然住在当时中央研究院的集体宿舍里，两家共用一个八平方米的小客厅，儿子在家里都没有床位。他儿子当时在上中学，就是当时的中央大学的附中，就是在今天的南师大附中读书。他叫儿子在学校寄宿，家里没有床，睡不下。身为一个大学校长，这种艰苦朴素的精神令我们叹息。他母亲去世，蒋介石亲自派人给他送去一笔钱，他拒绝，而他并没有钱，跟学校临时预支两个月的工资回去办理老母亲的丧事。这样两袖清风的校领导，才能把大学带得好！

我们学校的师生虽自甘清贫，但在学校、国家遇到危难时却从不畏缩，乐于奉献。早期我们南高师的口字房是学校的主教学楼，突然失火，烧掉之后，学校立即陷入了巨大的灾难当中。结果，全校师生每人捐二十个大洋，老师一般的捐一个月的工资，我们的校友也纷纷给母校捐款。当时我们学生的演出队到苏州、上海去义演募捐，大家重新把学校的楼盖起来。全面抗战的时候，国家遇到危难，同学们没有好的吃，当时吃那个充满着稗子和石子的粗米饭，吃的菜就是那个包菜的边子——当时被重庆的沦陷区称为飞机包菜的那个东西。学生们那么苦，教师们的生活也很苦。

抗战初期的时候，正教授一般是每月三百五十个大洋，而米是十块钱一石，三百五十大洋养活全家生活是很富足的。但后来米价腾飞，教授的生活也过不下去，有许多教授得同时到几个学校去兼课，但就是在这种情况下，傅抱石、徐悲鸿等这些中央大学的美学家，这些著名的教授到国外去办美术展览，徐悲鸿得到的四十万大洋全部捐献给国家！我们东大人世世代代把国家的命运、国家的前途安危看得远比个人重要，所以在战争年代我们中央大学没有畏缩，没有一筹不展。在重庆的时候，我们住在茅草棚子里，当时日本鬼子经常来轰炸，在茅草棚里却出现了我校历史上最辉煌的时期，全国一些精英人物都陆陆续续来到中央大学，中央大学出现了前所未有的辉煌。下面我讲到的一些重要人物，很多都是在重庆中央大学时期任职的。

第四，敢为人先、创新进取。我校是第一个实行男女同校的：1919 年 12 月 17 日南高师校务会议根据陶行知的提议，决定 1920 年夏招收女生。本与北大相约一起行动，但北京的保守势力更甚，南高 1920 年夏招收李今英等正式生 8 名，接受旁听生 50 余名，北大只招收了几名旁听生。到国立东南大学时期更有了中国第一位女教授陈衡哲。她曾是美国芝加哥大学硕士。稍后，美籍华人诺贝尔文学奖获得者赛珍珠，留法女画家潘玉良（一作张玉良）也都成了我校的女教授。

由陶行知首倡改"教授法"为"教学法"：清末以来，我国一直沿用"教授法"一词，陶认为它反映了人们对教育的理解是"先生只管教，学生只管学"。陶认为"教学法"代替"教授法"其理由有三：一是先生的责任不仅在教而且在教学，教学生学；二是教的法子，必须根据学的法子；三是先生不仅要教，还要不断地继续学。这一提议曾在南高遭否定，但在郭秉文校长支持下终获通过，且渐渐通行全国。

我们学校最早采用"选课制"，推行课程改革。当时国内高校均实行学年制，每年开若干门课，既不可不学，亦不可多学，毕业年限亦固定。1919 年南高师校务会议即决定，实行"选课制"，相当于今天之"学分制"。这一点，我校又居全国之先。

对教育学科进行改造，教务长陶行知倡导"教育要科学化，实行科学教育",反对"沿用旧法,仪型外国",提倡"教师要做创造的科学家,敢于探索未发现的新理,开拓未开发的边疆",还提出"教育的理论应植根于自然科学,并把教育学的研究成果,广泛运用到实践中去"。在郭秉文校长支持下,办起教育专科,由陶行知兼科主任。由著名心理学家、美国芝加哥大学哲学博士陆志韦讲心理学,请著名生物学家、美国康奈尔大学博士、韦斯特大学神经学研究员秉志教授讲生物学、生理学、遗传学……使学生有良好的科学基础和本门学科的基础。自南高、东大、中大直至今天南师大,教育学科一直居全国领先地位。

面向社会开设暑期学校。有感于我国高等教育资源的严重匮乏,1920年南高在全国首开暑期学校,第一期学生即达1 041人,以后每年亦近千人。来自全国20多省区及朝鲜的大学、大专、中学、中专毕业或肄业的学生、私塾先生均来就学,后成为著名词学家的夏承焘便是吾校暑期学校学生,南高、东大的著名教授加上聘请的专家如梁启超、蔡元培、黄炎培、蒋梦麟、江亢虎、晏阳初以及美国的杜威博士等均曾前来任教,这是一种服务社会的推广教育。

竺可桢创建了新型的地学学科,我们的气象学走在了全国的前头;秉志教授创建了我国第一个生物学系和生物研究所;茅以升教授扩充工科,创建土木、电机学科。换句话说,我们今天的工学院的很多的基础都是当年茅以升等人创建起来的。我们东大人在这些方面都走在全国同行的前列。熊庆来教授创建了东大数学系,把近代数学引进国内,培养了我国最早的数理人才,成为"中国近代数学的开拓者和奠基人"。

胡刚复为哈佛大学博士,专攻物理。1918年回国,在我校任教11年。南高时期,他创建了中国第一个物理实验室,1920年创建物理学系,先后培养了吴有训、严济慈、赵忠尧、施汝为、余瑞璜等著名物理学家。他还是"电位""熵"等物理名词的最早定名者,他被誉为"真正把物理学引进中国的第一人"。

我校还是中国核物理学科的发祥地。1947年3月中央大学物理系主任赵忠尧和教授毕德显,受中央大学和中央研究院的委托,在美国购得供原子能研究的机器设备,设实验室于中央大学东北太平门附近的小九华山下，这是我国原子核科学研究之始。后来赵忠尧成了中科院高能物理研究所所长、中国核学会名誉理事长，他与多名我校校友成了我国"两弹一星"的功臣。

第五，知行合一、服务社会。吾校办学以"知行合一"为其特色，必含服务社会、服务经济之内容。当今国际名牌高校均肩负"教学、科研、服务社会"三重功能，而吾校早在南高、国立东大时期即已如此。我们国家目前办学多强调科研，对教学还是重视不够，对服务社会这一点更是强调不够。1998年，我们东大组成一个代表团，去韩国访问，我就问跟我们一路当翻译的韩国老师："暑假你给我们做翻译，学校给你们什么报酬？"他说："给什么报酬呢？我们老师总要服务社会啊，这是我服务社会的一部分！"如果是在我们中国，假期要动用这么多老师，天天要陪着我们代表团，十来天工夫，一个钱不给恐怕不行！在我们中央大学历史上强调"知行合一"，这是郭秉文教育思想的一部分，它就强调德育之"言行一致"的意思；它强调"通才"与"专才"平衡；强调"学"与"术"之平衡之意。所谓"学"与"术"的平衡就是知识和技能的平衡：知识是指基础知识、专门知识，要使之明确；所谓技能是应用工艺、造型，要使之精熟；另外要强调学术和才识，要会计划，要能执行，要有动手能力。现在我们东大人经常提出我们东大的毕业生动手能力强，这一点也是当年中央大学留下的好传统。郭秉文强调"知识"和"技能"的平衡、"计划"与"执行"的平衡、"通才"与"专才"的平衡，当时我们学校是全国学科最齐全、规模最大的大学。我认真地研究校史的时候注意到，抗日战争胜利的时候我们学校的图书经费、办学经费超过了清华和北大的总和还多，比他们要多得多。下面我们看一些数字就更清楚这一点。一代代的东大人以其诚朴严谨、求实低调而又敢为人先具有创新理念的形象立足于全国高校之先。

我们的学校历史上出过一些大教育家,像李瑞清、陶行知、江谦、郭秉文、刘伯明、罗家伦、马寅初、汪海粟、刘雪初、韦钰。有些大家比较熟悉,有些大家不太熟悉,由于时间关系,我们就不展开讲了。原东南大学的创始人就是郭秉文,他实际上是南高师的校长,后来担任了创建东南大学的第一位校长。我们学校还出过许多重要的自然科学家:熊庆来、胡刚复、吴有训、严济慈、赵忠尧、吴健雄、杨立铭、柳大纲、张钰哲、竺可桢、李四光、秉志、童第周、梁希、金善宝、蔡翘,还有茅以升、虞兆中、严恺、陈章、顾毓秀、刘盛纲、倪光南、刘敦桢、杨廷宝、童寯、吴良镛、戴念慈、罗荣安、冯元桢、任新民、黄纬禄、钱仲韩、周仁、彭加木、丁衡高。其中像著名的被称为"中国居里夫人"的吴健雄是我们学校物理系的校友,还有东南大学工科的奠基人茅以升,著名的地理气象学家竺可桢,中国地质学的创始人李四光代理过中央大学校长,吴有训后来任中国科学院副院长,他长期担任过中央大学校长,还有中国近代生物学宗师秉志等等。

民国时期,中央研究院院士,国民党设立了81个,据说有48个是我们校友,但是我仔细一个个地查,还有几个身份没有搞清楚,我能查出三十几个,马上底下一一开列名单。另外当时有部聘教授43人,我们学校以及我们的校友占22人;50年代中科院共5名副院长,我们学校占5人!国民党当时设立中国首届中央研究院院士共81人,分三个组。数理组共28人:姜立夫、许宝騄、陈省身、华罗庚、苏步青、吴大猷、吴有训、李书华、叶企孙、赵忠尧、严济慈、饶毓泰、吴宪、吴学周、庄长恭、曾昭抡、朱家骅、李四光、翁文灏、黄汲清、杨钟健、谢家荣、竺可桢、周仁、侯德榜、茅以升、凌鸿勋、萨本栋。其中华罗庚、吴有训、叶企孙、赵忠尧、严济慈、吴学周、庄长恭、曾昭抡、朱家骅、李四光、谢家荣、竺可桢、周仁、茅以升是我们的校友。饶毓泰、叶企孙、吴有训、严济慈并称为中国物理学界"四大名旦"。其中三大名旦是我们学校的。生物组共25人:王家楫、伍献文、贝时璋、秉志、陈桢、童第周、胡先骕、段宏章、张景钺、钱崇澍、戴芳澜、罗宗洛、李宗恩、袁贻瑾、张孝骞、陈克恢、吴定良、汪敬熙、林可胜、汤佩松、冯德培、蔡翘、李先闻、俞大绂、邓叔群。其中王家楫、秉志、陈桢、童第周、胡先骕、张景钺、钱崇澍、戴芳澜、罗宗洛、吴定良、蔡翘、邓叔群是我们学校校友。再看人文组，总共28人：吴敬恒、金岳霖、汤用彤、冯友兰、余嘉锡、胡适、张元济、杨树达、柳诒徵、陈垣、陈寅恪、傅斯年、顾颉刚、李方桂、赵元任、李济、梁思永、郭沫若、董作宾、梁思成、王世杰、王宠惠、周鲠生、钱端升、萧公权、马寅初、陈达、陶孟和。其中汤用彤、柳诒徵、顾颉刚、赵元任、周鲠生、钱端升、马寅初是我们学校的校友。有人说马寅初不是北大校长吗？他先在中央大学当社会科学系系主任，后来到北大去当校长的。

国民党民国时期部聘教授中的胡小石（国学，国立中央大学）、楼光来（外文，国立中央大学）、柳诒徵（历史，国立中央大学）、徐悲鸿（艺术，国立中央大学）、艾伟（心理，国立中央大学）、孙本文（社会，国立中央大学）、戴修瓒（法律，国立中央大学）、高济宇（化学，国立中央大学）、李四光（地质，中央研究院）、胡焕庸（地理，国立中央大学）、蔡翘（生理，国立中央大学）、梁希（林学，国立中央大学）、吴宓（外文，国立西南联合大学）、汤用彤（哲学，国立西南联合大学）、周鲠生（法律，国立武汉大学）、胡敦复（数学，大同大学）、茅以升（土木，国立交通大学）都曾经在中央大学，后被聘走了。你们打这看一下，胡小石一直到新中国成立后都还在。

还有许多人文社会科学家：黄侃、刘师培、吕叔湘、吴梅、赛珍珠、徐志摩、汪东、唐圭璋、刘伯明、宗白华、闻一多、吴宓、楼光来、陶行知、陈鹤琴、李叔同、吕凤子、徐悲鸿、张大千、傅抱石、高剑父、李剑晨、马思聪、孙本文、李国鼎。像上面列入的黄侃、刘师培、吕叔湘等等都是我们的校友；赛珍珠是当时中国唯一一个得诺贝尔文学奖的人，曾经在我们学校当教授；徐志摩一直是我们学校的教授，一直到飞机失事都是我们学校的教授。还有像著名的美学家徐悲鸿、陶行知等人。

20世纪中国十大画家：吴昌硕、齐白石、徐悲鸿、张大千、潘天寿、黄宾虹、傅抱石、李可染、高剑父、林风眠。全中国十个，我们学校就占了四个：徐悲鸿、张大千、傅抱石、高剑父。20世纪十大书法家：吴昌硕、林散之、康有为、于右任、毛泽东、沈伊默、沙孟海、谢无量、齐白石、李叔同，其中沙孟海、谢无量、李叔同是我们学校校友。

同学们，在1952年院系调整之前，我们这个学校是全国最高学府，差不多是这样，当时是综合实力最强的学校。但是1952年以后，从我们学校分出十三所学校，这样，我们的综合实力就不再具有领先全国的地位。我们的文理学院迁到当年的金陵大学，成为今天的南京大学，也就是说1952年初，我们学校曾经改名为国立南京大学，又有个南京大学，这个南京大学与今天的南京大学并不能完全画等号，因为今天的南京大学只是当时中央大学的文理学院，就是文学院、理学院，只减少了心理学系与哲学系。当然了，文学院和理学院实力还是比较强的；当年的法学院撤销了，它主要包括经济和法律这些部分，后来分到各个学校去；当年的教育学院，迁到当时的金陵女子学院去，后来改名为南京师范学院，就是今天的南京师范大学；当时中央大学的医学院，我们曾经有两个医学院，20年代我们东南大学的医学院后来独立出去就成为上海第一医学院，现在并入复旦大学，因为我们上海的医学院被并掉了，后来又在南京建了一个医学院，新中国成立后改名为第五军医大学，后来跟第四军医大学合并，现在在西安；我们的农学院，当时在丁家桥，后来迁到卫岗，就是南京农学院，也就是今天的南京农业大学；农学院的林学系独立出来成立南京林学院，也就是今天的南京林业大学；我们的商学院提前独立，成为今天的上海财经大学；我们的工学院水利系独立出来成立华东水利学院，也就是今天的河海大学；航空系成立了西北工业大学；我们的工学院留在本部改名为南京工学院，也就是东南大学！1952年院系调整的时候曾经有两套方案，两套方案共同的意见就是把工学院留在中央大学本部，第一方案就是南京大学放到南京金陵女子大学，也就是今天的南京师范大学身底下，当时准备把农学院放在金陵大学的身底下，因为金陵大学的农学院也是蛮强的。后来有第二种方案，就是现在的这种格局，把工学院留在中央大学本部，因为工学院当时是中央大学七大学院的最强的一个学院，它的规模大概超过全校的1/3，再加上后来又从浙江大学、山东大学并入了一些系科，尽管我们分出来水利系等一些系，但是总的实力还是加强的。50年代的时候有一句话叫："北有清华、南有南工。"有人说为什么后来我们跟清华的距离拉大了呢，还有一个重要原因就是从我们工学院分出去三所大学：我们的农机系分出去，成立镇江农机学院，那就是今天的江苏大学；我们的化工系分出去成立南京化工学院，也就是今天的南京工业大学；我们的轻工系分出去，成立无锡轻工业学院，也就是今天的江南大学；我们的无线电系有线电专业迁到四川，成立成都电讯工程学院，也就是今天的电子科技大学！同学们想一想，如果这些学校都不分出去，不要说一开始所有的文理都不分出去，就是工学院这几所学校都不分出去是什么样子，当时的无线

电系国家都决定整个迁到四川，所有的仪器都运到重庆了。感谢我们的汪海粟院长，他亲自到省委找省委书记，说南京有无线电厂，南京无线电工业很发达，它很重要的就是靠我们南工的无线电系。现在无线电系全部撤走，南京的无线电马上就会大幅度地下落，所以后来省委书记也不错，亲自赶到上海。正好周总理也在上海，找到周总理，周总理后来想在四川那里也需要发展高等教育，就跟江苏省协商："能不能这样，你们一个是无线电，一个是有线电（什么叫有线电？就像我们现在的电话就是有线电），你把有线电分给他们，把无线电留给你们南工。"所以后来把在重庆的仪器又重新运回我们南工，今天的无线电系才保存下来。我跟我们信息工程学院的书记张锡昌同志很熟悉，他就说现在他们的特聘教授大概占学校的1/3，他们的二级教授占全校的1/4，现在他们有院士，有全国863的首席科学家。无线电系如果没有当年汪海粟先生跑到省委去找人，没有周总理的网开一面，就没有我们信息工程学院！

2000年，当时布局调整，要把铁道医学院、交通专科学校和南京地质学校并入东大，四校合并。当然有很多人对此说长道短，但是我要从另一

个角度上讲，不完全是站在学校校领导的立场去说话。我是一个普通教师，认为这样做至少完成了这样一个使命，即恢复了原中央大学的完整。原来我们四牌楼校区是我们中央大学的本部，分部就在丁家桥校区，当时的农学院医学院都在那里，现在这样一次四校合并就实现了当年农学院、医学院的回归，现在中央大学几乎每一寸土地——当然了，不包括旁边被人家蚕食的那一点，都是在我们东南大学的范围内，这一点我们要谢谢我们东大的领导！

最后我再讲几句，"海涵地负展宏韬"。海涵地负是大地负载万物、海洋容纳百川，它有包罗万象、含蕴丰富和学问博大精深的含义。前面我们讲过东大人要有广博的气度，同时作为一种综合性的大学，要容得下各种学科，要容得下各种风格流派。大学校不仅仅是规格大，而且是容量大、气度大，要有这种海纳百川的气度，当今规模比北大、清华大的学校多着呢。我的母校，就是我读硕士生的吉林大学，有句俏皮话叫"美丽的长春市坐落在吉林大学校园里"，你到长春去到处都会看到吉林大学的牌子，因为它把七八所学校并进来，有的学校规模还是很大的，再加上各个学校有些分校，走到哪里都是吉林大学的牌子，所以说"长春市坐落在吉林大学校园里"。倒过来说，我们不在于其大，而是在于这种胸襟，无论我们学校领导还是我们东大的每个老师和学生，都要有这种雍容的气概，要像罗家伦说的那样"纯朴而雄伟"，不要小肚鸡肠，要有名校的这种胸襟和气势，要有雍容阔大的气度，要能吸纳各种人才，作为研究开放型的综合性大学，各学科要充分融合，而且兼容并包，办学思想要容得下各种办学风格，要容得下各种办学流派。当然，作为一所名校，要有一批博学大师，清华大学的老校长有句名言："所谓大学，不是有大楼之谓也，而是有大师之谓也！"一所没有大师的学校，不是真正的大学！我们东大，今天可谓真正的大师，已经不多了，当然未来还有希望在年轻人中间，造就一些能够跟老一辈的、跟我的老师和太老师他们相提并论的大师级的人物。所以，我跟我的研究生上课经常数家谱，我是谁的学生，我的老师又是谁的学生，你们是第几代的学生，大家也要算，一代代地算下来，希望能够把这个学术的传统延伸下去，而且能够后来再居上，不但能够超过我，而且有可能的话能够超过我的老师，超过我老师的老师。我们今天学习条件很多地方都超过我们的老一辈，《四库全书》过去我们根本都看不到，现在要查一个东西，四库有检索系统，查一个词输进去，如果查不出，没有这个字电脑几秒钟就回答查不到，要能查到，除非内容特别多，几十秒钟或者一两分钟就能解决了。过去《四库全书》根本就看不到，更不要说你去好好查一查了，现在有许多条件是超过前辈的。"海涵地负展宏韬"，它表示要实践发挥。"宏韬"从"六韬"而来，"六韬"包括文韬、武韬、龙韬、虎韬、豹韬、犬韬，也就是各种经天纬地的、运筹帷幄的策略。我们学校曾经有宏大的理想，希望在21世纪中叶能建成世界一流大学，这一点我是抱有很大的信心的。同志们想想，我们有这么大的校园，我们有这么好的基础，我们有这么深厚的文化积淀，我们的文化积淀在中国是任何学校都无可比拟的，哪个学校跟我们比都要逊色几分。同学们有机会到四牌楼校区去，看四牌楼校区礼堂门口的喷水池边上有个很大的碑，碑文是我为百年校庆写的，其中说："煌煌千载，其文化积淀之深厚，教育历史之悠久，鲜有能与之比肩者！"我就把任何学校在我们悠久的文化积淀面前都是很逊色的这个意思写到碑文里面去，当然要经过努力。

我用"日新臻化境，四海领风骚"来结束校歌。"日新"是《易经·系辞上》曰："富有之谓大业，日新之谓盛德。"孔颖达疏："其德日日增新。"东大人不但要学问天天长进，道德更要进一步地提高。东大人在各地，你在业务上要成为骨干，在道德上你要成为楷模。老师是学生的楷模。你们走上社会之后，你们成为各个单位的大大小小的领袖人物，也希望你们不仅仅能够事业上成为成功之士，学问上成为一个学富五车的学者，更要成为道德的典范、做人的表率，走到全国各地都让人说东大人真不错！哪怕你不居高位，不做高官，到哪去人家也都能喊一个"好"字，这就是为东大、为母校争光了！我们说"日新臻化境"的这个"化境"是从《庄子》的物化思想而来的。《庄子》有"庖丁解牛"这样的一个故事，由"无厚"入"有间"。庖丁是一个杀牛的屠夫，别人家用这个刀，一年都得用几把，但是他的一把刀用了几十年还是新的，他说他就是"无厚"入"有间",看起来这个牛有一堆堆的骨头,实际上它是有间隙的,他这个刀不是去砍,那当然用得久。作为一个屠宰的工匠,他就达到了一个化境,行行出状元,他就是这一科的状元。"金之至精,炼之至熟,刃之至神,而厚之至变,至化者也。"可引申为:诗的"化境",诗的最高美学境界,也就是艺术造诣达于精妙的境界。我们学校也希望能够达到教育的化境,要培养优秀的人才,希望能像当年的中央大学那样出现大批的能够改写中国历史的大人物。同时,也要许多为后代人树立道德表率的人物,这种"化境"是指一所学校科研、教学、文化、精神都达到一种最高的境界。我听到华中科技大学的一个教授说过这样一句话:"泡菜的味道是由泡菜坛里的水的味道决定的。"这句话很深刻,同样两个同学,高中毕业的时候水平差不多,各方面人品也差不多。一个同学发挥得很好,进清华、北大,或者进了东大这样的学校;还有一个同学发挥失常,进了一个很蹩脚的学校。跨进校门的时候,这两个人并没有太大的区别,但是几年下来之后就有极大的区别,确实不一样了。为什么?他在不同的泡菜坛子里泡了几年,一个泡菜坛子里味道非常好,出来就香喷喷的,但是另一个泡菜坛子里出来的就酸唧唧的。而且不仅仅是学问有所差别,在为人方面,有些小学校的校领导开始就是小家子气,就是小心眼,他想什么问题也直打"小九九"。希望在我们这个学校要形成一种雍容大度的文化,即使在某些学科建设方面我们跟北大、清华这些学校还是有一定的差距。但是在另一方面,在做人方面,在我们校园文化方面,我们跟他们没有差别,希望同学们能够做到这一点!

最后讲到"四海领风骚"。四海,《尚书》里面说:"文命敷于四海。"我们的老祖宗当年对地理了解不多,他们误以为中国的四面都是海,只有这一块是陆地。你看《西游记》说四大部洲,我们就在南赡部洲这块土地,周围都是海,认为我们大陆这一块叫"海内",所以其他还发现一些地方,那些地方就是海外了。现在"四海领风骚","四海"就意味着世界。"风骚"原指《诗经》的《国风》和《离骚》。也就是《楚辞》,"风骚"是文学界最高境界的代表。"领风骚"就是居于世界的前列。清人赵翼《论诗》绝句里面有这样的句子:"江山代有才人出,各领风骚数百年。"在国立东南大学时期,人家就称我们是"东方的剑桥";在后来的中央大学时期,应该说我们在全国也是一枝独秀的。当时全面抗战时期,国外承认中国五所大学的学历,第一是中央大学,第二是西南联大,同学们知道,西南联大包括三所学校:清华、北大、南开加起来可以排第二,其他的是武汉大学、浙江大学、中山大学。这五所学校,中央大学是排第一的。这是我们曾经有过的非常的辉煌。

当然也有人说"好汉不言当年勇",我们为什么还要言"当年勇"呢?因为不是我们完全衰落了,而是我们被肢解了,我们一个学校被分成十三所学校,是不是这样?如果我们不被分成十三所学校,我相信如果按照我们中央大学或者改名为哪怕是国立南京大学,如果同样再这样发展到今天,我们仍然还是第一。不是我们无能,当然有没有无能的地方?有,我们也不要虚夸自己,也应该看到我们的许多不足,知耻近乎勇。我们知道自己的不足,经过一代一代人的努力,希望在21世纪的中叶,能实现我们校领导规划的把东大办成世界一流大学的这个宏大目标。我也许活不到那一天,王老师今年62岁,如果活到21世纪中叶,还得41年,那就103岁了。如果跟南大的郑集先生相比,我还能活到那一天,当然未必还有力气站在这个讲台上这样滔滔不绝地讲上两个多钟头,但愿也还能做到这一点。但愿我还能活着亲眼看见我们东南大学实现"四海领风骚"、建成第一流大学的那一天!今天是我在去清华之前最后一次给东大的同学上课,感谢这么多的同学来听我的课。我希望同学们跟我一起努力,尽管我即将离开东大,昨天学校党委书记胡凌云同志专门找我谈了很长时间,我感谢校领导对我的关心,我向他们保证在清华待上半年之后,一定好好地回到东大来,跟老师同学们共同把东大建成国际第一流的学校!谢谢!

(载《披沙拣金说唐诗》福建教育出版社2010年版第324页至第360页)

文章撷萃

致 青 春
——百年名校东南大学写给青春的你

又是一年春华,青葱的脚步正纷纷地踏近,在古都南京,百年名校东南大学正敞开怀抱,等待你的到来……

112 年前,一个注定要在中国现代高教史上留下深刻印记、并与时代同呼吸共命运的大学诞生在古都南京,她曾有"北大以文史哲著称,东大以科学名世"之称;她曾是全国院系最全、规模最大的大学之一,亚洲排名第一;她曾培养出了 200 余位两院院士……她就是素有"学府圣地"和"东南学府第一流"之美誉的——东南大学。

"六朝松下听箫韶",千年的文脉在这里生长,不朽的青春在这里激扬。东南大学,她始终敞开怀抱欢迎你,当你不经意地停下脚步,唯愿你能聆听这段致青春的心语。

历史的厚重里,科学与人文交相辉映

六朝松的年轮,镌刻着东南大学从三江师范学堂肇始,到两江优级师范学堂"嚼得菜根,做得大事"的理念,从"民族、民主、科学"的南高精神,到国立东南大学"止于至善"的校训,从国立中央大学"诚、朴、雄、伟"之学风,再到南京工学院"严谨、求实、团结、奋进"的校风,20世纪80年代复更名为东南大学后,"止于至善"之精神再次成为东大人砥砺前行的精神旗帜。

这里曾是中国科学社的大本营,南高—东大被誉为"中国自然科学的发祥地"。同时,这里还是"学衡派"的诞生地,成为坚守中国传统文化的高地。上世纪二三十年代,东南大学声名鹊起。在"科学名世"的同时,东南大学人文日新,"东大文史哲教授,实在不亚于北大"。

在东大,科学巨匠竺可桢开创中国气象事业之先河,茅以升首创工科。作为中国现代建筑学教育的发源地,"中国建筑四杰"中刘敦桢、童寯、杨廷宝三位都在东大执教,其中素有"南杨北梁"美誉的杨廷宝积极投身新中国建设,北京人民大会堂、人民英雄纪念碑等工程,处处凝结着他的智慧。

在东大,人文大师吴宓、梅光迪、刘伯明、柳诒徵等曾创办《学衡》杂志,"学衡"自成一派。诺贝尔文学奖得主泰戈尔,英国著名学者、逻辑实证派大师罗素,美国教育家杜威等大家都曾在这里激情演讲。两江师

范学堂时期，时任校长李瑞清在此设立图画手工科，首开我国现代艺术教育先河。随后，音乐教育家李叔同，戏曲研究和教育家吴梅，美学大师宗白华，绘画大师吕凤子、陈之佛、徐悲鸿、傅抱石、吴作人等诸多艺术教育大师都曾执教于此。东大校园里散播着艺术教育的种子，为代代东大学子插上了隐形的翅膀，如今在这里诞生的国内首个艺术学专业，仍然在传承着人文大美的风华。

创新的殿堂里，大师与校友不懈追求

"以科学名世，以人才报国"，卓越的工科是东南大学的特色，科学创新、为国奉献是东南大学勇攀高峰的动力。无论是"板凳宁坐十年冷，文章不写一句空"的治学态度，还是"学在东大"的严谨学风，抑或是"苦练内功、宁静致远"的科研精神，都潜移默化地铸就着一代代东大人的品格与内涵，激励他们在国家各个行业战线躬身奋斗。

尤肖虎，他领衔的移动通信国家重点实验室团队，历经20年如一日的刻苦攻关，终于解决了宽带移动通信容量逼近传输的世界性难题，荣获2011年度国家技术发明一等奖，这是通信领域首获国家最高奖项。从2G到3G再到4G，尤肖虎团队的创新研究让中国的移动通信比肩世界，成为中国少数具有国际竞争力的高科技产业之一，不仅让全国几亿人受益，更证明今日的东南大学同样可以做出世界一流的成果。

2012年，承传东南大学建筑学教育衣钵的校友王澍被授予誉为建筑界"诺贝尔奖"的普利兹克建筑奖，成为首位获得该奖的中国建筑师。王澍曾言："我的传统文化理念是在东南大学形成的。在当建筑师之前，我首先是一个知识分子，一个文人。不能唯利是图，要有立场，存风骨，过有信念的生活。"王澍坦言，东南大学蕴藏的是一种凝重的文化。"这种文化气氛在潜移默化中影响着我，也正是这种润物细无声的文化浸润影响了我的一生。"

不仅在建筑学科、信息学科，在2012年第三轮全国学科评估中，东南大学生物医学工程、交通运输工程、艺术学理论三个学科更是名列全国之首，排名之冠的学科数并列全国高校第七位，共计12个学科进入全国前七位，这些学科翘楚都写下创新殿堂里的绚丽篇章。

付出总有回报。从2010年起，东南大学已连续4年每年均获得3项以上国家大奖，近5年共牵头摘得15项国家大奖，这是东南大学瞄准世界一流大学战略目标、潜心提升核心竞争力、扎实服务江苏经济社会发展取得显著成果的缩影，也是东南大学坚持始终围绕"政府最关心、企业最感兴趣、老百姓最需要"的理念进行产学研合作、服务地方经济发展的结晶。

青春的舞台上，大爱与大美助你圆梦

还记得《致我们终将逝去的青春》的电影吗？片中极具辨识度的大礼堂正是东南大学四牌楼校区的标志性建筑。

大学之大，不在大楼，而在大师、大爱与大美。东大的校园是青春的校园，也是充满大爱和大美的家园。在这里，东南大学将为你搭建青春的舞台，青春激扬处，时时有温情，处处显大爱，这是一个无形的气场。从入学、在学到毕业，东大用大爱与大美为你安放青春、筑梦圆梦。

作为教育部率先试行高考自主招生改革的高校，东南大学不拘一格降人才，于细微之处见真章，力争让每个怀揣梦想的学子都能在走进东大后释放活力，健康成长。今年东大又开始实施2014年自主选拔专项"筑梦计划"，让边远、贫困、民族地区县及县以下中学勤奋好学、成绩优良的农村学生圆梦东大。"不让一个学生因为贫困而辍学"，东大将对每位新生的呵护关爱做到实处，不仅开辟了入学绿色通道，还专门制定了完善的奖、贷、助、勤方案。

穆穆学府，郁郁乎文。为了让"精彩人生从东大启航"，新生入学的第一课就是专为新生打造的新生文化季，这里有上百个社团为你提供兴趣的舞台，有精彩的文艺汇演让你展现自我，你可以尽情地参与、励翅东南、绽放青春，在享受精神盛宴和文化高峰体验的同时，充分感受东南大学作为江左文枢的深厚文化底蕴，以及百年学府崇高、沉静、雄毅的精神气质，从而开启新的文化之旅，叩开瑰丽和壮美的人生之门。

"学在东大"，你可以在严谨的学风中与大师面对面，感受科学的魅力，感悟大爱的力量。包括院士、长江学者、博导在内的2500名教师将为你开设丰富多彩的课程，在"理论教学、实践教学、自主研学、网络助学"四位一体的教学模式中，你可以在课堂上跟随名师追踪学科前沿，也可以在实验室动手实现科技创新，更可以在大学生科研训练计划中释放科研潜能。在灵活的学分制和弹性学制中，你可以拥有更多的转院系、转专业等选择权和选择空间。在以吴健雄先生命名的"人才培养特区"吴健雄学院，你可以有机会进入"高等理工实验班"，接受"卓越化、个性化、国际化"培养。在土木建筑类、电子信息类、机械能环类等国家级特色专业和国家级人才培养模式创新实验区，你可以选择进入本、硕、博贯通的"卓越工程师教育培养计划"，接受研发型、复合型、创新型高层次工程人才培养。在国家大学科技园，你可以在创业的舞台上一展身手，东大校友、途牛总裁于敦德等将做你的创业导师……

大学时光，你可以徜徉在古老庄严的校园里，直面百年学府的风雅；你可以在人文大讲堂里零距离聆听人文名家的不吝教诲，感受人文东南的春风细雨。在名扬天下的东南大学人文大讲堂上，余秋雨、王蒙、白先勇、刘墉、席慕容、谢晋、张艺谋、萧平、水均益、易中天、于丹、六小龄童、濮存昕、彭林……已有数百位学术巨匠、艺术名家以及社会各界成功人士纷纷走进东大，让东大学子浸润文化的力量和生命的真义。10余年来，依托国家大学生文化素质教育基地，东大已有近500门人文选修课程、1 500余场高水平人文讲座、200余场高层次文化活动在东南大学呈现，昆曲等传统艺术、新年音乐会等高雅艺术之花在这里盛开。如今，"华灯初上，大师入席；群生拥座，校歌声起；讲者娓娓，听者如醉；相与问答"

成为东大人追求博雅文化最为动人的场面。

缤纷毕业季,十大最有影响力的评选将为你搭建更加个性化的青春舞台,精彩人生从此起飞远航。"勤奋努力、功底扎实、动手能力强、综合素质好",东大学子一贯以此而备受用人单位和社会各界的赞誉。在平均每年东大校园里的1200场招聘会上,就可以找到分布于重点行业、高新技术行业等领域的满意工作。多年来,东大的就业率保持在98%以上。

轻轻地,你来了,在即将绽放的青春里,东南大学与你同行……

(载2014年6月5日《中国教育报》第13版)

内化于心的"止于至善"
——东南大学校训背后的执着与追求

5月,东南大学校园僻静的西北角,六朝松历经千年风霜,却仍苍翠遒劲。

古松一圈圈的年轮,见证了两江师范学堂的兴衰,也见证了东大人百余年来践行"止于至善"校训精神,为发展科学、振兴中华而自强不息、追求卓越的身影。

两江师范学堂是东南大学的前身。20世纪初,时任学堂监督李瑞清以"嚼得菜根,做得大事"为校训,勉励学生做顶天立地之人;南京高等师范学校时期,校长江谦立"诚"为校训,躬身示范,师生相行相效,学校"诚实、俭朴、勤学、勤劳"之风渐形。

1921年,南高师改组为国立东南大学,首任校长郭秉文将校训确定为"止于至善",取自《礼记·大学》:"大学之道,在明明德,在亲民,在止于至善。"

而后,东南大学几经更名,校训也几经更迭,但"止于至善"的底蕴却薪火相传。2002年,东南大学百年校庆之际,学校复用由郭秉文校长提出的"止于至善"作为校训。

何谓"止于至善"?东南大学党委书记郭广银如是说:"至善,是'最好'的境界,不是满足于较好、更好,而是努力达到最好。做学生,要力争成为最好的学生;做老师,要成为最好的老师;做管理,要达到最佳的管理；办大学，要办成一流的大学。"

一个个催人向上的故事，正是承载了这样一种对至高境界的追求。

20世纪20年代，受聘担任南京高等师范学校地学教授的竺可桢，创设地学系，筹建校南农场气象测候所，开创我国气象事业之先河。

20世纪30年代，首任工科主任茅以升，面对"钱塘江上架桥——办不到"的断言，春秋四载终于建成钱塘江大桥，这是我国第一座由中国人自己设计建造的公路铁路兼用的现代化大桥。

2012年，校友王澍获得建筑界"诺贝尔奖"——普利兹克建筑奖，成为首位获得该奖的中国建筑师。

在东南大学校长易红看来，"止于至善"，既是对如何做学术的要求，更是对如何做人的训诫。他说，要达到最高的境界，不是好高骛远，而是要求每个人从自我做起，培养良好的科学精神、技术理性、道德情操。

而在东南大学，亦不缺乏这样一批大真、大爱、大诚、大智的东南大学人。

20世纪50年代初，国内建筑界热衷搞"大屋顶"。素有"南杨北梁"美誉的杨廷宝教授认为，大屋顶太浪费钱了，于是他"顶风"设计了简约美观的北京和平宾馆，赢得国内外建筑界的好评。

郝英立，东南大学教授、空间科学与技术研究院原副院长。5年前，面对要在一年内研制出"南极冰穹A科考支撑平台"这一几乎不可能完成的任务，郝英立没有丝毫退缩。为使实验结果更精确，郝英立整整一年吃住在青藏高原。极端恶劣的气候，无时无刻不在摧残着他，终于有一天，他撑不住了，倒在了青藏高原，年仅47岁。半年后，他为之付出全部心血的"南极冰穹A科考支撑平台"终于成功使用，中国人坐在南京遥控南极科考之梦终成现实。

这就是东南大学的知识分子，这就是内化于心的"止于至善"。（本报记者　郑晋鸣　通讯员　南琼）

（载2014年05月12日《光明日报》第6版）

东南大学：三张老照片里的记忆与思考

盛夏的南京，郁郁葱葱。在东南大学校史馆中，一张张黑白老照片在灯光下熠熠生辉，其中三张引起了记者注意。第一张是东南大学的六朝松，第二张是1953年大师云集的毕业照，还有一张是国立东南大学时期的老校门。东南大学档案馆馆长钱杰生对记者说，透过这三张照片可以窥探到东南大学的百年历程以及东大人奉之为圭臬的人文情怀和一颗至真至诚的中国心。

第一张的故事：士不可以不弘毅，任重而道远

"这是1933年校友拍摄的六朝松照片。从照片中可以看出，六朝松主干笔挺，外皮斑驳，像一个历经沧桑、饱经忧患的老者；而枝干却遒劲，葱郁苍翠，像一位雄姿英发的年轻勇士。"钱杰生说，六朝松是东南大学的精神图腾。东南大学从1902年建校伊始，几度兴衰，却仍能如六朝松一般蓬勃向上。

20世纪初，民族危机迫在眉睫，改良维新思潮高涨，各地大力兴办学堂，中小学校发展迅速，但师资奇缺。为培养师资，张之洞于1902年筹办学堂，1903年东南大学前身三江师范学堂便诞生在了巍巍钟山之下。

南京高等师范时期，校长郭秉文广纳贤才，一时间，竺可桢、胡刚复、吴有训等众多大师云集，学界乃有"北有北大，南有南高"之说。

中央大学时期，因战乱，学校迁往重庆郊区沙坪坝。虽烽火连天，全系师生仍专注学习。当炮火来袭时，师生躲在防空洞内上课、做研究。此时的中央大学，虽没有一流的校舍，却拥有一流的师资，以己所长，教育后

辈,成为一个时代的教育标杆。

南京工学院时期,适逢新中国成立之初,百废待兴,学校不断开拓学科建设新领域。同时,将教育与生产结合,师生奔赴全国各地,修桥、建屋。北京车站、南京长江大桥桥头堡、南京民航候机楼……一个个崭新建筑在中国人地上矗立起来。

如今,六朝松依然挺立在东南大学西南隅,激励着东大人以先人之志自勉。

第二张的故事:栽树先培其根,育人先育其心

第二张照片略显模糊,但照片中的人像却依稀可辨,杨廷宝、童寯、刘敦桢、潘谷西、齐康……这些在建筑界赫赫有名的泰斗,竟云集在这一张照片上。

"这是1953年南京工学院建筑工程系的毕业照。"东南大学教授周琦说,东南大学能够英才辈出,是因为学校培养的不是工匠,而是有着远大抱负、富有人文情怀的工程师。

20世纪30年代,杨廷宝在设计中央医院(现南京军区南京总医院)① 时,发现对于清洁工,墙角非常不好打扫。为此,杨廷宝将医院所有的墙角设计都由传统的直角形改为圆弧形,并以光滑的水磨石打造。这种匠心独运的设计,正体现了杨廷宝的人文情怀。

20世纪40年代,负责西南地区大量公共工程设计的童寯给当时的中

---

① 2018年11月更名为东部战区总医院。

国建筑明确定位:"一个积贫积弱的国家,其公共建筑在不铺张粉饰的原则下,只要经济耐久、合理利用,其贡献就已比任何富含国粹的雕刻装潢更有意义。"

2000年,齐康院士获得了中国建筑师的最高荣誉"梁思成建筑奖"。在一次全国院士座谈会上,他毫不隐讳地指出我国现代建筑的"三宗罪":没有经典、崇洋媚外、规划无序,并直言现在的中国建筑正逐渐"沦"为外国建筑师的试验品……

"栽树先培其根,育人先育其心。设计一个作品,做一个项目最重要的是能够对老百姓、对中国城市发展、对人民福祉有所贡献。"周琦说。

第三张的故事:欲流之远者,必浚其泉源

"欲流之远者,必浚其泉源。"中国知识分子要对民族文化有自信心,深掘民族文化之精华,并肩负起继承与发扬民族文化的神圣使命,东大人便是如此。

"这是20世纪20年代老校门的照片,四根石柱两两相对,分立在学校中央大道两端。"钱杰生对记者说,南高师时期,"西化"之风甚嚣尘上,但东大人既不妄自菲薄、数典忘祖,也不夜郎自大、闭关自守,他们在积极探索属于自己的道路。

国学大师柳诒徵,潜心研究中国文化,在南高师开课讲授"中国文化史",唤醒学子的理性,使其明白民族的精髓与民族文化的精华;1923年他编著的《中国文化史》,成为中国文化史的开山之作。

东大人一方面发掘中国文化,一方面引进科学新知,图中国文化之发

展。刘伯明在其《评梁漱溟东西文化及其哲学》《东西洋人生观之比较》等文章及演说中尖锐地指出，中华民族精神的主要缺陷之一为缺少科学与改革精神，唯有能自省的民族才是最有希望的民族。

岁月流逝，时代变迁，这些专家虽早已逝去，但他们的思想和理念却在一代代东大学子中传承下来。（记者 郑晋鸣 通讯员 南 琼）

（载 2014 年 07 月 22 日《光明日报》第 4 版，所用照片由东南大学档案馆提供）

东南底蕴

东南大学历史悠久、底蕴深厚,素有"东南学府第一流"之美誉。百廿以来,一代代东大人铸就了辉煌的科学精神、深厚的人文底蕴和光荣的革命传统。本章选取名家撰文、回忆录以及相关记述等在内的文章,从东南百年、另有渊源、红色基因、名家大师等方面展示了学校深厚的文化底蕴,增益学子的文化自信和文化担当。

东南百年

百年校庆碑文[①]

东南底蕴

吾校據古城金陵，東枕鍾山，西倚鼓樓，北臨後湖，乃昔日六朝皇宮內苑之所在，古松鬱鬱，萬木蔥翠，山擁水映，人傑地靈。曩者東吳景帝之立五經博士，劉宋雷次宗之奉詔興學，祖沖之任職華林學省與校試指南車，沈約、蕭衍之開格律詩詞先河，蕭梁昭明太子之編《文選》，明初立國子監且纂修《永樂大典》，

---

① 为保持碑文原貌，保留碑文繁体字。

清開江寧府學及文昌書院，其地皆在于斯。煌煌千載，其文化積澱之深厚，教育歷史之悠久，鮮有能與之比肩者！

一九零二年張之洞創建三江師範學堂於茲，厥後又幾經更迭，曰：兩江師範學堂、南京高等師範學校、國立東南大學、國立第四中山大學、江蘇大學、國立中央大學、國立南京大學、南京大學、南京工學院，後復更名東南大學。建校迄今，凡百年矣。

百年間吾校俊彥雲集，英才輩出，辦學成就卓著，學術薪火相傳。自兩江師範"嚼得菜根，做得大事"、南高師"誠樸、勤奮、求實"之校風及"民族、民主、科學"之精神，與乎東大、中大"止於至善"之校訓，直至南工標舉"嚴謹求實，團結奮進"，爲吾校塑起"至善""誠樸"之形象，亦造就"創新""雄偉"之業績。縱觀百年，吾校誠不愧爲中華文明傳承之學府，亦爲吾國科學及人文不斷創新之基地，其於中華民族復興之貢獻豈勝道哉！然欲躋身國際一流之大學，猶當與時俱進，自強不息，誠所謂任重而道遠也。凡我師生，能不共勉之乎！茲當百年慶典，謹立斯碑以記之。且爲之歌曰：

飲長江以思源兮，登鐘阜以遠望。觀滄海之納百川兮，喜桂馥而蘭芳。探賾敢先天下兮，六藝相依而益彰。攬四海英才而育之兮，鑄千秋萬載之輝煌。

公元二零零二年五月東南大學立
（百年校庆碑文由《东南大学校歌》作者王步高教授撰写）

学校诞生

东南大学诞生于国家危亡之时,成长于民族振兴之际,振兴于祖国富强之日;东南大学的历史,是一部始终和国家命运紧密相连的发展史,是一部与民族强盛交相辉映的创业史!清代的两江总督张之洞就是在南京四牌楼2号,创办了我国最早的高等学府之一的三江师范学堂,奠定了今日东南大学的基础。

两江总督刘坤一

两江总督张之洞

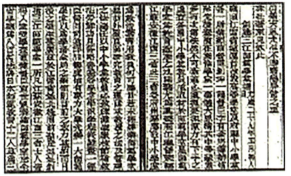

张之洞:《创办三江师范学堂折》
(1903年2月5日)

教育理念沿革

初创时期倡导:"志存高远,诚修基本"

两江学监李瑞清

理　念:视教育若性命,视学校若家庭,视学生若子弟
校　训:嚼得菜根,做得大事
主　张:诚修基本功、独立思考,崇实务本,志存高远

南高时期倡导:"理想为先,三育并举"

南高校长:江　谦

理　念:以理想为先,以精神教育为前提
校　训:"诚"——以诚植身,以诚修业
主　张:训育、智育、体育"三育并举"

国立东南大学倡导:"立足基础,通专互济"

校长郭秉文

理　念:通才与专才平衡,人文与科学平衡,师资与设备平衡,国内与国际平衡
校　训:止于至善
主　张:立足基础,通专互济

国立中央大学倡导："诚朴雄伟，三育并修"

理　念：承担起"创立民族文化的使命"
校　风：诚、朴、雄、伟
主　张：确切的知识、广泛而深湛的修养、
　　　　健强的体魄

罗家伦

南京工学院倡导："打好'三基'，全面发展"

使用时间最长的校名

理　念：德智体全面发展，教育与生产劳动相结合
校　风：严谨求实，团结奋进
主　张：打好"三基"——基础理论、基本知识、基本技能

今日东南大学倡导:"止于至善,立足三重"

理　　念：通识教育与专业教育协调发展　人文教育与科学教育协调发展
　　　　　理论教育与实践教育协调发展　共性教育与个性教育协调发展
校　　训：止于至善
主　　张：重基础、重实践、重素质

文章撷萃

郭秉文的办学方针

张其昀

张其昀（1900—1985），字晓峰，浙江宁波鄞县人，中国地理学家、历史学家。1919年考入南京高等师范学校史地部。当时的南高声誉蜚腾，被公认为南方第一学府，名师荟萃，师从哲学大师刘伯明、史学大师柳诒徵、地学大师竺可桢等人。1923年毕业时，正好是南高改制易名东大，出于对南高的挚爱，坚持领取了南京高师最后一届毕业生文凭。1927年起在国立中央大学（1949年更名为国立南京大学）地理学系任教，曾主讲中国地理，为中国人文地理学的开山大师。

三年前本人因事赴美，在华府谒见郭师秉文，畅谈五十年前他的办学方针，归纳为一个"平"字。他认为大学里平天下的"平"字，乃是治学治事最好的座右铭。就大学教育而言，应该力求：A. 通才与专才的平衡，B. 人文与科学的平衡，C. 师资与设备的平衡，D. 国内与国际的平衡。兹就郭师之所启发，参以本人亲自体察，以事实为印证，扼要述之如下：

A. 通才与专才的平衡

郭师所主持的国立南京高等师范学校，正科分为文史地部与数理化部，此外又设立工、农、商、教育、体育等专修科。其注重体育，尤具卓见。以高师为基础，郭师把它扩展为一综合大学，即国立东南大学，亦即国立中央大学的前身。正科注重通才教育，专修科注重专才教育，两者相辅相成，不可偏废。但两者并非截然划分，一个综合大学的好处，通才与专才相互调剂，使通才不致流于空疏，专才不致流于狭隘。大学生都应该成为平正通达的建国人才。这就是南高、东大、中大一贯相承的学风。

B. 人文与科学的平衡

大家都知道，民国十年（1921）左右，南高与北大并称，隐隐成为中国高等教育上两大支柱。当时新文化运动风靡全国，可是南高一班维护中国文化的学者，如刘师伯明、柳师诒徵等，创办了《学衡》杂志，主张发扬民族精神，沟通中西文化，对于西方文化，不要仅作空泛的介绍，而当更作深入的研究。《学衡》旗帜分明，阵容坚强，俨然负起中流砥柱的重任，影响所及，至为深远。可是南高并非保守派，郭师从国外亲自物色延揽了五十位优秀学人，展开了中国科学的奠基工作，使南高、东大成为中国科学发展的一个主要基地。北伐胜利以后，北平著名大学，如国立清华大学等，还借重了南高、东大的毕业生，成为科学方面的名教授。这就是郭师当年辛勤耕耘的收获。

C. 师资与设备的平衡

大学教育当然以师资为第一，但物质条件亦不容忽视。中国大学最早设有科学馆的，恐怕要数南高、东大，建筑经费美金二十万元，是郭师向美国洛氏基金募捐来的。东大图书馆的兴建，也是出于私人捐款。因为当时政府财政困难，东大学生宿舍也是运用银行投资合作的方式而增建的。此外，成贤街、三牌楼和大胜关附近，都有农场，钦天山、北极阁作为气象台台址，后湖即玄武湖作为水生植物和鱼类的实验池。商科要注重国际贸易，所以特别设于上海，凡此种种规划，无非是要注重实验，而达学以致用的理想。南高、东大以及后来中大同学，都能为社会所重视，不曾发生过就业问题,而且多能成功立业,彬彬称盛。饮水思源,不能不感谢郭师当年远大的眼光和规划。

D. 国内与国际的平衡

郭师本人是美国哥伦比亚大学教育学院的博士,几次出席世界教育会议,连任了三届副会长。他对于师范教育有极平实的见解,就是"寓师资于大学"。南高改组为东大,并非如一般人所想的升格,或好高骛远,而是他的教育理想的实践。他对师资问题,具有真知特识,他认为中等以上的教师,应该是双料的学士、硕士和博士。这话怎么说?师范生的学业标准完全要与大学生一样,并且希望能出类拔萃,有过之无不及。此外还须加工加料,具备两种修养,一是教材教法的精研,一是器识抱负的培养。因此他认为教师来源,不必局限于师范学院,应广求人才,着眼于全国大学的优秀青年,再加上一番训练和熏陶才好。南高、东大有很多著名的教育家在里面,又延揽了国内外著名学者,来做短期或半年的讲学,在本人求学时期,国内如梁任公、黄膺白、顾维钧等,国外如杜威、罗素和德国杜里舒等,先后莅临,名家萃集,极一时盛。郭师主张广求智识于世界,务使同学们放宽眼界,开拓心胸,则爱国之心,油然而生。郭师常说大学生应有国士的风度和志节,国士者,"以国事为己任",又"以天下为己任"。郭师出席世界教育会议时,曾以"大学教育与世界和平"为题,而阐明大学里"平天下"的志趣。他曾以钟山的崇高、大江的雄毅、玄武湖的深静,作为我校校风的象征。如今五十年的光阴忽忽已过去了,回想起来对于当年高标硕望、领袖群伦的郭师,诚不胜有高山仰止、景行行止的感想。哲人其萎,风范长存。

郭师自称:生平为人为事,终是本于"和平"二字。平乃能和,和乃能进。美国艾森豪威尔总统倡导新共和主义,其标语为"惟均衡乃能和谐,惟和谐乃能进步",东西哲学,深相符契。"和平"也是孙中山所提新八德最后两个字,值得我们大家深长思考拳拳服膺的。

(载《郭秉文先生纪念集》中华学术院印行,1971年)

南高的学风

张其昀

民国三年（1914）8月，江苏巡按使韩国钧委任江谦为南京高等师范学校校长，就前两江师范学堂，察勘校舍，筹备开校。民国四年（1915）1月，聘定留学美国教育博士郭秉文为教务主任。8月11日，举行入学试验，先招国文理化两部，录取学生126人。9月10日，举行开校式。至民国八年（1919），郭秉文继江谦为校长，其时可谓南高已臻成熟而酝酿改组之时代。全校设科有国文史地部、数学理化部、教育专修科、农业专修科、工艺专修科、商业专修科、体育专修科。校舍连农场在内，计面积370亩，计大小房屋210多间。教员53人，职员41人，学生共416人。

初，民国临时政府成立，已有国立四大学之议，而南京实居其一，终以经费支绌，未克实行。及南京高师成立，诸所擘画，颇异部章，而专修科增设之多，尤为各高师所未有。其后实行选科学分制，学程与设备，益趋于大学之规模。及民国九年（1920）4月9日，高师开校务会议，提出筹备国立大学议案，一致赞成。遂拟具计划，郭校长与江谦、蔡元培、袁希涛等，联衔向教育部正式陈情，时范源廉长教部，深表赞同，遂通过于阁议。12月6日东南大学筹备处正式成立。民国十年（1921）7月教部核准组织大纲，遂以8月招考预科学生。9月教部以郭校长兼东南大学校长。大学成立，自新建成贤街宿舍而外，校舍教员以逮图书设备，一赖高师之旧。至民国十二年（1923）1月评议会教授会联席会议，决定将南京高等师范合并于东南大学，南京高师之名称，自民四至是，始行取消。然东大之初期，犹多南高之旧同学，中间并无截然之界限。东大之改为中大也亦然，其校舍同，其设备同，教职员与学生既新陈代谢，其传统精神亦有了深厚的根基。南高、东大、中大三校先后递嬗，其校史概要如此。

质朴力学校风优良

笔者是民国八年考入南京高等师范学校，至民国十二年（1923）高师名称取消，改为东南大学，笔者即于是年毕业。笔者求学时期亦可谓南高之全盛时代。本篇想要说明南高所给予我们的，究竟是些什么。若舍枝叶而求根本，便是南高的精神，而不限于某部某科。当年"高标硕望，领袖群伦"的人物，是哲学教授刘伯明先生（名经庶，南京人）。他于民国十二年（1923）11月24日，以积劳逝世，年三十九。当临殁时，他问刘师母："你是哪一系的学生？"他真是为母校而牺牲的，我们最纪念他。

校风之养成，其必要之条件有二：一为历史的关系，一为理想的确立。南京高师的校风，究竟是怎样呢？据刘伯明先生说："吾校同学率皆勤朴，无浮华轻薄气习。而其最显著之优点，在专心致力于学。其坚苦卓绝，日进不已，至可钦佩，实纨绔子之学生所不能及者也。"此非刘先生一人之私言，近四十年南高毕业生服务社会亦既遍于全国，称赞南高学生好学精神的公平舆论，常常可以听到的。

南高成立时，刘先生担任哲学讲座，民国九年（1920），任训育主任及文史地部主任，民国十年（1921）任校长办公处副主任。他以哲学家而办学，最注重于教育理想。他常谋物质方面设备固求完善，但物质较诸精神则仍居于次要。盖办学如无理想，则校舍无论如何壮丽，校具无论如何珍贵，其于社会上的功效必甚微薄，甚至贻害社会，造成自私自利之蠹民，亦未可知。反之，学校如具有一种共同之理想，则学生随教师之后，自能积极上进，历时已久，无形中自能造成优美的校风。回想我们求学时代，每逢集会，刘先生常以此意反复申明，以为我们校舍尽管破旧，我们常保持一种"朴茂"的精神，不要有铜臭，不可有官气。这种演讲大有功效，渐渐侵入心坎里，唤起自觉和自重。就笔者所知的许多同学，虽然都富于个性，但学校生活确乎是整个的，教授与同学的努力好像有完全的协调，有深切的内心的统一，这实在是南高教育上的成功。现在再把这种人格教育，分为德育、智育、美育、群育四方面来说明。南高时代学校生活，一言以蔽之，是有条理有意义的生活。

第一，德育。南京高师之宗旨有二：一方面固为养成优良教师，一方面又力求深造，兼欲养成专门学者，其性质与法国高等师范学校相似。因母校采行优待制度及严格的入学试验，吸收多数清寒而优秀的青年，由今看来，已经相当地达到目的。

刘伯明先生谆谆以精神修养为全校表率，其言曰："吾国古来学风最重节操，大师宿儒，其立身行己靡不措意于斯。所谓不为燥湿轻重，不为穷达易节，最能形容其精神。"这种高尚的思想，曾经弥漫于母校，若干大师，皆致力于个人之感化，精神之涵养，对于学生无论修学游息，随时加以指导，由是改造其思想，陶冶其品性，不仅以授予智能为尽教授之职责。"淡泊以明志，宁静以致远"，我们仿佛有所领会。

南高的教师对于西洋文化多深有研究，南高的精神，一面保持质朴的风气，一面又注重科学的训练，贯通中西，是其特长。科学在德育上足以培养独立的精神，与高远的理想。科学的鹄的在求真，即所谓格物致知。科学家既以真理为生命，必须虚衷考察，独立探讨，深思远虑，而无一毫之偏私。刘伯明先生尝曰："吾人生于科学昌明之世，苟冀为学者，必于科学有适当之训练而后可。所谓科学之精神，其首要者，曰惟真是求。惟其如此，故其心最自由，不主故常，盖所谓自由之心，实古今新理发现必要之条件也。"世人多称南高学风偏于保守，这是一误解，与其称为保守，不如称为谨严，较近事实。南高的精神中科学的成分极重，他们不囿于见，不狃于私意，发言务求正确，不作妄诞之辞，最富于自由空气与真挚的精神。

第二，智育。时人称南高偏于保守，另一证据，即当白话文势力盛行以后，南高学人仍多用文言述学论事。作者的意思，以为白话文言各有特长，文言应求通俗，白话亦应洗练，两者本无严格划分的界线。但无论文言白话，应以思想为中心，随时代而进步，庶不致成为陈腔滥调。据笔者所知，南高虽分为许多部，但有一共同倾向，即注重国文，注重科学的国文，且以此为造就优良师资的先决条件。欲图国文之进步，必须将俗语俗文在相当程度之内，加以洗练，使渐与雅语雅文调和，又须使文字内容不悖于近代思想与科学方法。

母校智育的最大特色，当然是注重科学。中国科学社与南京高师都是民国四年（1915）成立的，科学社的发起人回国后大多数担任南高的教授。该社最初在美国成立，迁回中国时先在南高设立办事处，后来又在南高附近创立会所，两个机关密切合作。记得某教授很高兴地说过："南高是中国科学社的大本营。"南高和其他高师不同的地方，即在其造就科学人才之众。世人常以南高与北大相提并论，也不是偶然的。

刘伯明先生深恐母校同学失之过专，常常提倡博约之旨，其言曰："世界知识，其相互的关系，吾人亦应称加注意，俾治各种专门之学者，互相了解，于分门之中有一致之意，所谓同心相应（like-mindedness），此即真正德谟克拉西之社会也。"南高学生倘不致变成狭隘的专家，昔年良师提携之功，诚不可没。

南高又有一最可自负之点，即留学生与国学专家的合作。文科方面有几位专家对于中国文化有透彻的研究与超越的见解，同时他们也注意于科学方法，故思虑周密，其探究事理常带有批评的精神。英人罗素尝谓西方文化显著的优点是科学方法，中国文化显著的优点是一种合理的生活观念，此二点希望其逐渐互相结合。当年南高的学风，确实存着这样的自信心。古人说："质胜文则野，文胜质则史，文质彬彬，然后君子。"调和文理，沟通中外，实在是当年南高办学者的宏旨。

第三，美育。刘伯明先生谓通常之论人格者，仅及精神方面，而以与品性相混；不知所谓人格（西语曰 personality），审而观之，其中所含要素，除自信、判断能力、庄重、温良等外，就其涉及形骸方面者，亦甚关重要。服装、健康、运动、游息等事，均应加以注意，勿以身体不强或不修边幅为荣誉。美术能调和人之感觉性与理智性，故为教育上重要工具之一。语其具体方法，如游览讽诵各伟大之创作，而培养其美感。应避免一切庸俗粗鄙之事物，应生活简单无浮华铺张之习，并应于可能时，培养自己所有之真正艺术才能。其在西洋，如希腊雅典之教育，以音乐与体操并重，而兼重文艺。体操者，一方面以健康为目的，一方面以身体为美的形式之发展，希腊雕像所以完成空前绝后之美，即由于此。但南高学生在这方面似未能尽负办学者的期望。有一次集会，刘先生演说，谓外人参观吾校，称吾校学生有老夫子气，其批评非毫无根据，刘先生常引以为戒。但是母校在局部方面未尝没有成功，体育专修科开全国风气之先，毕业生在体育界居于领导的地位甚多，这是公认的事实。

第四，群育。刘伯明先生常谓吾人治学，宜有社会的动机，研究学问固不欲仅仅收效于目前，然其与人生之关系，不可不知，因世无离人生独立之学问，而学问又不是供人赏玩的美术品。凡社会生活所生的结果，不必皆善，但一切善行若离社会而生活，则必不成，刘先生所诏示于同学者，在学校应有自治的精神，对地方应有公民的精神，对国家应有共和的精神，可说是南高群育纲领。南高时代学生自治会最有生气，课外研究又设立各种研究地，其目的在培养良好的公民资格，如公正无私、同情心、责任心，牺牲个人利益，尊重他人权利等事。从事政治活动而不根据于道德，则政治生活亦必致卑鄙龌龊，令人有贱视之心。南高学生个性虽极度发展，然绝不因主张之同意，隐隐有局部之对垒。学生界党同伐异之败德，母校独无征迹，这也是当年学校生活最感觉愉快的一点。

环境优美全国唯一

天才之发展与遗传、环境两方面，均有密切之关系。天才虽亦有因遗传而来，然其受境遇之感化影响实甚大。人才之产生与其周围之山水风土，常相适应。自来山明水秀之地，多产生伟大之人物，此考之往事而可征信。母校的自然环境，在全国的各大学中可称是唯一的，课余之暇在台城上散步，看钟山的月出，扬子江头的落照，真有潇洒自得之意。仰高山而怀先哲，过城垣而思故国，玄武湖上泛舟时，谁没有仰俯今昔之感？或星期休沐，约二三良朋，在鸡鸣寺豁蒙楼，或清凉山扫叶楼，品茗闲谈，不觉时移，"江山重复争供眼，风雨纵横乱入楼"，诗情画意，又不觉油然而生。稍远一些，到钟山上远眺，大江如玉带横围，万家楼阁，一览无余，冈峦历历，绕郭浮青，规模的阔大，在精神上自更有甚深的感动。这些天然图画都是母校美丽的背景。曾有人以钟山的崇高、玄武的恬静、大江的雄毅，来象征母校的校训，我们后生小子，虽不能至，而心向往之。本校校址，有千余年的历史渊源，自刘宋四学，萧梁五馆，以迄明代之国子监，后先辉映，实为文化圣地之一，故国乔木，谁能忘情？

服务社会成绩卓著

南高史学专家对古来乡治多津津乐道，以为今之形势，为一国执政易，为一乡领袖难。盖一国执政，不求彻底之改革，但为一时粉饰敷衍之计,此稍有才器者能之。为一乡领袖,则不但须有才器,尤须有高尚之道德节操,为群众所敬服者。我国古来虽为君主政体,然以幅员之广,人口之众,立国之本仍在各地方之自跻于善,初非徐恃一中央政府,或徒赖政府所任命的官吏,而人民绝不自谋。此其形式,虽与近世各国所谓地方自治者不侔,然欲导吾民以中国之习惯,渐趋于西方之法治,非徒此参其消息,不能得适当之导线。南高毕业生在各地办中学多年,成绩卓著的,实繁有徒,这是公民精神的一种表现。

当时中国政局紊乱,刘先生常深忧之,谓国人所缺乏者,为共和国民之精神。共和精神非他,即自动的对于政治负起责任,建立统一的国家。要而言之,自由必与负责相结合,而后始为真正的民治。仅有自由谓之放肆,任情任意而行,无中心以相维系,则有分崩离析之祸。仅负责任而无自由,谓之屈服,此军国民之训练,而非民治。真正的自由与负责,实同物而异名,惟负责而后有真自由,亦惟自由而后可以真负责。刘先生在清季尝入同盟会,要闻革命之役,曾为文论滇缅边界片马问题,传诵一时。清室既覆,民党多居高位,先生独赴美求学,有劝以入政府任外交者,先生笑谢之。既自美归,一意教育,其所倡导的民治,自然与国父的民权主义相契合。民权主义的精义,谓各人之聪明才力有天赋之不同,故将来之成就自然互异,苟不顾各人之聪明才力,强求一律平等,世界便无进步,人类亦将退化。吾人讲求民权平等,须使世界有进步,同时在政治上立于平等之地位。此种平等之实现,为吾人应有之努力。

南高精神永不磨灭

刘先生谓救国之事,全国之人应共负其责,特教育界可为之先导,而又必有充分之准备,循序为之,持之以恒,不凭一时含混之热诚。其所诏示同学者,有曰:"凡政治社会问题之关系较大者,宜本学理之研究,发为言论,其心廓然大公,不瞻徇任何派系之私意,惟以高贵之精神,崇伟之心理,与国人相见,斯真高尚之学风也。夫先觉者,感人之所同感,而较深切,其表见也又较著明,不若常人所感之暧昧滋混。惟其如是,故应本所感者发为文辞,播诸民间,为诗歌可也。为报章言论可也,如布种然,使其潜含暗长，历时既久，动机自生。历观中外大改革其发动之机，胥在于是。"

总而言之，在民国初年的教育史上，南高的校史当然是可以大书特书的一页。刘先生说："吾侪对于宇宙的态度，须信其永无消灭，继续存在。有此理想，方可支持吾侪贡献于社会之勇气，而求人类之进化。"南高的名称虽然已经消灭了，南高的重心刘先生也已经以身为殉了，但是南高的教育现在已证明达到相当的成功，南高的精神是永远不会磨灭的。

（《中央大学七十年》台湾："中央大学"印行，1985年）

炸弹下的中央大学

罗家伦

武力占据一个国家的领土是可能的，武力征服一个民族的精神是不可能的。

九一八事变和淞沪战争以后，中国学术界，尤其是大学，毫不挫气，而且加倍迈进。从一·二八到七七这一段时间，可以说是中国高等教育进步最迅速而最沉着的时候。中央大学也是在这迈进轨道上奔着前程的一分子。可是主持大学像我这样的一个人，处境却是困难极了。只有做做军歌，跑跑大青山边的战壕，以略抒胸中的抑郁罢！

可是这种抑郁，被卢沟桥边敌人的炮火轰开了。1937年7月8日上午八时，我在牯岭知道这消息，心里明白最后关头已到。下午一时我在庐山训练团有一个演讲，那时候我兴奋极了，向着一千四百多位全国中学校长和教务训育主任说："我现在讲话的时候，恐怕猛烈的炮火已经震动了我们的故都，最后关头已经来临，我们全国一致武装起来，保卫我们神圣的祖国罢！"

7月14日我因为武大、浙大、中大三大学联合招考出题事，乘飞机回南京；15日从何应钦将军处知道昨夜平汉路上有一千三百辆火车已经开始大量运兵。当天，我就开始作迁校的布置。我嘱总务处将一年以前冀东事变时预备好的大木箱，里面钉了铅皮预备长途旅行用的，先取出五百五十只，将重要的图书仪器装箱。同时我又请几位教授，分两路出发。一路是法学院院长马洗繁先生和经济系主任吴干先生向重庆出发，一路是心理系教授王书林先生向两湖出发，寻觅适当校址。后来又另请医学院教授蔡翘先生为一路，向成都出发，专为向华西大学接洽容纳中大医学院事。他们都抛开了家庭不管，为迁校而奔波，吃了许多辛苦。王书林先生曾一度赴湖南醴陵觅校址，被县长当作汉奸捉起来了，经朱经农先生去电，方才释放。原因是这位县太爷不知道南京有中央大学！后来王先生回到武汉，我请他设了一个办事处，做一个中途的腰站。我接到各路调查的报告以后，详细考虑，决定将校本部迁往重庆，医学院因为医学设备上合作的便利，放在成都。但是这个决定，却受到了校内校外不少的反对，以为何必迁得这么远。许多同情而有力量的校外朋友，有主张即在南京城外掘防空壕上课的，有主张迁至上海的，有主张迁至安徽九华山的，有主张迁至牯岭新图书馆馆址内的；校内的朋友，有主张迁至武昌珞珈山的，有主张迁至沙市的，迁至宜昌的，议论纷纭，阻力甚多。常常有人问我，为什么当时看定了重庆，一搬就搬来此地呢？我的见解是：第一，我断定这次抗战是长期的，文化机关与军事机关不同，不便一搬再搬。第二，所迁地点，以水道能直达者为宜，搬过小家的应当知道搬这样一个大家的困难。第三，重庆不但军事上为险要，而且山陵起伏，宜于防空。

最重要的图书仪器已经装好箱，而且有几百箱运到江边怡和太古趸船上了，敌人对于南京的大轰炸，也就开始。第一次是8月15日，一批敌机向中大扫射，弹中图书馆及附属实验学校大门。那时我还叫大家不要张扬，恐怕校内人心摇动，有碍装箱招考工作。第二次是8月19日下午六时许。那天我们正在开三大学联合招生委会，决定录取学生名单。因为天气热，所以从早上六点钟开起。因为手续繁，所以到下午六时尚未开完。中午有过两次空袭，都是炸光华门外飞机场，所以我们仍然照常工作，没有理会。下午六时会尚未完，大家开始吃晚饭。正在图书馆二层楼吃饭的时候，本校警卫队长来报告，说敌机在屋顶盘旋，大家到地下室去避一下罢。我们下去了。我正按着扶手椅的木柄，要坐下去，请大家继续开会，忽听砰然一声，屋顶上的水泥，如急雨般地打下来，房子向两边摇摆。以后继续的几十声，有如天崩地塌。那时候校警来报告科学馆后面的房屋起火了。我们不等敌机离开上空，一齐出来救火。燃烧的是一年级普通化学实验室，当即将其扑灭。统计那次大学围墙内落了二百五十公斤（五百五十磅）的炸弹七枚，墙外还有许多。我们拾到的炸弹片有一块很完整的，上面有八个汉文楷字"二五千瓦陆用爆弹"（此片当保存，为传校之宝）。这种重磅炸弹，有一个就落在我们所在地的墙外三公尺爆炸。不是一重钢骨水泥的墙，我们二百多人，一齐毁了。这是敌人对付我们文化机关的狰狞面目！但是这种狰狞的面目，吓不了我们。我们于救火完毕以后，还继续开会约十分钟，将招生事件结束，各校代表将新生成绩名单，分带回校。

  这次严重的轰炸，损毁房屋七八处，死了校工七人。大礼堂的讲台被炸了，但是讲台上笨重的椅子，却安然飞在第三层看台上摆着！牙医专科学校的房子炸平了，里面二十八箱贵重的仪器，刚巧于那天早上八点钟搬到下关！还有一件很巧的事：自8月15日轰炸以后，来访我的客人较少。17日的早晨，我独自在大礼堂办公室里走来走去，忽然想起校内女生宿舍和校外男生宿舍均不妥当，于是坐下来写了两个条子：一个给男生宿舍管理员，限男生从二三层楼迁至一层楼；女生宿舍是一层的木架平房，所以另一个条子给女生指导员，请其限女生有家者归家，无家者迁至三牌楼农学院。两处都限于19日上午八时以前迁妥。当时两处的负责人都感觉困难，原因是男生爱二三楼风凉，女生是贪图校内宿舍便利。我坚持要办到，男生是上午迁妥的，而下午轰炸时，适有一辆运高射炮弹上北极阁去的汽车，临时来不及，停在男生宿舍墙外不远，中了碎片着火炸了，男生宿舍二三楼的楼窗全碎，炸片很多，但是在迁到一层楼的男生无恙。我们在图书馆听见的清脆爆炸声，就是这车高射炮弹爆炸的声音！至于女生宿舍呢？19日下午四时半女生指导员卫生教育科教授陈美愉女士到图书馆会场里来对我说，女生现在迁移完毕，她想请假回家两星期，我欣然答应了。她回到女生宿舍内整理自己的行装。哪知道正当这时候全部女生宿舍被炸毁！我最初得到的报告是陈女士被炸在里面，我赶快叫人去发掘救护。这批发掘救护的人正要去的时候，陈女士已狂奔而来。她和一个女工友在该舍被炸中的一刹那，睡倒在女生的一排水门汀洗脸架底下，后来循着未倒的墙根爬出。女生宿舍竟无一人死伤！这是何等的幸事！

  受了大轰炸以后，迁校的工作，自然更当积极。我的办公室被炸得不像样子了，第二天一早，我站在校门内一行法国梧桐底下办公。因为暑期内人手分散,所以我看见每一位教职员进来,就分配他一件工作,大都是在整理和装箱方面的。敌机来了,我们仍在图书馆内一躲。谢谢他们的热诚和勇敢,最大部分的东西,都已有了归宿。我请一位航空工程教授罗荣安先生拆卸风洞,对他说,风洞不运走,请你不要离开南京。果然,等到风洞最重的一部七吨半的机器上船以后,他才离开。

敌机第三度的光顾,是8月26日晚上,把实验学校炸了。第二天一早我到实验学校视察,站在炸弹坑边,一个老校工跑来,一夜的恐怖,使他的神色已变。他不知所措地跪在我前面,我扶起他,对着几位实校教职员,指着炸弹坑说:"寇能覆之,我必能兴之。"我也不必再说下去了。以后我将实校迁至安徽屯溪开学(因为初高中学生不能离家太远),后来迁至长沙岳麓山,最后迁至贵阳,始终不肯因大学本身经费困难而停办,就是要争这一口气,因为这不是我个人的闲气。

我原来的办公室既不能办公,于是迁至图书馆的小阅览室内;总办公处迁至旁边的文学院内。因为敌机多次空袭,常在大学上面盘旋,所以总务长对我建议将总办公处迁至城内三牌楼农学院内,因为该处防空壕较好。哪知道,25日下午的四时,文学院被炸了!这是敌机第四次的光顾。这一搬也真是巧合。

现在回到重庆方面来讲罢。马吴二先生在重庆承各方面,尤其是重庆大学的帮助,得到较为适宜、"自成小小格局的地址"(马先生函中语)。但是还有工程上、设备上、运输上、人事上许多问题,需要不断地和我商量,才能决定。而下游军电甚多,普通电报迟缓太甚,实在是我们迁校进行上的障碍。于是我们想了一个有效的转信办法,就是由马先生用急电由重庆致汉口腰站的王先生(这段电报畅通),由王先生每晚用长途电话给我,我在电话里将我的决定告王先生,由他立刻用电报给马先生。所以每天晚上十二时以后,是我等长途电话的时候,如晚间空袭,有时等到三四点钟,但是天天晚上总有长途电话来的。重庆方面一切材料大致预备好了,只等房子动工。什么时候动工呢?这点有一个法令上的手续问题,就是我要等教育部的复令。9月18日南京外交团接到敌人通告,说是20日要不分皂白地滥炸南京,请各国外交人员避开。22日敌机一百架炸南京,

23日我奉到准迁重庆的部令，于是立刻告知汉口转达重庆，嘱其迅速动工。10月初南京的东西大致迁移就绪，为这次迁移最出力的事务主任李声轩先生也可以稍微抽身，于是就请他和水利系主任原素欣先生、工程师徐敬直先生前往重庆，办理校舍建筑事宜。一方面通知全体教职员学生于10月10日集中汉口，转船西上。关于这一部分复杂的交通事宜，都是归王书林先生主办的。大家都先后上路了，我于10月5日离开南京，经芜湖到屯溪，赶往主持10月10日实验学校的开学典礼。事后即赴汉口，于25日乘飞机抵重庆。那时候教职员学生已经有一部分先我而到了。

到重庆以后，知道校舍大致均已就绪。经各位先生不分昼夜的劳苦，分十八个包工，集合了一千七百多工人日夜工作——谢谢他们——容一千余人的校舍，竟于四十二天完成。大家开始搬进去，于11月初已经开始上课。这个速度，不能不算是一个纪录！

虽然正当猛烈的战事，经过长途的跋涉，我们的功课，开得还是很整齐的。我们的图书仪器，都已搬出，而且展开使用。不但重庆本部开学，并且医学院和牙医专科学校已先本校在成都开学了。我们教学的标准没有比在南京时降低。

我们这次搬家，可以说是较有计划有组织的。几千个人，几千大箱东西，浩浩荡荡地西上，这次搬来的东西，有极笨重的，有很精密的；还有拆卸的飞机三架（航空工程教学之用），泡制好的尸体二十四具（医学院解剖之用），两翼四足之流，亦复不少。若是不说到牧场牲畜的迁移，似乎觉得这个西迁的故事不甚完整。中大牧场中有许多国内外很好的牲畜品种，应当保留。我们最初和民生公司商量，改造了轮船的一层，将好的品种，每样选一对，随着别的东西西上。这真是实现唐人"鸡犬图书共一船"的诗句了。可是还有余下来在南京的呢？我临离开的时候，告诉一位留下管理牧场的同仁说，万一敌人逼近首都，这些余下的牲畜，你可迁则迁，不可迁则放弃了，我们也不能怪你。可是他决不放弃。敌人是12月13日攻陷南京的，他于9日见军事形势不佳，就把这些牲畜用木船过江，由浦口、浦镇，过安徽，经河南边境，转入湖北，到宜昌再用水运。这一段游牧的生活，经过了大约一年的时候，这些美国牛、荷兰牛、澳洲牛、英国猪、美国猪和用笼子骑在它们背上的美国鸡、北京鸭，可怜也受日寇的压迫，和沙漠中的骆驼队一样，踏上了他们几千里长征的路线，每天只能走十几里，而且走一两天要歇三五天。居然于第二年的11月中到了重庆。领导这些牲畜长征的，是一位管牧场的王西亭先生，他平时的月薪不过八十元！

到了重庆的第二年，学生人数激增，到了二千以上，沙坪坝的校址容不下了，而且为疏散关系，也当另辟新址。于是又选择了一个风景清幽的地方——柏溪——建筑了一个分校。该处逐渐增加房屋，可容一千多人，所以中央大学的校址分为四处：沙坪坝，柏溪，成都，贵阳。四处有四处的好处，可是四处的开支也不容易呀！

西迁以后，添了一个师范学院，将以前教育学院原有的系维护和改隶以外，还添了七系一科。工学院添了航空工程、水利工程两系，电机工程系和土木工程系从单班加到双班，机械工程系从单班加到三班，又加了一个低级的技工训练班。医学院添了四个年级（从三年级到六年级）、添了一个牙科门诊部，还办了一个较大规模的医院。农学院添了一班畜牧兽医专修科。研究院则加设有七个研究部（政治经济、物理、化学、土木工程、机械工程、电机工程、教育心理），授过多次的硕士学位。以后还要加添五六个研究部。

中大所包的部门，有总办公部分，分①教务处（包括注册组、图书馆），②总务处（包括文书组、事务组、出纳室，此外还有一个独立的会计室），③训导处（包括生活指导组、体育卫生组、军事训练组、卫生室），和④分校主任室（包括教务室、总务室、训导分处）。

关于直接教学的有七个学院，一个研究院，一个专科学校，一个中等学校。再进一步的分析，则仅教学方面，就有五十六个系科，九个研究部，共计六十五个单位。至教育行政部门和附属医院、农场、牧场、工厂和技工训练班，尚未计入。所以在大学之中，中大内容不能不算是当时最繁复的了。

说到学生人数，在南京最后一学年不过1 072人。到1941年则大学和研究院部分共计3 153人（随时略有增减），较南京时约为三倍。外加实验学校651人，技工训练班50人，共计3 854人。应届大学本科毕业约400人，所招新生，当然视合格成绩而定人数，但无论如何，必较毕业生人数为多。若是多一倍，则总人数一定是四千多人了。

至于所开课程，在南京最后一学年全年共为524种，本学年则上学期为737种，下学期为829种。都是按照教育部所颁部定课程标准开的。

至于每周各班上课时数的总和，则本学年每周讲授时间上学期为2 002小时，下学期为1 980小时，实验钟点上学期为1 481小时，下学期为1 552小时。至于实验时数，绝对不止此数，可以增到一倍，因为实验地位不敷，有上课在一班而分作几组做实验的。这种分组的时数也就不及统计了。

因为学生人数的增加，院系的增加，课程的增加，所以教员人数，不能不比在南京时要增加。计教授、副教授183人，讲师39人，助教179人。

战区学生经济困难的和一般学生伙食困难的由政府给予各种贷金。这是一笔很大的数目。此外还有奖学金和公费免费种种名额。师范学院学生是全部公费待遇的。医学院学生从一年级起，指定为公医生，也是全部公费待遇的。

当我们初来的时候，学生受外间不成熟舆论的影响，常有要求改变课程。我很恳切地告诉他们，说是教育，尤其是近代科学教育里面，绝无"王者之路"（捷径），何况大家不是王者。学问是谨严的，是有步骤的。一种学问学好了，平时可用，战时也可用。到那境界，只看你们能不能"一隅三反"。战时教育，只需把平时教育加紧，更须加重军事体育的训练，加强国家民族的意识，就可以了。当时他们表示接受，但是我知道他们心里还是不免有点怀疑的。到后来看见一班一班的毕业生出了校门，都有积极的工作，而且供不应求。再到后来他们被征调去工作的时候，知道在学校里学好的，出去可以用，没有学好的，出去了有机会也不能用，于是恍然大悟。

我们在重庆四年了，这四年的日子，不是好过的。我们的学校穷，同仁也穷，但是国家在抗战的时候，谁说穷是不应该的？我们只能以大义相劝勉，以感情相维系。四年以内，我们不知道历尽了几多困难。我们只有一点可以勉强告慰于国人的，就是在这四年之中，中央大学没有停顿，而且照常进行，还有一点小小的发展。

但是敌人还是不放过我们的。像 1940 年就被炸三次。第一次是 6 月 27 日，第二次是 29 日，第三次是 7 月 4 日。房子被炸毁和炸坏的，不下二十几所。我的办公室瓦没有了，墙也没有了。在夏天的烈日之下，我照常和同仁在"室徒一壁"的房子里面办公。修好以后，照常开学上课。我们和顽皮的小孩子一样，敌机来了，我们躲进洞去；敌机走了，立刻出来工作。幸赖师生防护服务团里各位同仁的努力，在我们大学的范围以内，没有死伤过一个教职员和学生。

1932 年我到中大就职的时候，常以 19 世纪初叶柏林大学所负的责任来互相砥砺。至今回想，去这理想还不知有多远。我当时并且以找着对手方来抗日的理论，勉励学生。我认为敌人的称强，不是一方面，而是多方面促成的。我们抗日不只是我国的兵找着敌人的兵来抗。而且，要我国的农找着敌人的农来抗，工找着敌人的工来抗，商找着敌人的商来抗，学校找着敌人的学校来抗。所以中央大学抗日的对象，就是敌人的东京帝国大学。我们现在应该问我们的科学和一般学术，抵抗得过敌人的科学和一般学术与否。我们希望我们以科学与一般学术，压倒敌人，就是我们的空军强大到轰炸东京的时候，我也不希望他轰炸东京帝国大学，像他们对付我们一样。

我认清敌人可以炸毁的是我们的物质，炸不毁的是我们的意志！炸得毁的是我们建设的结果，炸不毁的是我们建设的经验！

一九四一年六月十六日，于重庆警报声中

民国二十一年十月十一日，于南京国立中央大学

（1932.10.11 值九一八事变之后重大历史关头）

国立中央大学的传统精神

高　明

民国成立以后，在南京设立了一所南京高等师范学校，是东南各省的最高学府，后来改为国立东南大学。我在民国十四年（1925）夏天，考入东南大学，距现在已经六十年了。国民革命军完成北伐后，定都南京，我们学校几经易名，最后定名为国立中央大学，那时我正在学校。再过三年，到民国十九年（1930）夏天，我才毕业，在校整整五年，沐受由南高

以来的传统精神甚深且厚。对日抗战时，学校迁往战时首都重庆的沙坪坝，胜利后迁回南京。几经搬迁，似乎在南京开始创校，由南高而东大、由东大而中大，这一段创校时期所建立的传统精神，知道的人已经渐渐地少了，现在欣逢创校七十周年，我愿把我在校时所沐受的传统精神说出来，以与全体校友共勉，还请大学指教。

第一，我们母校是具有"革命建国"的坚忍奋斗精神的。——孙中山先生创立亚洲第一个民主共和国（中华民国），首都就定在南京。南京有龙蟠虎踞的形势，民族英雄明太祖革掉蒙元的命，就定都于此，至今他的陵墓巍然尚在，可以引发人"革命建国"的雄图壮思和坚忍奋斗的精神。袁世凯把首都迁往北京后，承袭了帝制时代的官僚和军阀的遗风，而南京则仍在孙中山先生"革命建国"的精神笼罩之下。民国十四年（1925）孙中山先生逝世于北京，南京各界立即召开追悼大会于秀山公园（是当时南京最大的一个公园，由前江苏督军李纯出资兴建的），民众垒涌而至，规模极为宏大，气氛极为悲恸。国民党人又乘机将孙先生的主义与政纲大肆宣扬，各校青年大为掀动。我那时正在钟英中学准备毕业和升学考试，也被卷入了这革命浪潮，勇敢地加入了革命阵营。等到考入东南大学后，被组织指派参加学生会活动。那时东南大学的学生会是三权鼎立制：一为执行部，设正副部长各一人，主管行政事宜；二为评议会，设评议员二十余人，主管立法事宜；三为裁判院，设裁判员七人，主管司法事宜。我以一个预科的学生，竟当选为七名裁判员之一，颇为当时同学所瞩目，但也因此而暴露了我革命的身份，被军阀的特务人员列入黑名单，几乎送了一条小命（那时我才十七岁，所以说是一条小命）。我们东南大学的革命同志，工作都很努力。有时为了培养自己的宣传口才，常常黑夜摸上台城，对着玄武湖发表演讲；有时为了张贴标语，常常深夜徒步南京城的大街小巷，走得精疲力竭；有时在微弱的灯光下，阅读上海民智书局出版的三民主义、建国方略，以及上级发下的刊物和指示；有时在隐僻地方（如体育馆的地下教室），召开小组会议，交换工作经验与心得，并提出对上级的建议。东南大学是全国最早实行男女同校的大学，这在中国教育史上是革命的一页，但那时男女同学绝少谈恋爱的，上课时女生坐在靠近讲台的前面，从来不回头看一看男生，和男生说话那就更不用提了（当然偶尔也有例外，如同乡和亲戚，见面时也打招呼）；女生宿舍，男生都不敢去闯关，女生指导李玛利那个外国婆子，虽然风度很好，但任谁也不敢去惹她。有一次，有一位新文学家丁丁先生（后来改名为丁淼）以革命嫌疑被捕下狱，我们的女同学史人范同志却勇敢地送牢饭给丁先生，亲切地安慰他、鼓励他，成为南京一时天大的新闻，这也是革命精神的表现。民国十五年（1926）国民革命军誓师北伐以后，我们的革命同志在学校里，天天为革命军做宣传开路的工作，因此深为军阀的走狗所猜忌。郑定泰同志（后来改名郑学稼）差一点被捕，远走日本，改学经济，他和我同住在成贤街第二宿舍北舍的楼下，对门而居。记得逮捕他的人是下午五时到的，他是四时得到消息走的，真是危不间发。等到北伐军由广东而福建，由福建而浙江，日有进展的时候，张宗昌派褚玉璞率兵南下，进驻南京，援助孙传芳，首先派兵包围东南大学，搜捕革命党，住在我楼上的成律（湖南人）、吴光田（江苏常熟人）两个同志不幸被捕，慷慨骂贼，不屈而死。其他同志有了高度的警觉，纷纷走避，后来虽又包围两次，也就一无所获了。北伐成功，中国统一，南京重为首都，政府垂念勋烈，特在我们的校园——梅园——树立一个成、吴二烈士的纪念碑，与我们校园里耸立一千五百余年的六朝松，同归不朽。这一种纪念学园内革命烈士的纪念碑，是全国各大学里所没有的。我每一想起这些往事，辄为我们母校拥有这一种"革命建国"的坚忍奋斗的精神，而感到无上的光荣！

第二，我们母校是具有"尊师重道"的诚敬恳挚的精神的。——我们母校是由南京高等师范起家的，要成为师范，必先尊师，师尊而后人乐于为师，为师重在传道，道重而后师尊，"尊师重道"是我们中国传统的教育精神，而这种精神在我们母校是根深蒂固的，校名虽屡改，校址虽屡迁，这种精神却从来没有衰竭过。我入学已在东南大学的时代，记得那时有许多学者故意丑诋中国文化，把中国文化说得一文不值，主张彻底地摧毁掉，办杂志大肆宣传，蔚成一时风气。唯有我们东南大学的师生屹然不摇，我们很理智地衡量，对于自己民族文化失掉信心的人，还能爱自己的国家吗？把自己民族文化的长处完全抹杀掉，把一些小缺点拼命地夸大，以偏概全这是公平的吗？这是合乎科学的吗？把所谓"新青年"都变成"洋迷"，甘心臣服于异族，这是国家民族之福吗？我们也办了一个杂志，叫做《学衡》，唤醒学术界的理性，对一些偏激学说，要读者加以客观的理智的衡量。我们的教授柳翼谋（诒徵）先生特写了一部《中国文化史》三巨册，对学生讲授，让学生看到中国文化的全貌和真相，也让青年们自己理解中国文化是否真的一文不值。我们的教授王伯沆（瀣）先生特别开了一门"四子书"的课，阐述中国文化里精微的"道"与"理"，每逢开讲的时候，一间最大的课室里，学生总是坐得满满的，到得迟一点的就挤站在门口和窗口的走廊上，静悄悄地没有一点声息，只听见伯沆先生的南京口音在侃侃而谈，娓娓不绝，渊渊入微。抗战时期，日本人进攻南京，伯沆先生得了中风症，不能随校撤退到后方，一介书生，贫饿交迫，日本人闻讯，送钱送米，到他家里，都被他拒绝了。他的情形，被沦陷区的学生知道了，并传到后方，后方的学生也节衣缩食，筹集款项，与沦陷区同学合作，接济他们的生活，直到他逝世。我们东南大学的重道与尊师，其诚敬与恳挚的精神，完全出于衷怀的自然流露，绝非出于狡诈与做作。最可敬的是我们文史以外的各科教授，都是一流学者、科技专家，如秉志、胡步曾、邹秉文等，都团结在校长郭秉文、副校长刘伯明的周遭，一方面发展科技的新知，一方面共同发扬中国文化的精神，把《学衡》杂志办得更有声有色，校内的学术风气，在尊师重道的精神推动下，更显得活泼而有生机。到了国立中央大学的时代，首任校长张乃燕、副校长戴志骞（超），仍沿袭东南大学的旧规，尊师重道的精神依然如故。后来出身北大的朱骝先（家骅）、罗志希（家伦）两先生相继出长中大，也没有改变这种"尊师重道"的精神。即如罗志希上任时，首先拜望的是曾在北大教过他的季刚（侃）教授，执礼甚恭，由此可见一斑。既由校长领头对教授尊敬，学生自然闻风响从；教授得到尊敬，自然乐于为传道、授业、解惑而尽心尽力。我们中大校友在社会上服务，大都有高水准的表现，能力突出，声誉卓著，就是由"尊师重道"得来的。

第三，我们母校是具有"刻苦好学"的勤俭朴实的精神的。——一般贫家子弟缴不起大学的学杂费，都喜欢进入完全公费的师范读书，南京高等师范所收的学生绝大多数是优秀的贫寒子弟,他们自然而然地形成一种刻苦好学、勤俭朴实的学风。我初入东南大学时,住在学生第一宿舍,一早起来,到校园里散步,呼吸一些新鲜空气,就看见孟芳图书馆(前督军齐燮元为纪念他的父亲齐孟芳捐钱盖的,是东南大学最大的建筑之一)门前,学生排成一里多长的长龙阵,使我吓一跳,询问之下,才知道要到图书馆阅览室看书的人太多,不在图书馆开门前排队,就找不到位子,每天都是如此,并不是应付考试的偶然现象,可见那时学生是怎样地刻苦好学。我们同学的穿着,大都是阴丹士林的蓝布长袍一件,布鞋一双(偶尔也有穿皮鞋的);女同学则布褂黑裙,清汤挂面的头发,毫无装饰。走到街上,老百姓一眼就看出,这是东南大学的学生,绝对不是从教会大学出来的。我们同学的饮食,有许多人在农场门口的面摊上,一天吃三碗面,也就过去了。我也曾度过这种日子,后来老学长乔一凡聘我在他所办的钟南中学教一班初中国文,每月送我三十元,我才在学校附近的仁记饭店包了一客八元的一月的伙食,多下来的钱就买书和零用,不再向父母要钱了。到了中央大学,许多学校(如河海工程学校、法政专科党校等)合并进来,学校的规模扩大,设有八个学院,成为全国最大的一所大学,由于位居首都,名师麇集,各省优秀青年也纷至沓来,但是我们东南大学的刻苦好学、勤俭朴实的学风,则仍相沿不变。抗日战争全面爆发以后,我们中央大学迁校于战时首都重庆沙坪坝和柏溪,校舍简陋到了极点,师生生活都很艰苦,敌人的飞机又时常来窥探和袭击,我们则安之若素,弦诵不绝,把刻苦好学、勤俭朴实的传统精神发挥尽致……我们学校刻苦好学、勤俭朴实,以及尊师重道、诚敬恳挚,革命建国、坚忍奋斗的传统精神,应该是可以绵延下去,并且发扬光大的。

(《中央大学七十年》台湾"中央大学"印行,1985年)

论学者之精神

刘伯明

刘伯明(1887—1923),名经庶,字伯明,出生于江苏南京,哲学家、教育家、中国现代哲学的先驱者、中国现代自由教育的倡导人、中国现代人文主义的先驱。近代"学衡"派的代表人物之一。刘伯明少时就学于汇文书院（即金陵大学前身），后留学日本，曾任日本留学生青年会干事，并加入同盟会。辛亥革命后赴美留学，入美国西北大学研究院攻哲学和教育学，获博士学位。1915年回国。受聘为金陵大学国文部主任，同时任教于南京高等师范学校。1921年起任国立东南大学文理科主任、行政委员会副主任、哲学教授、代理校长等职。并撰写了《论学风》和《共和国民之精神》等文章刊于《学衡》上，倡导朴茂、求实的学风。

A

吾国近今学术界，其最显著之表征，曰渴慕新知。所求者多，所供者亦多。此就今日出版界可以见之。此种现象，以与西洋文艺复兴相较，颇有相似之处，实改造吾国文化之权舆也。然其趋向新奇，或于新知之来不加别择，贸然信之；又或剽窃新知，未经同化，即以问世，冀获名利。其他弊端，时有所闻。凡此种种，衡以治学程准，其相悬不可以道里计。窃目击此状况，焉忧之，爰不揣浅陋，就管见所及，草拟是篇。窃愿与吾国学者共商榷之。学者之精神，究其实际，实为一体。但若不得已而强分之，其中所涵，可分五端。

一曰学者应具自信之精神也。美国学者哀美荪十年前对一学会讲演，题曰《美国之学者》，略谓学者为百世之师，其思想感情超然于一时之好尚，故能殚深研几，毅然自持，而不求同乎流俗。世人虽蔑视或非难之，而中心泰然，不为所动。盖其精神已有所寄托也。

二曰学者应注重自得也。吾国古代哲人求学之语，愚以为最重要者，则谓吾人求学不可急迫，而应优游浸渍于其间。所谓资深逢源，殆即此意。自得者为己，超然于名利之外；不自得者为人，而以学问为炫耀流俗之具。其汲汲然唯恐不售，真贩夫而已。前者王道之学者，而后者霸道之学者也。敬卿有言："君子之学也，入乎耳，著乎心，布乎四体，形乎动静；小人之学也，入乎耳，出乎口，口耳之间，则四寸耳，曷足以美七尺之躯哉。古之学者为己，今之学者为人。君子之学也，以美其身；小人之学也，以为禽犊。"故真正学者，其求学也，注意潜修，深自韬晦，以待学问之成，而无暇计及无根之荣誉。东西学者，方其于冥冥之中，潜研深究，莫不如是。此读其传记而可知者也。

三曰学者应具知识的贞操也。夫死而女不嫁者，通常谓之守贞。然坚强不变，亦谓之贞。所谓贞禾贞石，皆涵此义。而道德上守正不阿，亦谓之贞。抱朴子云："不改操场于得失，不倾志于可欲者，贞人也。"张衡赋曰："伊中情之信修兮，慕古人之贞节。"皆此意也。然尚有所谓知识的贞操者，此谓主持真理，不趋众好，犹女子之贞洁者，不轻易以身许人。顾亭林自读刘忠肃"士当以器识为先"语，即谢绝应酬文字，凡文之无关于经术政理之大者，概不妄作。此其所为，虽近乎矫枉过正，而其视文学或亦失之过狭，然其谨敕不滥，不求取悦于人，亦今人之漫无标准汲汲于名者之所宜则效者也。

四曰学者应具求真之精神也。常人之于事理，往往仅得其形似，或仅知其概略，敬相差不多则忽略过，以为无关紧要。方其穷理论事，亦往往囿于成见，或为古义所羁而不能自拔。此皆缺乏科学精神之所致也。吾人生于科学昌明之时，苟冀为学者，必于科学有适当之训练而后可。所谓科学之精神，其首要者，曰唯真是求。凡搜集事实、考核证据皆是也。科学之家，方其观察事实、研究真理，务求得其真相而不附以主观之见解。"明辨之，慎思之"，其所用种种仪器，皆所以致精确而祛成见之工具也。科学之家，不惟置重于精确辨析，其惟事实真理之是求，若出于自然，动乎其所不知。昔柏鲁罗主世界无限之说，与当时教会所信者舛驰，尝谓其趋向真理不得不尔，犹灯蛾之赴火然。此即求真之热忱也。惟其求真心切，故其心最自由，不主故常。哥白尼之弟子罗梯克斯回忆其师对于往古畴人之关系，因有所感乃曰："凡研究者，必具有自由之心。"盖所谓自由之心，实古今新理发现必要之条件也。

五曰学者必持审慎之态度也。吾人求真，固应力求精确，不主故常，然方其有所断定，必以审慎出之。杜威谓真正反省，即使吾心中悬，而遽下断语；即使有所断定，亦仅视为臆说，姑且信之，以为推论之所资。其与武断迥不相同。吾人稍知天演论者，咸知达尔文《物种由来》一书出版于1859年。但据达尔文所自述，其创此说，实在20年前，其言曰："1838

年10月间，予偶感读麦氏《人口论》因前已知动植物中生存竞争，至为剧烈，自忖曰：物既争存，则适者当存，不适者当灭，此即新种之所由来也。吾在当时惟恐为成见所羁，不敢自信，故即其大纲亦不写出以示人。至1842年4月，予始以铅笔将吾说之概要写出，所占篇幅，计35页。至1844年，始取此稿扩而充之，成230页。但其发表日期则在十余年后也。"即此观之，真正学者不敢自欺欺人，必俟确有把握而后敢以问世。此种精神，吾无以名之，名之曰"知识的良知"。此亦吾人当以自勉者也。

以上所述，皆学者精神中之荦荦大者。其他诸德，如谦虚等，愚意皆可概括其中，或可连类及之，故不赘述。

B

读者切莫误会，以为苟能闭门暗修，专心学问，则社会方面之事业可不过问，其意以为此皆渺不相涉，而无劳关怀者也。夫学者研究学问与参与社会事业，二者性质不同，固当有别。故若以为其间有截然之界线，则为妄见。吾人之心不可划为数部，或司思想，或主实行，间以墙壁，不使通气。狭隘专家其致力于精深之研究，非于学术毫无贡献，第如以此为目的，而于所研究不问价值之高下，视为等同一齐，其汇集事实，一如收藏家之征集古董，其所得虽多，吾恐于人生无大裨益也。岂惟于人生无大裨益，即其所汇集之事实，在学术上恐亦无大价值。其所征引，纵极详博，然失之烦琐，令人生厌。所谓德国式之学者，其流弊即在是也。德人研究学问，专攻一门，不厌精详。而学理与生活往往析为两事，故其头脑囿于一曲，不通空气，其结果则究学理者，仅凭冥想而不负责；而偏于应用者，则唯机械效率是求，而与理想背驰。所谓德国之 Kultur，即其弊也（见杜威之《德国哲学与政治》）。若夫英国式之学者，则异于是。英人富于常识，重实验而漠视系统及逻辑之侔称。英国诗所以发达，亦以其喜用具体的音象也。英国学者大抵关怀当时之政治社会问题，非可以狭隘专家目之，其所产生之哲学家，自培根、洛克以降，率皆躬亲当时之政事。而著名政治家之兼学者资格者，为数亦不少也。

愚意专门研究，虽甚要紧，然社会生活方面之事同时亦不妨注意及之。盖如是而后其所研究者之社会的意义始能明了。因世无离人生而孤立之学问，而学问又非供人赏玩之美术品也。吾人研究学问，固不宜希望收效于目前，然其与人生之关系不可不知。某君专究昆虫学，尝谓予曰，人所最蔑视而以为无关重要者，莫过于虫身上所生之毛，然其形状长短等，所系甚巨。不明乎此，因致虫害者，农民损失不胜计焉。故吾人治学，宜有社会的动机也。又学校卒业生，因求学心切，卒业后仍思继续求学，常以此就商于予。予恒语之曰，求学与服务社会非截然两事，学校中之所学者，经应用后，其意益真切而益坚，且可由之得新经验、新知识也。

或谓人类进化，趋重分业，学者治学亦其职业所在，何必强其预闻社会之事耶。吾谓此狭隘职业主义之为害也。愚意人生于社会，除专门职业外，尚有人之职业，为父、为母、为友、为市民、为国民，为人类之一分子，皆不可列入狭隘职业之内。故吾以为与其称为职业主义，毋宁谓之曰"作人主义"。盖人而为人，必有适当之职业也。社会中专门学者，固甚重要，然亦有学者非人。其无人情，唯分析的理智之是从，徒具人之形耳。曩者吾草一文，刊于《新教育》，其中论及此项狭隘职业之害，并举一事以证之。其言曰：某甲与某乙夙同学于某校，在校时交甚挚。某乙卒业后，即赴英留学，肄习法律，学成返国，在沪当律师，所入甚丰。某甲一日因事赴沪，忆及某乙，乃往访之。寒暄未毕，某乙即出时计视之。谓其友曰："吾之时间甚贵重，每小时值洋五元。君有事请速言之，勿作无谓之周旋也。"就其职业言之，某君诚大律师也，然其毫无人性人情，不得称之为人也。他如学化学者，毫厘之差亦必计较，迨他日与人往来，亦必较量锱铢，一如试验室中之精确。此可谓之化学化矣。

故吾以为真正学者，一面潜心渺虑，致力于专门之研究，而一面又宜了解其所研究之社会的意义，其心不囿于一曲，而能感觉人生之价值及意义，或具有社会之精神及意识。如是而后始为真正之学者也。

（载《学衡》创刊号，1922 年）

"东南大学之父"郭秉文

梦渊

东南大学的创建是郭秉文办学生涯中最辉煌的一页,正是由于他在东南大学的创立和发展过程中所发挥的无可替代的巨大作用,郭秉文被人们誉为"东南大学之父"。

国民党撤台后曾任国民党中常委、"教育部长"的张其昀在回忆郭秉文时曾说:"民国十年(1921)左右,南高与北大并称,隐隐然后成为中国高等教育上两大支柱。"北大我们不用解释,南高是指东南大学的前身——南京高等师范学校。"北大"以"文史哲著称","南高"则"以科学名世"。张其昀对南高的评价不可谓不高,但了解中国现代高等教育史的人都知道,他的这个评价并非虚语。

1921年,南高改大学制,易名东南大学。学生中大多数人反对改制,原因是南高声誉蜚腾,与北大并称,既享受公费,毕业后又有良好的就业机会。后来,校长郭秉文在学校大礼堂召集全体同学,左手举着南高校长的名片,右手举着东大校长的名片(两校长均为郭秉文)说,两校名称虽有不同,而校长、校舍、师资、设备等无差别。毕业资格,按照学分计算。毕业时,或取东大文凭,或取南高师文凭,由学生自己选择,争议始得平息。

从南高到东大,其辉煌业绩的取得是与主持南高、东大校政达10年之久的郭秉文密不可分的。

郭秉文(1880—1969),字鸿声,江苏江浦人,早年毕业于上海清心书院,1908年赴美留学,1914年获哥伦比亚大学教育学博士学位;回国即参与南高创办,先后任南京高等师范学校教务主任、校长和东南大学校长。他是在国际舞台上最为活跃的中国教育家之一,20世纪20年代,他连续3次作为中国首席代表出席世界教育会议,并连续3次被推举为世界教育会副会长。

从南高到东大

1908 年,已经工作 12 年、年近 30 的郭秉文毅然弃职就学,远涉重洋,赴美留学。他先是在俄亥俄州的伍斯特学院攻读理科,1911 年,郭秉文从伍斯特学院毕业后随即去哥伦比亚大学攻读教育学。

郭秉文就读的哥伦比亚大学教育研究生院是美国最著名的教育学院,成立于 1887 年。当时,实验主义教育大师杜威、著名教育家孟禄等一批名流学者在该学院任教。哥伦比亚大学在管理上别具特色,有一套较系统体现民主精神的管理规范。这些都在郭秉文日后执掌东南大学的过程中留下了深深的印痕。在郭秉文之后,胡适、陶行知、蒋梦麟等也先后到该院学习,他们日后都成为中国教育界的领军人物。

1914 年,他以题为《中国教育制度沿革史》一文获得博士学位,成为中国最早的教育学博士,也是在美国最早获得博士学位的中国学者之一。郭秉文对教育问题广泛而深入的思考,无疑为他以后的办学活动奠定了坚实的思想基础。

1914 年,当郭秉文还在哥伦比亚大学准备博士论文时,就收到正在筹备之中的南京高等师范学校江谦校长的聘书,邀请他做教务主任。

南京高等师范学校的前身是创建于 1902 年的三江师范学堂,1905 年,为与两江总督辖地相应,三江师范学堂更名为两江师范学堂,并被定为优级师范学堂。1911—1913 年,南京城历经两次战火,学堂基本处于停办状态。适逢全国临时教育会议召开,提出在南京建立大学和高等师范学校,饱受战争蹂躏的两江师范学堂才得以绝处逢生。

1914 年 8 月,江谦受命筹备南京高等师范学校,第一着棋就是函聘即将拿到博士学位的郭秉文为教务主任,并请他代为南高延揽师资。

郭秉文一拿到学位,旋即回国,协助江谦筹备南高,他要将他所学到的教育理论应用于实践。1915 年 8 月 11 日,南京高等师范学校正式招生。

江谦为耆德硕儒,国学根基深厚,而郭秉文通晓中西,时称"新学巨子",两人相得益彰。1918 年 3 月 21 日,江谦因病休养,由郭秉文代理校长。1919 年 9 月 1 日,教育部正式委任郭秉文为校长。

其时正值五四运动，在时代潮流推动下，郭秉文着手对南高进行了一系列改革，这其中最有意义的改革是开"女禁"，倡男女同校。

五四运动之前中国的高等学校，除个别私立大学（包括教会大学）外，大都仅招男生而不招女生。教育史上称此现象为"女禁"。1920年4月7日，南高决定自1920年暑期正式招收女生。考虑到这一举措可能遇到的阻力，为造声势，郭秉文与蔡元培、蒋梦麟、胡适等人商定，南北一致行动，共同开放"女禁"。

兼收女生的消息传出，朝野哗然，流言蜚语不堪入耳，甚至思想比较开明的张謇和南高老校长江谦也明确表示反对。后经郭秉文、陶行知等人多方解释，招收女生的入学考试终于如期进行。当时有一位叫张佩英的女生，在陈独秀、张国焘等人鼓动下，专程从上海赶来南京投考。据她回忆，她曾在北大和南高之间多次权衡，终嫌"北大官僚气太浓"而选择了"学风深厚"的南高。高等教育中"女禁"的打破推进了教育的民主化，揭开了中国高等教育史上新的一页。

1920年4月7日，郭秉文在校务会议上正式提出建立东南大学的建议，经过讨论，一致赞成。郭秉文雷厉风行，随即组织"筹议请改本校为东南大学委员会"，经过一年多的奔走，虽几经波折，1921年9月，国立东南大学正式成立，郭秉文任校长。

经过几年发展，东南大学声名鹊起。从学科结构来看，覆盖面之宽，居全国之首（北京大学只设文理科和法科，中山大学设文理、法、农3科）。无论从师资条件还是办学设施看，东南大学在国内大学中都堪称一流。美国著名教育家、世界教育会亚洲部主任孟禄博士考察了中国各主要大学之后，称赞"东南大学为中国政府设立的第一所有希望的现代高等学府"。在当时政局动乱，政府办学经费严重短绌，许多学校因经费困窘以致学潮迭起的环境中，这不能不说是一个奇迹。

东南大学的创建是郭秉文办学生涯中最辉煌的一页，正是由于他在东南大学的创立和发展过程中所发挥的无可替代的巨大作用，郭秉文被人们誉为"东南大学之父"。

中国大学的"美国模式"

清末以来,中国大学的办学模式主要模仿日本,而日本又是学欧洲。民国建立,这种状况并没有太大的改变,不过从转手日本变成了直接向欧洲学习。而对美国大学模式的引入则自东南大学始,郭秉文在其中厥功至伟。郭秉文从一开始就努力移植美国大学模式,南高—东大的选科制、评议会、董事会,处处可见美国大学模式的痕迹。和北大的欧洲大学模式相比,东南大学的美国模式有几个显著的特点:在学校行政管理上,设置董事会;在大学职能的定位上,面向社会,服务社会。

还在东南大学筹备之初,郭秉文就借鉴欧美各大学设立董事会求社会赞助、协助校务的经验,着手建立学校董事会。董事会的职权是很大的,据1924年正式制订的《国立东南大学校董会简章》规定,其职权包括:决定学校大政方针;审核学校预算决算;推选校长于教育当局;决定学校科系之增加、废止或变更;保管私人所捐之财产;决议学校其他之重要事项。它是全校最高的立法和决策机构,地位与校长并列甚至更高。这种领导体制在国立、公立各高校中是首次建立。

1921年3月,经全体职员大会议决,组成了东南大学董事会,董事会选聘的董事阵容十分强大:张謇(甲午科状元,前实业总长、农工总长)、蔡元培(前教育总长,北京大学校长)、王正廷(多届内阁外交总长)、袁希涛(历任教育部次长、代理部务)、聂云台(上海总商会会长)、穆藕初(纺织业巨子)、陈光甫(上海银行公会主席)、余日章(中华基督教青年会总干事)、严家炽(江苏省财政厅长)、江谦(南高前校长)、蒋梦麟(教育家、代理北京大学校务)、荣宗敬(上海棉纱、面粉大王)等都名列其中。当时的报刊惊呼:"此次所举诸董事或为耆德硕学,或为教育名家,或为实业巨子,于社会事业均极热心。东南大学得此助力,其发达之速可预卜矣。"

董事会不仅加强了学校与政府、教育与社会的联系,提高了东大的知名度,而且,为东大在解决资金、物质供给以及与地方相处方面的各种具体问题提供了极大便利。1924年东大筹建生物馆,其中10万元是校董筹集来的；校董穆藕初独资兴建了东大农具院的房舍，还捐资66 000两白银，资助东大教师出国深造。

这一做法后为其他大学所仿效。郭秉文对美国大学管理体制的引入及其在东大的成功，对整个近代中国大学管理体系的变迁都产生了深远的影响。

东南大学的另外一个显著的特点是强调面向社会，服务社会。所谓面向社会，就是办学的资金从社会筹集，学校的系科设置根据社会的需要来加以调整。郭秉文一向主张办学经费需要"政府社会合力并筹"。筹建东南大学时，他就提出"惟兹事体大，非资群策群力不足以立"，建立学校董事会和以重要建筑项目争取社会捐助都是郭秉文争取社会赞助的重要举措。

东南大学筹建之时，他借鉴美国哈佛大学怀德纳图书馆和哥伦比亚大学科学图书馆的经验，规定，若有人独资捐建，图书馆就以其别号命名；若有集资建图书馆，就将其芳名刻于铜牌，悬挂在馆内正厅。

当时郭秉文得知原江苏督军李纯自杀前曾立遗嘱，将遗产的一部分捐给南开大学建造校舍，于是，便亲自写信给继任江苏督军齐燮元，劝说他独资捐建东大图书馆，将好事办在生前。齐燮元心动，以其父的名义捐助15万元修建孟芳图书馆。后又陆续募集到现款17 000余元，图书2 612种，从而使东大的学习条件大为改善。

所谓服务社会，就是将大学活动扩展到校园之外，让大学走出象牙塔，使大学成了社会进步与社区发展的"服务站"。也就是说，大学除了承担传授和发展高深学问的基本职能外，还有社会服务的职能，这已经成为美国大学模式的鲜明特征。郭秉文在其办学实践中积极倡导这一精神，并做出了很大的成绩。

早在1920年的南高时期，郭秉文就在全国率先开办了暑期学校，郭秉文不仅亲自上阵授课，而且还请来了北大的胡适、陈衡哲和南开的梅光迪。当时在全国引起了很大的反响，报名参加学习的有1 000多人，来自全国17个省份。年龄最大的59岁，最小的16岁。后来的词学名家夏承焘那年就参加了南高的暑期学校，多年后他在回忆中还在感叹：真是大开眼界！1921年，改为东大后，继续举办暑期学校，并特地邀请了美国的杜威、孟禄，德国的杜里舒和国内的梁启超、胡适、张君劢等一批名家前来讲学。这次，学生人数达到2 000人。

除了暑期学校外，东大教育科还举办了许多其他"推广事业"，如推广平民教育，义务举办"昆明学校""明陵小学"，为乡村失学儿童进行义务教育等；农科则通过组织农村巡回演讲团、农业展览会，普及农业科学知识、技术，推广优良品种、农具，宣传防治作物病虫害方法、药剂等；商科则通过坚持办商科夜校、商业补习学校、暑假补习学校等形式，为各界有志求学的青年提供业余学习提高的机会。

"寓师范于大学中"

近代以来，随着科举的废除和学堂的建立，中小学教师均由专门的师范院校培养。1922年《壬戌学制》颁布后，大学设置标准发生很大变化，允许设置单科大学，一时间高等师范学校是升格为独立的师范大学还是并入综合性大学，成为教育界争论的焦点。

对于这个问题，郭秉文和蔡元培的看法有所不同。蔡元培认为"学"与"术"应有所区别，"学"是学理，"术"是应用。高等学校应正确定位，合理分工，农、工、医偏于应用，宜称"高等专门学校"，文理等科偏于研究，始可称"大学"。因此，在他当北大校长期间，曾将北洋大学的法科归并入北大，而将北大的工科调入北洋大学，并停办农科。

郭秉文却不太赞同这种"学"与"术"分离的做法。郭秉文留学美国多年，他就读的哥伦比亚大学就是综合大学办师范教育的成功典范，因而对美国师范教育模式倍加推崇。郭秉文力主高等师范学校应并入综合大学，使综合大学兼有培养师资的功能。他认为，要培养上乘的教师，必须"寓师范于大学"。因为中学以上的教师必须有宽厚的基础知识，必须是双料的学士、硕士和博士。在一个学科单一的师范院校里，很难从根本上提高教师的质量。而在一个学科门类齐全的综合大学里，能够很好地协调通才与专才的关系，使通才不致空疏，专才不致狭隘。综合大学的优秀人才，经过一定的教师训练，一定会成为优秀的教师。因此师资培养不应局限于师范院校。

事实上，南高和东大就是郭秉文这一思想的试验场。在南高时期，郭秉文就以哥伦比亚大学为楷模，力图将南高改建为一所多学科、综合性的大学。为此，南高自建立之初即致力于拓展科系。1915年只有国文、理化两部和国文专修科，到1920年，已有国文、体育、工艺、英文、商业、农业、教育七个专修科和国文、英文、哲学、历史、数学、物理、化学、地学八系，突破了师范界线，寓师范教育、基础教育于一体，已具备综合性大学的雏形。当时有人评价说："南高诸所擘画，颇异部章，而专科增设之多，尤为各高师所未见。"

到1920年4月，郭秉文又趁热打铁，提出建立东南大学。同年11月，教育部初步同意以南高师之教育、农、工、商4专修科改归大学，各本科仍由南高师继续办理。因此，到1921年9月东南大学正式成立时，南高、东大其实是双轨制运行，郭秉文同时兼两校校长。这时的郭秉文又开始积极推动两校的合并，决定南高自1921年起不再招生，俟其学生全部毕业后即并入东大。1923年6月，南高正式并入东大。这时的东大已具相当规模，在其全盛时期，全校共设5科31系，全校共有教职员290余人（1924年），学生1 483人（1925年）。当时执教于东南大学的茅以升曾评价说："东大寓文理、农、工、商、教育于一体，此种组合为国内所仅见，意义深远。"郭秉文"寓师范于大学中"的理念终于变为了现实。

郭秉文的"平"字诀

20世纪60年代，张其昀因事赴美，在华盛顿谒见了当时寓居美国的郭秉文，在畅谈之中，郭秉文提到，《大学》"修身齐家治国平天下"中的"平"字是治学治事最好的座右铭，并将他当年在东大的办学方针归结为一个"平"字：通才与专才的平衡、人文与科学的平衡、师资与设备的平衡、国内与国际的平衡。这其中，通才与专才的平衡、人文与科学的平衡对于今天的中国教育尤其具有启发意义。前者在"寓师范于大学中"其实已有所体现，现在我们再看看人文与科学的平衡。在文章的一开头我们曾引用了北大教授梁和钧的一句赞语：北大以"文史哲著称"，南高则"以科学名世"，其实，在这句话后面，梁教授还有一句话："然南高文史哲教授实不亚于北大。"何出此言？

南高以科学名世最典型的表现大概要算中国科学社的整体进驻。中国科学社与南高是同年出生的，它比南高还早两个月，1914年6月在美国成立。当时，以任鸿隽、杨杏佛、赵元任为首的一批中国留美学生看到"欧美各国的强大，都是应用科学发明的结果"，遂成立了以共图中国科学之发达为宗旨的中国科学社。南高成立时，中国科学社的骨干成员尚在美国留学，由于郭秉文在留美期间交游广泛，还曾担任过留美中国留学生联合会会长。因此，在他的号召之下，这些人陆续学成回国时，不少人应其之邀到南高任教。1918年，中国科学社迁回国内，总部就设在南京。其主要成员相继应聘到南高，南高—东大遂成为科学社骨干成员的云集之所。1920年南高改组东大时，文科的梅光迪、陈中凡、汤用彤、陈衡哲、陆志韦，理科的任鸿隽、竺可桢、张子高，农科的邹秉文、胡先骕，工科的茅以升，商科的杨杏佛，教育科的陶行知、陈鹤琴，都是中国科学社的成员。

由于南高—东大和中国科学社的联系如此紧密，以至于南高—东大被时人称为"中国科学社的大本营"，这种联系也形成了南高—东大注重科学的特色，使之迅速成为"中国科学发展的一个主要基地"。

"然南高文史哲教授实不亚于北大"又作何解呢？其实，我们已经看到，梅光迪、陈中凡、汤用彤、陈衡哲这些人已经是文史哲领域一等一的高手了。但是，这还不足以说明问题，最能说明问题的是《学衡》杂志的创办和学衡派的形成。

五四时期，挟"民主与科学"的大旗，"打倒孔家店"成为流行一时的时尚，有人提出所有的中国书都不要读，线装书应该扔到茅厕里去。夹杂在这时代的最强音中，东南大学里却发出了一点"不和谐"的声音。

1922年1月，《学衡》创刊号由中华书局出版。在创刊号的"弁言"中，柳诒徵申明该刊宗旨："以中正之眼，行批评之职事"，以"无偏无党、不激不随"的态度"论究学术，阐求真理，昌明国粹，融化新知"。《学衡》从1922年创刊到1933年停刊，前后坚持了11年之久，共出79

期。因出版《学衡》而形成的"学衡派"最初都是东南大学的教授，如发起者梅光迪、胡先骕，主编吴宓。

梅光迪在自述其创办《学衡》时曾言：《学衡》旨在"阐扬旧学、灌输新知"，其手段则是"对于一切流行偏激之主张，时施针砭"。以往人们在评价"学衡派"时，常常简单地将他们划入保守的阵营，随着研究的深入，今人越来越能客观地评价当年"学衡派"与新文化运动倡导者之间的争论，越来越能体认"学衡派"在"四面楚歌"中独树一帜的学术风骨。

其实，如何评价"学衡派"并不是我们这里所关心的问题，我们感兴趣的是，以"昌明国粹"为宗旨的"学衡派"和以发展科学为职志的中国科学社，它们的大本营竟同在东南大学，而且在人员上还有交叉，如"学衡派"中的主将梅光迪、胡先骕、汤用彤均是科学社的成员，吴宓也是哈佛的博士。这种格局充分体现了郭秉文所倡导的人文与科学平衡的精神。难怪张其昀要感叹：南高最可自负的一点就是"留学生与国学大师的合作，文科方面有几位大师对中国文化有透彻的研究与超越的见解，同时他们也注意于科学的方法，故思虑周密，其探究事理常常有批评的精神"。

易长风波

1925年1月7日早晨，正在上海出差的郭秉文准备由沪返宁，登车前他习惯性地买了一份报纸，没想到，上面赫然登着头一天教育部1925年第一号训令，训令的内容是免除郭秉文东南大学校长职务。

郭秉文的突然被免职，其直接原因在于政局的剧变。当时的中国军阀割据，派系林立，相互之间你争我夺，互相倾轧。东南大学所处的江苏省一直在直系军阀的控制之下。1924年12月22日，北京政府下令讨伐直系的江苏督军齐燮元，齐被迫下野，避居上海。

齐的被讨给郭秉文带来了厄运。本来郭秉文是一个历来主张教育独立，不愿过问政治的人。但你不愿过问政治，并不等于政治也不过问你。作为国立的东南大学，预算经费的2/3是由江苏省承担的，郭秉文不能不与齐燮元搞好关系，而齐燮元也确实给过郭秉文支持。这样，郭与齐的交往在党争的有色眼镜中就变成了对直系军阀的依附，段祺瑞的北京政府正欲清除异己，遂于1月6日的国务会议上匆匆通过了免除郭秉文东南大学校长的决议。当天，教育部便下发了第一号训令，并于次日在报上公布。如此急不可耐地免除一位大学校长之职，在当时的民国还没有先例。

郭秉文看到这一消息，遂取消返宁计划，给教育部和东大各拍了一封电报，没有说什么抱怨的话，只叮嘱校方维持学校的正常运转，并希望教育部速让新校长胡敦复到任，以免"学校停顿，学子失学"。

但东南大学这边却已是群情哗然。东大学生自治会当即发表全体学生宣言，对"免郭"表示强烈反对；东大部分教师也以全体教职员名义致电教育部；东大行政委员会则立即致电黄炎培、蒋梦麟诸校董，要他们出面维持。

社会上的许多知名人士也对"免郭"持反对意见。曾任苏州省立第一师范学校校长的王朝阳在致电教育界时慷慨陈词："东大郭校长，无端免职，实骇听闻。从此学界亦将卷入政党倾轧潮流。""敢告全国，共抒正论，为学界留一线人格，为教育界延一缕生机。"当时已辞去东南大学教职的陶行知更点明：这是国民党"实行党化教育之先声"。

在强大的舆论压力下，教育部钦点的新校长胡敦复一再表示不就东大之职。

2月1日，东大校董会再次举行会议，决议否认教育部易长之令，请郭秉文照旧任职，先请赴国外考察教育。由东大校董会和商大委员会组成临时委员会，协助两校行政委员会维持校务。23日，郭秉文以受校董会委托名义，赴美考察教育。

但郭秉文的怆然离去并未让风波稍事平息。3月9日，本来声称不来就职的胡敦复突然来到东大，径至校长室，令文牍员交出学校印章。正在上课的学生闻讯赶来，愤怒之下，有的同学对胡拳脚相加。3月11日，教育部训令取消东大校董会，19日，东大教授召开紧急校务会议，致电执政府，退回教育部训令。

4月18日，北京政府仍决定由胡敦复接任校长，东大风潮再起。胡则要求江苏省政府派卫队保护，进驻东大，但遭到拒绝。东大学生闻讯则紧闭校门。5月5日，陈逸凡等48名教授声明，坚决拒胡。胡敦复进不了校园，只好打口水战，数次在报端发布公告，表示要接管东大；东大校务委员会则针锋相对，也刊登广告，否认胡为东大校长。

如此这般，易长风波断断续续一直持续了差不多一年才逐渐平息，尽管郭秉文最终没有回到东大，但胡敦复也未能进入东大。1926年1月7日，东大师生为此举行校耻周年纪念大会，在会上，陈逸凡教授慷慨陈词："东大人不受武人政客利用，东大人不做武人政客傀儡，此足可引为自豪者！"

尾　声

自1925年1月郭秉文被段祺瑞临时执政府教育部免去校长职务后，东大校长频频更迭，但均未正式履职，直至1926年校长一职实际上仍是空缺。此后的国立东南大学进入动荡时期，在易长风潮中，东南大学失去的不仅是一位校长，也失去了一批著名教授。如心理学系主任陆志韦去了燕京大学，东大行政委员会副主任任鸿隽去了四川大学，地学系主任竺可桢去了浙江大学。东南大学的实力遭到了严重的削弱，直至1932年罗家伦出任校长才逐步恢复元气。

离开东南大学后的郭秉文并未放弃对教育的热爱。1926年，在美国庆祝建国150周年时，他在美国费城组织了中国五千年教育文化发展的图片展览。晚年定居美国的郭秉文在1958年创办了中美文化教育协会，虽在暮年，"未尝以优游林泉，而自寻暇逸也"，他仍在为教育事业忙碌。1969年，郭秉文逝世于美国。

（载《人物》杂志2008年12月18日）

我的父亲罗家伦

罗久芳

1919年5月4日,北京十三所学校的三千多名学生集会于北京天安门前,要求取消"二十一条"、拒绝和约签字,高呼"外争国权,内惩国贼"等口号,会后举行游行示威,五四运动就此爆发。下图为油画《五四运动》,描绘了当时的情景。

我们或许可以用这样几个字符勾勒出罗家伦的一生:五四运动的学生领袖和革命名人,31岁的清华大学校长,中央大学的10年掌权者。

罗家伦女儿罗久芳讲述的父亲的故事,让我们重新回到了那个动荡与希望、启蒙与救亡并存的年代。

北大的罗家伦

父亲是浙江绍兴人,1897年出生于江西南昌一个旧式读书家庭,他早年受的是家塾式的传统教育,但也有机会读到上海出版的新书报,并在传教士开设的夜校补习英文,打下了很好的基础。

1915年,父亲考进复旦公学中学部,因国学功底很深,同学们戏称他"孔夫子"。1917年夏天,20岁的父亲投考北京大学,主修外文。父亲到北大读书那一年,正好蔡元培先生到北大上任。父亲曾回忆,当时北大有两个地方是他们经常聚会的场所,一是汉花园北大一院二层楼上国文教员休息室,钱玄同等时常在那里;另一个是一层楼的图书馆主任室,也就是李大钊的办公室。"在这两个地方,无师生之别,也没有客气及礼节等一套,大家到来大家就辩,大家提出问题来互相问难。大约每天到了下午3时以后,这两个房间人是满的。"

1919年1月1日,父亲和一些北大高年级学生一起出版了《新潮》杂志,第1期至第5期的总编辑是傅斯年,父亲任编辑,两人写了很多关于妇女解放、婚姻自由等意气风发的文章,《新潮》杂志在当时成为继《新青年》之后,倡导新文化运动第二种最有影响的刊物。

蔡元培、陈独秀、李大钊、胡适等人都对父亲他们给予了极大的支持。《新潮》的编辑部,就是李大钊北大图书馆的办公室。蔡元培批准由北大经费中每月拨3 000元给《新潮》,这引起了保守派的强烈攻击。他们通过教育总长傅增湘向蔡元培施加压力,要他辞退两个教员——《新青年》的编辑陈独秀和胡适;开除两个学生——《新潮》的编辑父亲与傅斯年。但蔡元培坚持不肯,维护了大学不受政治干涉的原则,也因而得到全国学术界的敬仰。

父亲与胡适先生持续一生的亦师亦友的关系,也从北大开始。胡适从美国回北大后,一开始并没有教授哲学,可能先兼了一段父亲所在的外文系的课。1918年,父亲与胡适一起翻译了易卜生的名剧 A Doll's House(《玩偶之家》),"五四"之前在《新青年》上发表,从后来很多人的回忆可以看出,这部戏对当时年轻人的思想冲击非常大。

1919年春,著名哲学家杜威应邀访华,在北大做一系列演说,胡适为他做口译,而父亲和另一个同学被选去负责笔录。每次演讲完后,胡适先生都会让父亲他们核对演讲大纲,再拿去发表。这种严格的训练,对一个大学生来说,是可遇而不可求的。

1919年4月,中国在巴黎和会失利的消息传到北大,父亲和一些同学便商议对策,为了不给北大和蔡元培校长造成压力,他们商定5月7日这天,联合市民游行抗议。可是到了5月3日,蔡元培校长得知北洋政府同意对山东问题做出退让,立即通知了父亲、段锡朋、傅斯年和康白情等人。当天深夜,大家决议改在5月4日这一天去天安门集合游行。当晚父亲与江绍原、张廷济一道,被各校代表推举为总代表。父亲的任务包括连夜购买写标语的白布,联络各校学生,起草宣言,向各国驻华使馆交备忘录等。可惜那天拍下的照片不多,只有一张可以确切认出是父亲的面貌,拿着白布旗子走在北大队伍的前列。

"五四"那天散发的唯一一份印刷品《北京学界全体宣言》传单是父亲起草的。1919年5月4日那天上午,父亲从外面赶回北大时,一位同学说:"今天的运动,不可没有宣言。"北京八校公推北大起草,北大同学又推举父亲来写。当时时间紧迫,不容推辞,父亲就站在一个长桌旁边,写好了宣言。宣言虽然只有180字,却写得大气磅礴,极富号召力。特别是最后那几句:"中国的土地,可以征服,而不可以断送;中国的人民,可以杀戮,而不可以低头,国亡了,同胞起来呀!"现在读起来还让人心潮澎湃。

1919年5月26日,父亲以"毅"为笔名,在《每周评论》第23期发表了一篇短文,题为《五四运动的精神》,第一次提出了"五四运动"这一概念。从此,"五四事件"被定格为"五四运动"。

31岁的清华校长

1920年秋,父亲从北大外文系毕业,正好赶上企业家穆藕初捐出5万银元给北大设立奖学基金,父亲与康白情、段锡朋等5位同学,被校长蔡元培选中,推荐出国留学。这5位优秀的北大学生出国留学在当时也较为引人注目,一家报纸将此比作晚清朝廷派出考察宪政的"五大臣出洋"。历届得到穆氏奖学金资助的北大学生,后来在不同的领域都各有建树。

父亲去的是美国普林斯顿大学研究院,不久又转到哥伦比亚大学攻读历史与哲学,实现了拜在杜威教授门下的心愿。1923年,穆氏企业破产,父亲的奖学金被迫中止。这年秋季,在结束了三年的留美生涯后,父亲带着《思想自由史》的译文和《科学与玄学》的书稿，前往刚刚结束了"一战"、物价较低的德国。

20世纪20年代很多中国留学生赴德深造，一是因为德国各大学府有浓厚而自由的学术空气，二是在战后马克大幅贬值的情况下，带外币在德国兑换使用格外实惠。当时很多有影响的人都聚在德国，如蔡元培、朱家骅、赵元任、俞大维、陈寅恪、徐志摩、金岳霖等，他们常在一起高谈阔论，畅所欲言，父亲晚年回忆起来，形容那是他极快乐的一段时光。

蔡元培是父亲最敬爱的长者，1924年，父亲留学期间与蔡元培先生通了好多封信，幸运的是，这些信不但我们家都保留下来，蔡家也保留了不少父亲的信，前些年我们双方交换的信件，共有50多封。蔡先生与父亲，完全是一种师生关系，现在看起来，让人感觉真的很温暖。

蔡元培退休后没有房子住，他70寿辰之前，父亲这些过去的学生和同事念及他无一安身之处，便集资在上海给他建一所住宅。献寿的信由胡适起草，父亲等人修改后，以几百个朋友、学生的名义面呈。蔡元培经过三个多月的考虑，最终接受了众人对他这一番出于敬意的表达。但因七七事变的发生，这个心愿也未能实现。1940年，蔡元培先生去世了。

穆氏企业破产后，父亲一度以译稿补贴生活，但仍然陷于拮据。又是在蔡元培先生引荐下，商务印书馆监理张元济先生借给父亲1 500元，让父亲完成了在英、法最后一年的学习研究。父亲对张元济先生一直心存感激，回国后多次要还这笔钱均被张先生拒绝，直到有一次以祝寿的名义还了张先生1 000元钱，张先生才勉强接受。

1926年，游学欧美多年的父亲终于回国。他曾在东南大学任过教，后来出任战地政务委员会教育处长。1928年，南京国民政府统一了中国，任国民政府教育部长的蔡元培，让父亲迅速北上，任清华大学校长，那一年父亲只有31岁。父亲到任时正赶上暑假招生，他便在招生启事上写上"男女兼收"。于是，清华迎来了清华史上第一批女学生。

父亲到清华，便以前所未有的改革力度重新聘任教师。当时，清华大学教授水平参差不齐，50名教授中，父亲只续聘了18人，另行增聘的近

30 名教师中，毕业于清华的仅占三分之一，来自金陵大学、东南大学的一批化学、物理和生物学科的助教进入清华担任讲师，由此奠定了清华实验科学的雄厚根基。同时，一些有北大背景的文科教授也相继应聘，父亲的同学杨振声、冯友兰等还担任了教务长、学院院长等职务。此举在当时曾招来"清华要与北大合并"的恶意谣言，但父亲对此毫不在意，他说："我只抱发扬学术的目的，不知有所谓学校派别。"

父亲多年后回忆，他当年聘请教授的原则之一：不把任何一个教授地位做人情，也决不以自己的好恶来定夺。当时有件有趣的事，外文系的吴宓教授，因在"五四"新旧文学之争时，曾攻击过新文学运动，也曾和父亲打过笔墨官司。看到父亲来当了校长，他怕父亲对他有所不利，特地托赵元任先生来打听消息。父亲大笑说："我们当年争的是文言和白话，现在他教的是英国文学，这风马牛不相及。如果他真能教中国古典文学，我也可以请他来教，我绝不是这样褊狭的人。"以后，父亲不但继续聘他，并对他的待遇也格外关照，两人自此倒成了很好的朋友。

父亲本人并不属于任何学派，选拔人才，也不拘泥于分数。除了对钱钟书破格录取外，还有 1930 年报考清华历史系的吴晗，他的数学考了 0 分，但中文和英文竟是两个满分。父亲大笔一挥，将吴晗也破格录取。后来还有记者向钱钟书问及此事，他说："为此事当时校长罗家伦还特地召我至校长室谈话，蒙他特准而入学。我并向罗家伦弯腰鞠躬申谢。"几年前我在整理父亲的遗稿时，偶然找出写在荣宝斋仿古信笺上的两封信和 10 多首旧诗。细读之下，才知道它们的作者，便是钱钟书先生。

父亲在清华时最大的贡献之一，是使原隶属于外交部的"清华学校"，升格为"国立清华大学"。1932 年，处于复杂政治形势下的父亲被迫辞职。尽管如此，在不到两年时间里，父亲对清华所做的成绩，依旧被肯定。当年清华大学国学研究院的导师陈寅恪先生，谈到这点时说："志希（父亲的字）在清华，把清华正式地成为一座国立大学，功德是很高的。"而研究清华校史多年的苏云峰教授曾说："现在很多人只知道梅贻琦是清华大学的功臣，而不知道罗家伦的奋斗成果与经验，实为梅氏的成就铺下了一条康庄大道。"

十年中大校长

1932年8月，父亲就任中央大学校长。其实父亲当时并不十分情愿接下这一棘手的职务。当初中央大学因九一八事变后学潮澎湃，面临解散危机。当时父亲深知其中种种困难，对教育行政工作也已有厌弃之感，所以当他得知行政院会议决定派他出任校长时，坚决力辞不就。但他的北大老师、时任教育部长的朱家骅亲自到家，一再以国家及民族学术文化前途的大义，终于说服父亲。

父亲以他年轻时游学欧美的经历，希望他掌管下的中央大学无论在课程、设备及学术环境方面都显现出一个新式学校的风范。父亲性格耿直，处理问题不愿妥协让步，即便有政党要人向他推荐教授，只要他认为不合适的，也一概不收。父亲在中央大学时，经常邀请中外名流、学者，包括抗战时期的周恩来、马寅初等来校演讲，按他设想，中央大学的目标应该是柏林大学、牛津大学、巴黎大学等这些国立大学里一流的大学。

1937年，父亲在中央大学进入第五个年头，正准备大发展，他后来形容自己曾有一个"玫瑰色的大学梦"——全面抗战前，中央大学校址原在南京城内，车马喧嚣，不适于修养学问，而且地址狭小，只能容纳一二千人。他计划在南京郊外建一座能容纳5 000至1万学生的大学，按照他的设想，学校里面还有近代式的实习工厂和农场。父亲的设想也得到了政府支持，已经批准了240万元的第一批建筑费。父亲又派人花费了几个月时间，在南京周边选合适的校址。最后选定了南门外约7公里处的石子冈一片地方。

按原定计划，一年以后工学院和农学院就可以先期迁入，就在新校区动工兴建的几个月后，七七事变爆发，父亲的"玫瑰色的大学梦"就此破灭。

全面抗战一开始，中央大学先后四次被炸。在第一次被炸后，父亲就开始准备迁校。那时，日军刚侵入华北，很多人认为中日会有"和"的可能，他们认为父亲的迁校之举是"动摇社会人心"，是逃兵之举，指责之辞不绝于耳。父亲也不解释，关于新校址，大家也意见不一。有的主张迁到南京郊外，有的主张迁上海租界，有的主张迁武昌珞珈山。父亲认为中日战争会持续很久，如果迁校就到重庆最好。因为从南京到重庆有水路可以直达，四川山陵起伏，容易防空。父亲对迁校之事，早有准备，在七七事变一年前，父亲就叮嘱总务处，造500多只木箱，箱里钉上铅皮，准备将重要的图书仪器装箱，以备迁移之用。到了真正迁校时，这些箱子对于很多书籍和仪器的顺利搬迁起了很大作用。

中央大学的迁移比较顺利。学生们都坐船离开了南京，全校的图书仪器都搬出来了，不仅如此，还有航空工程系为教学用的三架飞机，医学院供解剖之用的24具尸体，都按计划有条不紊地进行了转移。

在南京沦陷一天前，父亲最后一次巡视了学校本部和农学院所在的丁家桥，看到那儿畜牧场中有许多良种的鸡、鸭、猪、牛、羊等，当时已没船、没车，没办法带走了，他不得不召集员工宣布：放弃禽畜，员工转移。

这些禽畜都是学校花钱从外国进口的良种，场长不舍得放弃，连夜发动员工用船把它们运到长江北岸，取道河南、湖北数省，辗转千里，历时约两年。当他们带着这些一只不少的禽畜奇迹般地出现在重庆沙坪坝时，一个个衣衫褴褛，父亲见到忍不住落泪，竟孩子一样与那些"远道归来"的牲畜相拥亲吻。闻知此事，南开大学校长张伯苓感慨道：两个大学有两个"鸡犬不留"——南开大学"鸡犬不留"，是被日本人的飞机投弹全炸死了；而中央大学"鸡犬不留"，却全部都搬到重庆了。

父亲在压力之下做出的迁校决定，实际上为中国保存了一个完整的大学。1937年11月初，中央大学就在重庆开学复课，全面抗战8年中，教学从未间断，损失最小、秩序最稳定，这在当时全国高校中，确实绝无仅有。

在抗战期间，父亲曾说过这样一句话："我们抗战，是武力对武力，教育对教育，大学对大学，中央大学所对着的是日本东京帝国大学。"可见父亲的气魄和民族责任感。从全面抗战初期的1938年开始实行全国"联考"的几年中，当时全部考生总数的三分之二将中央大学作为第一志愿来填报。中央大学在当时也是全国高校中院系最多、规模最大的一所大学。

在那个充满政治纷争的年代,"中大校长"一职绝不是一个美差。父亲处于各种政治力量争斗与牵制中,承担了很多压力。1941年夏,筋疲力尽的父亲辞去中央大学校长的职务。

(本文原载于2006年《三联生活周刊》第43期)

附

《北京学界全体宣言》

(原载1919年5月21日《每周评论》)

现在日本在万国和会要求并吞青岛,管理山东一切权利,就要成功了!他们的外交大胜利了,我们的外交大失败了!山东大势一去,就是破坏中国的领土!

中国的领土破坏,中国就亡了!所以我们学界今天排队到各公使馆去要求各国出来维持公理,务望全国工商各界,一律起来设法开国民大会,外争主权,内除国贼,中国存亡,就在此一举了!今与全国同胞立两个信条道:

中国的土地可以征服而不可以断送!

中国的人民可以杀戮而不可以低头!

国亡了!同胞起来呀!

李瑞清:师范教育、艺术教育的先驱者

邹自振

在中国教育史上,李瑞清是有着开创师范教育、艺术教育和美育教育的重大贡献的。但由于李瑞清没有系统的教育专著和论文,他的教育思想、教育主张和教学经验,均散见于他的言论与实践中。这份珍贵的教育理论遗产,有待于我们作进一步的挖掘和整理。

近代教育肇始时期的重要人物

1905年,李瑞清由庶吉士改官道员,分发江苏,从此开始了前后达6

年之久的教育生涯。此年，清政府下诏废书院、兴学堂，罢私塾、设师范传习所。当时的江苏总督周馥委派李瑞清为该省传习所总办，众生为之相庆。早在同治四年（1865），当时的两江总督曾国藩曾延请李瑞清的叔祖李联（世称小湖先生）主持钟山书院，其声名犹在；40年后李瑞清又来南京，故众生认为李瑞清是"吾钟山山长李老师后也，必有以苏我等矣"。不久，李瑞清充任两江优级师范学堂监督（校长）。

创立于1902年的两江优级师范学堂是后来的南京高师、东南大学、中央大学的前身，即现在的南京师范大学、东南大学、南京大学的前身。该校初名三江优级师范学堂，规模宏大，集苏、皖、赣三省学者管教。李瑞清接任后领导全体师生，励精图治，埋头苦干，大兴土木，建筑校舍，广开科目，增加设备，改革专科体制，增强师资力量，从而使该校成为当时全国优级师范学堂的楷模，"清末实施新教育后规模最大、设计最新的一所师范学堂"。

李瑞清对教育的特点和重要作用有着深刻的认识。李瑞清办学有一个宗旨，他深感国家贫弱，认为欧、美、日诸国之所以强盛，就是由于兴办教育、培养人才的结果，因此，他希望通过办教育以振兴民族、拯救中国。为此，他亲临日本考察，选聘知名专家学者、积学之士来校任教，并将引进的先进教育方法与中国传统教育相结合，付诸教育实践。

从日本回国后，李瑞清立即重整校风，严明条约，收效显著。学校设有分类科、选科、补习科，共10余个班级。又附设中小学堂，以作教育见习、学习的场所，学生多达千余人。当时中国延续千年的封建教育——科举制度已废除，师范教育概念刚刚形成，这一系列的改革显然颇具时代意义。由于他的积极经营，绩效优异，屡获朝廷的支持与褒奖。李瑞清在两江优级师范学堂所树立的教育新风之功在当时以劳绩记名于清政府军机处。柳肇嘉《清道人传》云其"提倡科学、国学、美术，不遗余力……教育成绩评者，推为东南冠冕"。

作为一位教育家，李瑞清以"视教育若性命，学校若家庭，学生若子弟"为最高信条，以"嚼得菜根，做得大事"为校训，提倡科学、国学和艺术并重，是近代中国最早提倡新学、引进西方先进教育思想和教学方法的开拓者。他要求入学的学生一进校门就开始逐步掌握外国语。他教导学生除阅读中国传统的学问经、史、子、集外，还应多浏览自然科学书籍。所以，从两江师范毕业出来的学生的学识也就有别于此前的封建学者，普遍眼界开阔而富于创新。

李瑞清器宇弘深，淡泊明志，节俭持躬，胸襟开朗，凡事必遍寻博访。面对李瑞清的诚挚之情，师生员工无事不与其谈。由于他以身作则，全校师生深受感召，淳朴习气蔚然成风。

李瑞清教书育人，重在人格感化。他强调理论联系实际，强调实用与动手能力，为此还设有工场、金工场等供学生实习用。他主张减少上课时数，增加试验与实习课，实现教育与生产劳动相结合。他还规定，凡专攻博物学科者，必兼习农博科。学校购置农场，有田百数十亩，畜耕牛数十头，并设有养蚕室，以便学生实地操作试验之用。

高校开设美术学科的创始人

特别值得一提的是，作为一代书画艺术大家，李瑞清在两江师范学堂率先创设图画手工科，开我国高等师范学校设立艺术专科的先河，为我国培养了第一代艺术教育师资，至今为人称道。

两江（三江）师范学堂开办之初，根据清政府有关章程，优级师范的分科并无图画手工科。李瑞清专门上奏朝廷学部，在学部规定的分科章程之外，特别设置图画手工科，并于1906至1907年分别招收了甲、乙两班三年半制的学生。所授课程，图画包括中西绘画及用器画、图案画，手工则包括各种工艺美术。他并亲自担任国画教师。由于李瑞清大力倡导美术教育和音乐教育，学生受其影响甚深。从这个专科毕业出来的学生遂成为我国第一批新型美术教育师资，他们分到全国各地，其作用和影响是不言而喻的。我国近现代著名书画家、美术教育家如李健（李瑞清胞侄）、吕凤子、汪采白、姜丹书、吴概亭、沈企侨、柳肇健，还有非图画手工科的凌直支等一大批名家，都是李瑞清这一时期的得意门生。姜丹书后来和经亨颐在杭州创办浙江两级师范（现中国美术学院、原浙江美术学院的前身），培养了潘天寿、丰子恺、吴梦非、王隐秋等著名书画家。可见，李瑞清对我国近现代美术教育事业起到了拓荒和奠基的作用，无疑是一位传薪度针的艺术教育先驱者。

李瑞清德高望重，蜚声学坛，又有着非常严谨的治学精神，因此他对学生要求也极严，善于发现人才，并孜孜不倦地培养人才。作为一校之长，李瑞清始终坚持亲自执教。一次李瑞清出测试题，题目出自《仪礼》。学生中的胡小石，因家里藏有一部清人张惠言的《仪礼图》，他小时候就看这书，这时便根据此书，有条有理地写了一篇文章呈上。当时新学已起，李瑞清发现年轻人中有一名年仅弱冠的学生能作有关《仪礼》的文章，乃大喜，遂特加青睐，并亲自授以传统的国学。由此可见，李瑞清对于不断输入的西方文化的精华和中国传统的儒家文化，是兼收并蓄的。

清朝末年，乾嘉诸老严谨的考据方法已从治经、治史、治诸子发展到考订金石文字方面，而李瑞清是其中最精深的学者之一。他在主持两江师范期间，就把治小学与今文公羊学的门径方法传授给学生。学生们从李瑞清那里学习鉴定古器文物和研究吉金文字等。在李瑞清的悉心培养下，两江师范学堂除了产生一批书画艺术家外，于古文字声韵训诂、经、史籍、诸子佛典道藏、金石书画之学，以至于辞赋、诗歌、词曲、小说无所不通的学者也不乏其人。

1908年，李瑞清调任江宁提学使，但仍在两江优级师范兼课。他每天必到校与学生交谈，慰诲殷勤。辛亥革命时，革命军围困南京，清朝官吏闻风而逃，满城皆空，只有李瑞清一人坚持岗位，留在学校督促学生上课如常。辛亥革命后，李瑞清匿去姓名，隐居沪上，靠鬻书画自给。他的书法此时因纳碑于贴，独创了"颤笔"之法而技巧更精，声名鹊起，故求者如市，连日本人也风闻渡海争相求购。

这一时期，仍然是作为教育家的李瑞清的一个重要阶段：当代著名国画大师张大千于1919年正式成为李瑞清的入室弟子；作为李派传人的金石书画家李健（与李瑞清时有"大小李"之称）的艺术成就，得益于李瑞清这一时期的悉心培养；经学治《公羊春秋》、史学治《史记》的胡小石，亦是在这一阶段打下了更坚实的基础。世人评说李瑞清诸多学生中有"三高足",即李健、张大千、胡小石。孙中山先生的侍从秘书田桓,亦于此时慕名拜他为师。李瑞清对他的学生们说:"清政府腐败至此,其亡也当然。吾如女子嫁人,从一而终,岂反(返)民国欲做官者耶?汝等是国家培植的人,教育为国魂所寄,当忠于职守,以振兴新国,毋以我为榜样!"表达了忠诚于教育事业的拳拳之心。

缺失的李瑞清研究

由于李瑞清一生学术成就满天下,其好友和受业弟子如云,所以当他病逝时,数百名流参加了他的葬礼。他的好友曾熙、弟子胡小石襄治其丧,胞侄李健、弟子张大千等护灵扶柩安葬。康有为、沈曾植、曾熙、章士钊、冯煦、陈三立、吴昌硕、王一亭、张其锽、蒋国榜等海内名士、生前好友及弟子近百人写了挽联,以纪念和彰显他的一生。如康有为挽联云:

记同松筠庵,公车上书,朝市忽移,高节著江南,既遁世,自无闷;
何堪春申江,岁时把酒,蕨薇采尽,书名满天下,已不朽,复何求?

弟子蒋国榜《临川李文洁公传略》对李瑞清的学术成就和学术界对他的尊崇作了较为精当的评述与记载:

公于书无所不通,喜以新意释《说文》,文学庄子、太史公,诗摹汉魏。金石考据,书画鉴别,莫不精至。书法本于钟鼎彝器……(绘画之)花卉,松石,意境犹有独至……群以公遗爱在江宁,挽葬牛首。曾公(熙)严寒犯冰雪为公卜兆。既葬,复于牛首山雪梅岭罗汉泉旁筑梅花庵以祀公,其高谊不减戴南枝之葬徐俟斋也。

无疑,李瑞清在书法、绘画、文学及教育等领域作出的杰出贡献,为中国近现代文化史增添了耀眼的光辉。

对于这位在中国近代文艺史、教育史上作出杰出贡献的诗文书法家、画家和教育家,我们所知甚少,研究还是非常肤浅的。原因有二:其一,从近代诗歌来说,我们过去所着力研究的,无非是以龚自珍—黄遵宪—柳亚子为代表的进步的诗歌潮流,而对于所谓"同光体""汉魏六朝诗派""中晚唐诗派"等则斥之为落后的、反动的东西,根本不予研究;其二,近代文学（包括艺术、教育）文献资料的收集和整理，是从事近代文学研究的一项重要的基础工作，但与古典文学、现代文学的文献工作相比，它仍然是个相当薄弱的环节，这无疑阻碍了整个近代文学（包括艺术、教育）的研究过程。关于李瑞清的研究的资料缺乏，就是一个突出的例子。

（载2016年4月3日《中国文化报》第2版）

四千里路霜晨月
——抗战期间的另类长征

黄志毅

揭秘一段尚未湮没的抗战历史，

揭示当年中央大学王酉亭的传奇故事……

王酉亭（1901—1982），又名友廷，江苏涟水人。曾就读于淮阴中学、江苏三农畜牧兽医系、东南大学农科畜牧系。1927年留校担任东南大学农科成贤牧场技术员。1928年被国民政府考试院录取为公务员，先后担任睢宁县、涟水县建设局长，其间曾参与苏豫皖淮河治理工作。1934年起，任中央大学农学院讲师、畜牧兽医兼场长。1937年12月至1938年11月，毅然率领畜牧场部分员工及牲畜家禽跨越苏皖豫鄂川五省、长途跋涉四千里，历经南京保卫战、徐州会战、武汉会战、宜昌大撤退，最后成功西迁重庆，被誉为"抗日战争中的另类长征"。到达重庆后，经罗家伦校长推荐担任经济部中央农业实验所高级技师，在重庆大轰炸中，在保护牲畜、发展西南畜牧事业、培养畜牧兽医人才工作中做出重要业绩。1939年至1952年，先后担任中央大学/南京大学勤务股长、总务长、文学院图书馆长。

1952年院系调整后离开南京工学院，开始人生新的路程。从创建中华牧场，到公私合营后的南京乳牛场、卫岗牛奶场、仙林农牧场，坚守执着痴迷所学专业，热爱畜牧兽医本职工作，为畜牧兽医技术事业奉献了毕生精力。

本文将为您揭秘一段尚未湮没的抗战历史，揭示当年中央大学王酉亭的传奇故事……

古城南京　硝烟弥漫

1937年，"七七事变"抗日战争全面爆发，"八一三"淞沪之战硝烟骤起。日本侵略军即将进逼南京，中央大学西迁进行时——

中央大学旧址（四牌楼校区）

8月4日，中央大学校长罗家伦主持校务会议，未雨绸缪，紧急部署应对战争爆发的迁校措施。①学校的图书设备开始装箱，还派出三路人马赴重庆、成都、湘鄂等地寻觅勘查校址。王酉亭被指定参加中大西迁建校前期工作，并赴重庆沙坪坝为畜牧场选址，拟为11月开学奠定基础。

8月14日，日军轰炸机开始连续袭击国民政府所在地南京。8月15日，校长罗家伦在中大礼堂语气沉重地向全校师生作动员："现在全面抗战已经爆发，这场中日战争是关系中华民族生死存亡的一场大战。此仗不打则已，一旦打起来就不是三年五年、十年八年能够结束的。我们这一代人打不完这一仗，下一代人还要打下去，一直打到日军被驱逐出我国国土、收复失地为止。"②9月22日敌机百架轰炸南京，中央大学第三次遭遇破坏，数位校工被炸身亡，损失惨重。9月23日校长办公室搬至丁家桥农学院，日军飞机空袭威胁推动了立即迁校工作的运行。③同日，国民政府教育部正式颁令准予中大迁校。④

10月，中央大学发布迁校公告并组织全校西迁工作。下旬，中央大学图书仪器全部搬运一空,农、工、文、理、法、医、教育7个学院的学生、教职员工连同家属共4 000多人,开始分批乘船向重庆撤离。用罗家伦的话:"浩浩荡荡的西上,于不知不觉中,竟做了国府为主持长期抗战而奠定陪都的前驱。"

11月中旬上海失守,战火向南京继续蔓延。11月20日,国民政府正式宣布迁都重庆。⑤12月4日,日军逼近南京郊区,枪炮声日夜响彻不停,南京城已是一片混乱……

一张船票　意外决定

初冬的南京,寒风凛冽、树木凋零。天空阴霾密布,烽火硝烟骤起。长江边的首都电厂烟囱,吞吐着滚滚浓烟;下关火车站不时传来的列车轰鸣,与江面轮船的低沉汽笛竞相呼应。无论是火车站的月台、出口广场,还是从挹江门到热河路、大马路到江边中山码头,到处都是从上海及苏南各地撤退的士兵,奔跑着拥挤不堪的逃难人群。街头商铺的倒闭关门,沿途摊贩、报童的叫卖声,汽车、马车的喧嚣声,治安军警宪兵的斥责声,失散人群的哭喊声……痛苦呻吟与激愤抱怨,构成了国都沦陷前的凄凉画面。

运送中央大学西迁人员物资的民生轮

12月5日,刺耳的日军敌机轰炸声刚过,年轻的中大教师、畜牧场场长王西亭迅疾骑上脚踏车,从丁家桥农学院畜牧场大门直奔中山码头。此时,他的妻子夏淑哲正怀抱婴儿,由送行学生帮助提箱并携带着两个女儿,焦急等候在三号码头铁栅栏门前。此刻,停泊江心的轮船就要开往重庆,将运送中央大学的最后一批西迁队伍。肩扛手提行李、哄哄嚷嚷的人们,陆续在码头船坞凭票蜂拥乘坐小船,摆渡到江中心再登上客轮。眼下,满载教工家属及学校物资的"民生轮"拉响汽笛即将起航,心急如焚的爱妻携子还在翘首以盼:王酉亭你在哪里?

穿过混乱的街道车辆人群、密布的军警岗亭和构筑工事,王酉亭飞速蹬车,从中山北路、挹江门、首都电厂来到三号码头。当他与妻子凝神注目、激情相拥时,已是衣衫浸湿、气喘吁吁。学生王良、赵海泉准备依依送别,而他们的老师上船前却对妻子满怀歉意地说:"我来迟了,学校有太多的事情需要处理。今天,我却不能和你们去重庆了……"。出乎意料的言语,让妻子夏淑哲顿时难以理解:"日本人就要打进来,中央大学都全部撤退了,我们全家赶快上船去重庆吧。你还想干什么?"这时,眉头紧锁的王酉亭掏出船票,斩钉截铁地说:"学校畜牧场还有30多人,还有一千头牛羊猪马怎么办?留给日本鬼子怎么行?我发誓要把它们带出南京城!"王酉亭双手抱起四岁和二岁的女儿,亲吻熟睡的八个月男婴面颊,强忍眼中泪水,将家中带来的珍贵结婚照镜框交给妻子。"别为我担心,你就带好孩子先走,一切多加保重!畜牧场人马会尽快离开南京,我们还会在重庆见面的!"王酉亭摘下眼镜,擦去眼角泪花,细语抚慰声声叮嘱:"赶快上船吧!"

(王酉亭夫妇1932年在南京中央饭店拍摄的结婚照)

望着远去的轮船,前来送行的两位学生慕然起敬,紧紧握住身边老师王酉亭的双手。此时无语胜有声,人非草木,焉能无情?眼前即将开往重庆的轮船,可以称为战乱期间的"诺亚方舟"。此时尽快乘船过江,已经成为南京沦陷前逃难者的绝望求生之路，真可谓千金难买、一票难求。放弃船票，舍弃家小，这一片抗日爱国襟怀，岂不令人费解感慨？

临危赴命　责任担当

男儿有泪不轻弹，王酉亭岂肯离别妻女？他心中难以割舍的，却是对国家教育事业的一片深情！在农耕社会的旧中国，全亚洲首屈一指、全国高校中院系最多、规模最大的中央大学，唯独农学院的学生数量、师资人才、教学科研、设备配置及畜牧家禽优良品种均属前列。每一位中大人，无不引以为豪。如今战事迫在眉睫，中央大学各院系图书设备均已搬迁完毕，唯有从铁心桥中大牧场、成贤牧场聚集到丁家桥的农学院畜牧场及操场的这一大群牲畜无法随校西迁，怎么办？一个月前，担任教学工作的濮成德场长，已经携带家眷到达重庆新校址。现任畜牧兽医及管理工作、留守南京的王酉亭场长心急如焚，倍感压力责任重大。此时，校长罗家伦最后一次来到农学院畜牧场，集中职工宣布遣散，并与场长王酉亭等人落泪话别。他再三叮嘱："敌人逼近首都，这些余下的牲畜，你可迁则迁，不可迁也只能送人放弃，我们也不会怪你。拜托拜托！""你处理好牧场工作后，赶快去重庆吧！"随后与王酉亭紧紧握手："家伦就此告别，各位同仁，为国珍重！"说完这些话罗家伦哽咽了。⑥

当晚，王酉亭召集畜牧场的留守职工聚会。群情激奋，众人商议：中央大学畜牧场从外国高价引进并饲养多年的牲畜家禽——美国加州牛、荷兰牛、澳洲马、英国约克夏猪、美国火鸡等品种，是教学科研和畜禽改良的稀缺品种和宝贵财产，必须"不惜一切代价，绝不流失丢弃。把没能迁移的动物护送到重庆，送到我们的中央大学。绝不留给敌人，成为日本鬼子的盘中餐！"

然而南京和重庆之间远隔万水千山，现在又是炮火纷飞的战争时期，如何将这1 000多只动物安全转移呢？36岁的场长王酉亭临危受命、勇担重任，掷地有声。他果断决策指挥，立即动手赶制板条木笼，分别筹集资金、医药和粮草物质，做好动物西迁的具体准备工作。

西迁临行前，王酉亭最后将仅存的2台德国造精密显微镜装箱，托付给自己最喜爱的学生王良、赵海泉,并语重心长地说:"你们即将返乡,等处理好家事后,可携带这两件仪器到重庆来找我。就凭这贵重物件,学校会欢迎返校的。"(其后,王酉亭的这两位学生参加了共产党领导的抗日队伍,解放后分别担任最高人民法院审判庭长、农业部畜牧司长,还多次来南京探望老师。)

兵临城下,南京城到处都是四散逃亡的老百姓。此时此刻,没有什么比生命更为重要。保住身家性命已成战火中人们的唯一愿望,难道会有人为了牛马猪羊鸡鸭鹅,将自己置于灾难险境吗?

壮士断腕 挥泪渡江

12月9日,南京已成围城之势,情形更加危险。东南西边都被日军包围,天上敌机轮番轰炸,地面枪炮声昼夜不断,唯有长江北岸日军尚未到达。

当天中午,日本上海派遣军司令松井石根下令派多架飞机向南京城内空投劝降书。日军下午停止攻城,勒令守城部队卫戍司令长官唐生智率军投降并交出南京城。

此刻敌机轰炸、枪炮声暂时停息,南京城内的片刻寂静,让王酉亭敏锐地察觉到一线生机:刻不容缓,今晚必须出行!

停泊在南京秦淮河入江口~三汊河的木船

在此千钧一发之际,王酉亭立即带人赶到南京城西北的三汊河江边,高价雇用四条大木船悄然驶至下关。

一声紧急令,当晚畜牧场除少数职工解散回家外,其他人员全部出动。在场长王西亭的安排指挥下,大家迅速将畜牧场的鸡鸭鹅兔等小动物装箱进笼,并置于牛马背上驮运,猪、羊等家畜则驱赶随行,离开了三牌楼中央大学农学院实习牧场。一路上,王西亭出示中央大学证件与军警岗哨耐心交涉,启程的"动物大军"才顺利走出挹江门,随即赶到下关三汊河江边。

10日凌晨一时,大家协同将全部牲畜家禽分批运送上船。星夜寒风中,长江破浪往返多趟,拂晓时分才全部到达浦口北岸。这场黎明前的行动初战告捷,16名勇士义无反顾挥泪告别家乡,马不停蹄地沿着浦镇至合肥的公路急速前行。⑦

12月13日南京沦陷,侵华日军占领中华门

3天后的12月13日,古城南京沦陷。惨绝人寰的血腥大屠杀已经开始,来不及撤离的数十万军民经历了人类历史上最黑暗的劫难时光——南京大屠杀。重任在肩的王西亭,毅然率领动物大军日夜兼程,行进在远离南京百十里的路上……

重任在肩　情景难忘

1937年12月—1938年11月,一幕悲壮的西征进行曲。

这是一场抗战岁月中的另类长征——

国难当头,匹夫有责。曾经担任苏北睢宁县、涟水县建设局长,当年为治理淮河、走遍苏皖豫地区的工作经历，为王西亭制定西征路线、规避战乱凶险提供了难得的便利。

王西亭身背双筒猎枪，手推自行车，时而在队伍最前方引导，时而尾随队伍督促赶路。前有壮士"导航"，牛马开道，猪羊等"后续"。队伍行进时，两侧各随"警卫"多人，以防动物中有越轨行为或相互撕咬；后有押队三、四人，并兼收容掉队者。众人齐心协力，牵着牲畜，吆喝牛羊，昼行夜宿，艰难前进……

动物西迁路线图

为早日远离战场，王西亭命令全队人员昼夜兼程前进，不得有片刻耽误。经过江浦、全椒，12月底就过了合肥，往六安、信阳大别山方向进发，利用地形躲避日军。

然而，长达四百米的动物大军就像沙漠中的骆驼队伍一样，行进速度非常缓慢。百余头牛马背驮装有鸡鸭鹅兔的木笼，几百头猪、羊随后，每天仅能走一、二十里路，有时候走一两天还要歇几天为动物筹备粮草。路途中的最大难题，就是这一千多头牲畜每天近千斤的粮草问题，必须花费很多时间寻找、采购动物饲料。如加州牛、荷兰牛、澳洲马等，在和平环境下有专人配制饲料。但战时赶路缺乏条件，王西亭和职工们只有想方设法，一路沿途割草和向农家购买饲料、粮食。还要粗细合理搭配，精心饲喂这些动物。牲畜得了病，他们就用带出来的有限医药，并就地采摘草药进行诊治。天黑前，必须先围圈安顿并喂养好动物。等大家忙碌吃饭后，自己才能席地而睡。夜间，还必须轮流值班守护，给牛马饮水、喂食夜草……

为了日夜赶路尽快摆脱日军的追剿，王酉亭只好雇用沿途农民的板车、毛驴车，拉着走得慢的动物加速西进。

这支"动物大军"西征远行的前期经费，全部来自王酉亭变卖家产及学校发的有限遣散费（2个月薪水）。他带领这支16人队伍、一千头牲畜，一年的严寒酷暑、一路的风餐露宿，所迈出的艰难举步，难以忍受的痛苦和压力！

路途中获悉首都沦陷、日军屠城噩耗，难言无限悲愤。王酉亭一路关心抗战形势，一路鼓舞爱国壮士热情："没有国哪有家，坚决不做亡国奴！"合肥等地陆续失守，战况日益严峻。离乡别井了无音讯，王酉亭深感压力倍增。长途跋涉困难艰辛，肩头责任重于泰山！唯有早起晚睡，吃苦耐劳，方能以情感人，带领大家艰苦同行。

天气逐渐寒冷，裹着风霜雨雪，"动物大军"终于在1938年11月春节前赶到豫皖两省交界的大别山北麓，暂时到达相对安全的六安地区叶家集。⑧战乱时期，物资奇缺，价格昂贵。除了保障动物饲料外，人则以不倒下为原则。粗茶淡饭、吃糠咽菜，勒紧裤带，所带费用也快耗尽。此时正值隆冬，天寒地冻人困马乏，动物断料人已断粮，饥寒交迫步履维艰，继续前行是不可能的了。

暴风雪中，王酉亭踏着积雪找到叶家集邮电所，随即致电重庆中央大学本部。他告知所有动物已经带出南京，现正奔往重庆方向，但给养费用确实困难。意外接到电报的校长罗家伦惊喜交集，他无论如何也不会想到，在南京沦陷前的险恶境遇中，这些珍贵畜禽还有望突破重围，立即安排急电汇款至叶家集邮局转交。⑨

给养费用的补充，为冰天雪地中的"动物大军"增添了克服困难、西征前行的信念希望。

艰辛险恶　智勇过关

王酉亭生前曾经对子女讲述过西征途中的多个故事——

一本地图、电筒和自行车、医药箱和双筒猎枪；一份中大证件、一路联络交涉；遭遇土匪抢劫，勇敢拼命搏斗，幸得国军相救；杀猪送奶慰问抗日队伍，手术护理军队伤病员；赢取战区行进路条，补充队伍给养；日军烧毁村庄，敌机炸毁桥梁；沿途的逃难人群、散兵游勇和游击武装；同甘共苦的涟水老乡吴谦、曹占亭、袁文明和其他职工；群策群力，斗智斗勇，一次又一次化险为夷……

战时兵荒马乱，大批难民也沿着这条公路西撤。前方既有军队撤退后方，也有大部队开往前线。一时间，狭窄道路成了人来车往的混乱通道。路途中躲避战祸的人们瞠目结舌，他们从没见过这支浩浩荡荡、长达数百米壮观的"动物大军"。沿途朴实的农民闻讯前来围观，人们难以明白：这些人赶着大群牛羊牲畜要去何方？

少数由前线溃散西撤的国军和散兵游勇，以劳苦功高自居的队伍见到这批西撤"大军"，竟然顺手牵羊，动手抓走鸡、鸭、鹅来犒赏自己，让人无可奈何；路途中多次险遇横行霸道、拦路抢劫的土匪。必须冒着生命危险，一路巧妙周旋、涉险过关。

一声枪响，划破黄昏前小村镇的寂静。刚刚安顿好队伍和牲畜群，王酉亭骑车外出采购粮草，突然被躲在暗处的土匪一把抓住衣领。土匪面露凶色，手中挥舞枪支，威逼王酉亭马上交出背包钱物。背包内有地图证件和西征经费，钱物岂容抢夺？性命攸关也无所畏惧！身高1米8的王酉亭赤手空拳，勇敢与土匪进行殊死搏斗，并将其一拳打翻，顺势抓住其持枪的右手。岂料土匪贼胆心虚，战战兢兢地开枪，王酉亭的眼镜竟被打落在地。

在此危险时刻，一支国军队伍闻声赶到，立刻持枪包围现场。王酉亭拂去衣服上的尘土，扶起倒伏的自行车，镇定自若地出示中央大学证件，陈述事实真相，要求严惩凶手。土匪却反咬一口，诬陷王酉亭抢劫自己的东西。国军团长察言观色，严词审问土匪："既然说王先生抢你的东西，你能说出背包里有何物品吗？"土匪明知理亏，顿时跪地求饶，劣根性充分显现。国军团长愤然怒斥土匪："国难期间竟然为非作歹，行凶抢劫，破坏抗战，罪不可赦！来人！将歹徒推出枪毙！"只听"砰砰"两声枪响，士兵随即报告执行完毕。

最后,国军团长详细询问了"动物大军"的西征遭遇。听完一番叙述,这位团长马上向王酉亭立正敬礼:"中央大学真了不起!今天有幸见到王先生,还望后会有期!这次您受惊了,一路前行请多小心!"……

深夜出诊　救死扶伤

经过数月紧张奔波的"动物大军",已经人困马乏,更有不少畜禽染疾患病。王酉亭急电重庆中央大学请示,得到回复要他们暂停行军,寻觅安全地带休整过冬。⑩于是,他们找到僻静山村驻扎休整,等待春暖花开时再继续西进。因为天寒地冻,点燃篝火取暖,但还是有些兔子和小动物被冻死了。意外可喜的是,在山村休整期间又陆续诞生了一些幼畜。王酉亭破冰担水、寒夜挑灯为两只牛犊接生,为大家带来了新的希望……

月夜中的乡村,万籁俱静。疲惫不堪的壮士们倒地酣睡,王酉亭正手持双筒猎枪,警觉地观察牲畜家禽的动静,提防着饿狼野兽的侵袭。深夜时分,一阵阵犬吠声和急促的脚步声惊醒了大家。只见几名持枪士兵跟随一位举着火把的村民奔到眼前,气喘吁吁地说:"王先生,你们这儿有没有懂医的?我们长官有请!有十多位兄弟负伤了,有劳您去帮忙!"虽然王酉亭所学专业是兽医,但情况危急救人如救火!忘却昨天的困乏疲劳,他用冷水洗脸提神,立即背上医药箱,和同乡吴谦跟随士兵向部队宿营地跑去。

进入安置伤病员的乡村祠堂,映入眼帘的是满地横七竖八的伤病员。有睡在担架上的,有睡在门板上的,还有躺在地面稻草上的。月光映照着士兵的惨白面孔,流淌的鲜血浸透了军装,疼痛的呻吟声在祠堂内回响……看到这些从徐州会战前线撤退的官兵的伤痛惨状,王酉亭只有强忍悲愤,救死扶伤更是责无旁贷!在同乡吴谦和当地老乡的帮助下,逐个将伤病员抬上长条桌,借着马灯和手电的光亮,细心地为他们检查消毒,小心翼翼取出子弹弹片,认真进行手术清创,最后完成绷带包扎。当清晨的缕缕阳光透进祠堂天井时,王酉亭才端起士兵送来的米汤一饮而尽……

回到"动物大军"休整地,王酉亭沉思片刻,即与众人商议:"军队打鬼子为国尽忠，我们为学校忍辱负重，有苦同担，共赴国难！"权衡再三，他们动手宰杀了几头猪羊几只鸡鸭，并挤出牛羊鲜奶去慰问这些军队伤病员。这一片片深情，感动了远在他乡的官兵伤病员。嚎啕大哭声，热泪流淌时，使每一位有血性的中国人都血脉喷张情绪沸腾！

当天晚上，部队长官亲自来到"动物大军"休整地，向王西亭先生和壮士们敬礼致谢，并主动为他们提供了特别需要的一份"战区通行证"。

敌机突袭　艰难前行

当1938年3月的春天来到大别山北麓时，养精蓄锐的"动物大军"继续启程。4—5月徐州会战前后，他们已过了河南商城，6月中旬到达潢川附近。王西亭本想此时率队翻越大别山，南下直趋武汉。但当地人执意劝阻，告知山区野狼成群，恐一旦攻击实难抵御，所以他放弃这一计划，仍循公路向信阳西进。

此时梅雨季节来临，整日淫雨霏霏，道路泥泞难走。一阵瓢泼大雨无处躲避，将这支队伍浇成了落汤鸡。头顶的烈火骄阳，又将人们烧烤得口干舌燥。公路上昼夜奔驰着徐州失守的西撤军队，蜂拥而至的各路难民，拥挤不堪的马车、牛车和汽车、辎重军车，四百米长的"动物大军"更是行动缓慢，举步维艰……

突然间，天空中响起阵阵刺耳的轰鸣声，一群日军轰炸机低空俯冲袭击而来。随着空中投掷抛下的颗颗炸弹，即刻落地爆炸的气浪硝烟，公路上的军队、难民被炸得惊慌奔跑、血肉横飞。敌机肆掠，天降横祸，顷刻间狼藉一片，哀鸿遍野。公路上遍布斑斑血迹的尸体、浓烟燃烧的树木车辆、散落的包袱物品。喊叫声、哭泣声，到处是一片血腥与恐怖，空气中弥漫着浓烈的火药与焦糊味……

"动物大军"中的牲畜惊恐万状，四处逃散时也被炸死许多。看见倒在血泊中的马牛羊、死去的鸡鸭鹅兔，王西亭心如刀绞，痛苦万分。想到从南京到重庆已经行程过半，好不容易将这些珍贵牲畜带到这里，竟遭如此血腥涂炭厄运，他禁不住流下行行热泪。

硝烟散尽，血色残阳。日军袭击将随时而来，面对征途凶险怎么办？

"动物大军"的 15 名壮士，将眼光投向领头人王西亭身上。咬咬牙擦干眼泪，王西亭大喊一声："保护动物，赶快上路！"随即指挥大家集中驱赶剩余牲畜，清点伤残损失数量，最后整理队伍行装。

面对如此残酷的现状，王西亭决定改变行军路线。宁愿多吃苦爬高山、赤脚走崎岖乡间小道，也要保护好这些珍贵牲畜！看看跟随自己同甘共苦的乡亲弟兄，那历经风霜的黧黑皮肤到处皲裂，双双布鞋均已磨破脚底，满身泥土的破衣烂裳，对得起他们的父母家人吗？困难与死亡、焦虑与失望，血雨腥风吹拂起王西亭的长发，使他额头上又增添了些许皱纹……

8 月中旬，这支吃尽千辛万苦的"动物大军"才到达距离河南信阳 38 公里、东西方与大别山脉、桐柏山脉为邻的鸡公山。这块被称为"青分豫楚、气压嵩衡"，雄居中原南部豫楚要冲之地，层峦叠嶂，沟壑纵横，山势险峻。王西亭喜出望外，原来这儿有座火车站，可由平汉铁路南下直达武汉。

如何与学校联系？当地人告知可登鸡公山顶的邮电所打电报。

炎热酷暑，鸡公山恰是避暑胜地。可如今抗战时局动荡，"动物大军"前行未定，谁有好心情？在安顿好留守人员和牲畜后，王西亭独自连夜徒步登山。月光映照山林，他沿登山古道继续攀登。一路无暇欣赏瀑布流泉、茂密树林和万国建筑别墅群，直到天亮时才找到山顶邮电所。面对日出霞光云海，汗流浃背的王西亭才露出笑容。

这座常年为洋人富豪服务的邮电所，第一次为国立中央大学畜牧场场长提供方便。王西亭原计划乘火车南下武汉，再由汉口乘船西上重庆。他草拟文稿再三斟酌，将电报发到重庆中央大学本部。焦急等待四小时后，终于接到罗家伦校长亲自回电，告知日军已经逼进武汉、军民正在紧急疏散，指示他们必须尽快绕过武汉战区，越平汉线向西行进。看来，乘火车由信阳奔往武汉是完全不可能了。[⑪]

1938 年 10 月 25 日，武汉沦陷。王西亭带领的队伍日夜兼程，由信阳穿过平汉铁路，取道桐柏山南麓，转湖北中部，继续在云梦泽地带和武当山区行进。层峦叠嶂，道路崎岖，披荆斩棘。驱赶牲畜，前后照应，步履

武汉沦陷

维艰。风餐露宿、蚊虫叮咬、忍饥挨饿，经历着常人难以想象的各种艰辛。想吃顿饱饭、睡个好觉、洗个热水澡，真是他们的一种奢望啊！

路途中他们亲眼所见：桥梁已被炸毁，村庄燃起大火，前方道路又被日军占领，这些更激起大家的抗日义愤。危险时王酉亭急中生智，带领"动物大军"从乡间小路、茅草树林中曲折绕行。冒着日寇轰炸的炮火，他们多次突破封锁线，在追剿险境中艰难前进⋯⋯

雨后斜阳映照着大片武当山区，疲惫的"动物大军"在一处山坡草地上短暂休息。王酉亭抬头仰望蓝天漂浮的白云，低头俯瞰农家村舍间的缕缕炊烟，难得享受这片山区的宁静。看着自由奔跑的马牛羊群、寻觅逐食的鸡鸭鹅兔，呼吸着沁人脾肺的新鲜空气，此刻，他多么期望拥有一片绿色和平的田园美景啊！

宜昌撤退　逆流西进

1938年11月上旬，这支坚韧不拔的"动物大军"长途跋涉，耗时近一年方抵达湖北宜昌。当他们进入素有"川鄂咽喉"之称、历代兵家必争之地时，却为眼前的一片混乱局面所震惊——

一座只有10万人口的宜昌古城，已被滚滚而来的难民和源源不断运来的战时物资所挤满。城里的大街小巷、狭窄马路水泄不通，旅店客栈和学校店铺，到处可见露宿街头、栖身屋檐的难民。"动物大军"根本无法进入城区，只能暂停城外歇息。

当一年前国民政府开始西迁时，西南地区即成为战时大后方。进出四川的黄金水道长江上游，已成为抗战时期最重要、最便捷的运输生命线。为保存持久抗战实力，蜂拥而来的人流、物流从华东、华中、华北及日军未占领地区抵达四川，大批的党政机关、科研院校、国家文物，大量的军队武器、物资设备、工厂都拆迁转移到宜昌，再中转至以重庆为中心的大后方。

10月25日武汉沦陷后，距此仅300公里的宜昌，先后滞留了数十万人员和百万吨重要物资，更成为这股撤退浪潮的顶峰聚集地。此时，占领武汉的日军不断向西推进，飞机日夜轮番轰炸宜昌，力图切断国民政府生命线。数艘"民生轮"沉没、近百船员牺牲，造成物资损毁、民众伤亡、航运中断的惨烈局面。位于抗战最前线的"宜昌大撤退"，被称为中国抗战史上最著名的"敦刻尔克"。而张自忠将军所率第33集团军正在汉水防线，凭险死守石牌阻击日军。几十万出川增援军队，急待通过长江航线奔赴抗日前线。正是民生轮船公司的顽强运转，成为战时保障水运线的唯一希望。

当王西亭一路询问，急切地沿着通惠路赶到轮船码头时，眼前的景象确实让他惊呆了。只见码头售票窗口前，购票人群挤成里三层外三层，根本买不到一张船票。武装押运货物的军官气势汹汹，甚至掏枪威胁强行登船。堆积如山的货物，拥挤不堪的人群，喧闹躁杂的环境，运输秩序的阻塞，怎么办？

推开沿街叫卖的摊贩，躲避来往的疾驰车辆，王酉亭大步流星地赶到民生轮船公司怀远路办公楼前，看到楼上楼下都是焦急盼望货物登船的人，现场秩序相当混乱。王酉亭立即通告门岗，再三求见总经理卢作孚。此时天色渐晚，饥肠咕噜的王酉亭更是眉头紧锁，来回踏步，苦思良策，焦虑万分。

当房门意外打开时，他与瘦弱的卢作孚先生目光瞬间交汇，一种预感油然而生。面对这位著名爱国实业家、民生轮船公司总经理、时任国民政府交通部常务次长的卢作孚，王酉亭出示了中央大学证件和"战区通行证"，鼓足勇气将"动物大军"急待求援的缘由和盘端出。卢作孚打开窗户，只听近处传来高昂激烈的码头搬运吆喝声，远方峡江两岸的拉纤号声亦在低沉回荡。他手指长江岸边景象说："王先生你看，这遍街都是逃难民众，遍地皆是物资器材，人心一片恐慌，情形如此混乱！数百万吨囤积货物急需搬运，数十万名军民期盼登船，每天还不断遭到鬼子飞机轰炸袭击。即将进入12月的长江枯水期，我们怎么办？"卢作孚沉思片刻，摇头长叹："滔滔长江长又短，分段运输运力不足，即使昼夜兼程也是难上难。王先生，我确实爱莫能助啊！"

第二天清晨，王酉亭继续来到公司办公室，却见门前早有几位国军将领吵吵嚷嚷要见卢作孚。当眼睛布满血丝的卢作孚开门引进后，其中一位军官大拍桌子，高声喊道："我们这些从武汉打鬼子撤退的部队，在前线流血牺牲。剩下这一千多弟兄，大几百伤病员，你为什么不同意派船让我们去重庆？"通宵达旦辛苦忙碌、声音已经沙哑的卢作孚双手作揖："长官息怒！你看这小小宜昌城，码头堆放百万吨军工设备、国家财产，都是重庆急需的抗战物资，没有船运输怎么去大后方？""眼前这许多难民、军队官兵，只要能跑能动，还是请想办法自己动身吧！长官请您多体谅，容

民生轮船公司总经理、时任国民政府交通部常务次长的卢作孚

我再考虑安排。今天我可以答应伤病员尽快安排登船，但其他弟兄只好有劳辛苦啦！"军官们面面相觑，无言以答。领头的将领将手一挥："就这样吧！"送走国军军官们后，卢作孚面有难色地对王酉亭摊开双手，痛苦无奈地说："僧多粥少就是缺船，老天爷也帮不了忙啊！"

第三天清晨，王酉亭又早早来到民生轮船公司。当表情惊讶的卢作孚再次见到王酉亭时，首先对前两次回绝之事表示歉意。当两人落座饮茶时，话题一转，却谈起去年民生轮船公司资助中央大学西迁之事。卢作孚说道："中央大学为国家培养栋梁人才，罗家伦校长是我最敬佩的学者！抗战救国，教育人才不可不为重啊！"王酉亭回答："国家最缺人才，如同种粮需要好种子。我们拼死拼活从南京带出来的这批洋牲口，也是国家最需要的优秀良种啊！"

听闻王酉亭放弃船票、离别家眷、毅然率领"动物大军"长途跋涉的艰难经历，卢作孚深对其抗日气节和爱国爱校举动感慨："王先生，人不做亡国奴，动物也不做亡国奴！可敬可佩！"当场吩咐秘书记录安排，同意在战时运输的紧急时刻，无偿提供船只、挤出舱位运输动物到重庆。"好，承蒙卢先生慷慨之举，愚弟就代表罗校长拜谢啦！"前两天的婉言谢绝，转变为今日的欣然允诺，真是一个意外惊喜！饮一杯清茶代酒交友，相拥时难忘话别握手……

几天后，在卢作孚的亲自安排下，王酉亭一行终于从宜昌顺利登上轮船。这支"动物大军"溯江而上，进入航道狭窄弯曲、滩多浪急、险象丛生的三峡，途经秭归、巴东、奉节、万州、涪陵，最后安全抵达重庆朝天门码头。

山城重庆　聚首欢庆

1938年11月下旬，山城重庆。

国立中央大学校长罗家伦在晚年回忆录《逝者如斯集》中写下了与"动物大军"在重庆化龙桥附近见面的难忘场面——

"在第二年（1938年）深秋，我由沙坪坝进城，已经黄昏了。司机告诉我说，前面来了一群牛，像是中央大学的，因为他认识赶牛的人。我急忙叫他停车,一看果然是的。这些牲口经长途跋涉,已经是风尘仆仆了。前面赶牛的王酉亭先生和三个技工,更是须发蓬松,好像苏武牧羊塞外归来一般。我的感情振动得不可言状,看见了这些从南京赶来的牛羊,就像看到久别重逢的老朋友一样。我几乎要向前去和它们拥抱。当我和这些南京的'故人'异地重逢时,心中一面喜悦,一面也引起了国难家仇的无限愤慨;我眼中的泪水也不禁夺眶而出了。"⑫

当时,中央大学及附中、附小师生和家属近万人闻讯,全部从教室和家属区里拥出来,排成两行队列热烈鼓掌。校长罗家伦亲自带队,就像欢迎这些历经千辛万苦、从前线出征回来的英雄将士一样。校长罗家伦对王酉亭激动地说:"酉亭兄,你们是中央大学的功臣啊!"罗家伦与王酉亭激动地相拥而泣。

此情此景,盛况空前。当年1米8身高、英俊强健的王酉亭虽然衣衫褴褛、疲惫不堪,依然精神矍铄地率队抵达沙坪坝畜牧场。此时家人校友久别重逢,却禁不住热泪盈眶……

对此,南开大学校长张伯苓无限感慨:"抗战时期的两个大学有两个鸡犬不留——南开大学鸡犬不留,是被日本人的飞机投弹全炸死了;而中央大学鸡犬不留,全部都搬到重庆了。"⑬

国立中央大学重庆沙坪坝旧址

一时间,历经苏皖豫鄂川五省、远征四千里的"动物大军",中央大学"鸡犬不留"的故事迅速传遍山城,在当地军民和逃难民众中引起了强烈震动——"中国不会亡,民族要自强!"王酉亭先生也成为中央大学师生十分敬重的人物,被誉为"中大的有功之臣""中大最光辉的名字"!可见,抗日爱国、无私奉献的责任担当,勤奋敬业、畜牧兽医的高超技艺,以身作则、吃苦耐劳的淳朴品质,正是王酉亭在坎坷征程中被大家拥戴尊敬、坦诚宽厚的人格魅力。

在谈及"动物大军"的长征故事时,校长罗家伦激动地说:"中兴业,须人杰,至诚至真,止于至善,是我中央大学之精神。在日寇的轰炸中,中国大学没有溃败,灾难深重的中华儿女,在抗战中涌现出无数可歌可泣的悲壮故事。成贤畜牧场牲畜家禽西迁,当是其中之一!"

在国立中央大学的大会上,罗家伦发表激情演讲:"唯有诚朴者方能成就伟大的事业,'诚、朴、雄、伟'是吾校校风的四字方针。你们在敌人的大轰炸、大屠杀的追逼之下,用你们诚朴机敏的行动,将牲畜家禽从敌人的魔爪下抢救出来,辗转千里,历经千辛万苦,来到重庆,以汉代苏武牧羊的榜样,实践了中央大学的精神!"

学者风范的罗家伦校长还激情赋诗一首——

"紫金郁秀大江横,一片弦歌沸石城。
敷教岂曾拘六艺,制天穷理济生民。
嘉陵江上开新局,劫火频摧气益遒。
更喜牛羊明顺逆,也甘游牧到渝州。"[14]

"高山仰止,景行行止"。

当年的国立中央大学,是抗战时期迁徙最迅速、最完整的高等院校,保存学术实力、延续文化命脉、培养急需人才、开拓内陆空间,为中国教育的重建发展积蓄了基础。这一举措,凝聚鼓舞了知识分子的"抗战精神",增强了全民族长期抗战的坚强意志,并载入中国抗战时期的教育史册。

四千里路霜晨月,战乱逆境西征行。当年,这支"动物大军"炮火中艰难长征的悲壮故事,再次诠释了"诚朴雄伟"的中大精神,演绎出浴火重生、弦歌不辍、团结胜利的英雄组曲。

天下兴亡、匹夫有责的爱国情怀,百折不饶、坚忍不拔的必胜信念,构筑起伟大的抗战精神,将永远感动、激励和教育着我们……

(黄志毅撰稿于2015年8月,先后发表于《东方文化周刊》、《江苏文史研究》、凤凰网等媒体平台,修改完成于2022年3月)

黄志毅(江苏省广播电视总台编辑记者、高级美术师。中国电视艺术家协会会员,中国美术家协会会员,江苏省新闻美术家协会副会长)

文心未泯　国魂不灭
——抗战烽火里的中大师生

刘云虹　郭淑文

战争,无论之于国家、民族,还是之于广大的普通民众,都意味着太多的磨难与伤痛,尤其历时八年的全面抗日战争,更在中华民族的历史上留下了深刻的烙印。幸运的是,在那个炮火纷飞的岁月里,曾有无数的革命先烈前赴后继,为了民族、国家抛洒热血,谱写出了一部恢宏壮丽的英雄史诗。先烈的故事被讴歌赞颂、口耳相传,于抗战中付诸努力的普通民众,则常被简写为一个集合名词,暗藏于历史的细枝末梢之间。当我们从尘封的故纸堆中重新翻检,从身边老人的记忆中细细追寻,历史的面貌有了更为生动鲜活的展现。在那些风雨如磐的日子中,中国的最高学府中央大学曾有着这样一群简朴诚挚的师生,他们坚信"文心未泯,国魂不灭",用自己的一言一行、一举一动,诠释着中华民族精神的核心内涵。

运筹西迁,续存文脉

中央大学在民国高校中院系最多、学科最全、规模最大,可谓当之无愧的最高学府。1937年7月7日,卢沟桥腾起的硝烟打破了中大"玫瑰色的大学之梦",本应运往蓝图石子岗校址的数千个大木箱,不得不跋涉转往数千里之遥的山城重庆。

中央大学的西迁有条不紊、极为彻底,最大限度地保留了国立大学应有之实,是战时高校内迁的成功典范。在西南的八年中,中央大学得到了长足的发展,于战后一跃而为亚洲第一学府,居于世界大学前列,很大程度上归功于内迁的成功。

内迁奇迹之所以可能，有赖于校长罗家伦的准确决策、高效干练的筹措谋划，以及师生员工高度负责的辛勤奔波。在罗家伦的领导下，马洗繁、吴干、王书林、蔡翘等四处寻觅校址，落实迁校事宜。几经奔波，最终决议将中大本部迁往重庆，医学院迁往成都。原素欣和戴居正立刻前往重庆，协助马洗繁主持沙坪坝校舍建设。

筹建校舍的同时，迁校也在积极进行之中。马、吴二人积极接洽民生公司总经理卢作孚，商议装运事宜，民生公司将运送军队所余运能尽付提供中央大学，还根据所需临时改造了轮船底层。10月，在各系主任的组织带领下，一千九百余箱图书仪器、四千余名中大师生及员工家属先后运抵重庆。

11月初，除医学院另迁成都外，其他文、理、法、农、工、教育六个学院四十多个系科，千余名由宁迁渝的莘莘学子于沙坪坝再续弦歌。抗战内迁的高校里，以中央大学迁校"筹划最周密，速度最快，保存最完整"，在嘉陵江边"自成小小格局"，存续了中华文脉，可谓弦歌不辍。内迁后，中央大学开始着力于重建教学与研究体系，稳定校园正常秩序，并极大地调动了师生抗战精神，迎来了中大发展壮大的新高潮。

抗日救亡、关心国事

"大学者，非谓有大楼之谓也，有大师之谓也"，中央大学的辉煌，不仅仅在优雅的广厦重楼，更在其"灵魂"——勇毅博学的可敬师长。他们忧国忧民，于平凡处为非凡之事，将一腔热血交付于国家民族，交付于正义真理。

1937年日寇全面侵华，中央大学西迁重庆，王伯沆因患中风未能随校迁移，生活陷入困境，唯有变卖藏书维持生计。当得知书商系汉奸陈群，王伯沆大为震怒，坚决不卖，并将已卖出的书退款收回。南京大屠杀期间，王伯沆与夫人退居难民区，面临闯入的日军凛然自持、毫不示弱，以一身忠贞傲骨，坚守着伟大的民族气节。

舆论宣传是鼓舞人心、宣传日本侵略暴行的重要工具。1937年10月，前中大文学院院长梅光迪发表《言论界之新使命》一文，呼吁言论界阐扬我国历史上奋力反抗外来侵略之斗争传统,恢复民族自信力,团结起来,以实现抗战之胜利。11月,他又著《斥伪教育》,痛斥天津日伪组织推行奴化教育,妄图使中国民众充当日本侵略者顺民之罪恶行径。

史学系金毓黻教授则"俯仰一室,追述故乡往事"。任教中大期间,他开设东北史课程,让更多的学生了解了东北历史,并唤起中华儿女的爱国热情,激励他们收复故土。他在《东北通史·上编》的总论中,对"东北"进行了详尽解释:"今辽宁、吉林、黑龙江、热河四省……四省之地,为中国之一部,东北一词,亦即中国东北部之简称。"有力地抨击了日本史学家称东北为"满洲"之谬论。

中大艺术系还出现了一位爱国画家张书旂。1939年,国民政府特请他作《百鸽图》,作为赠送美国总统罗斯福的连任礼品。张书旂先生热爱和平,敬佩反法西斯战士。他还曾绘《云霄一羽图》赠送丘吉尔,并送给援华飞虎队队长陈纳德两幅神鹰图,盛赞其突出功绩。张书旂先生尤为崇敬爱国志士,1940年,张自忠将军在武汉保卫战壮烈牺牲,他特在重庆举行画展,募集"张自忠将军奖学金"。1941年,张书旂以外交使者身份赴美国,将画展义卖的4万美元资金源源不断地寄回国,支援抗战。

传道授业、教育救国

国难当头,罗家伦对于大学之精神有了更深的理解。早在九一八事变时,罗家伦曾向全校师生作《中央大学的使命》的演讲,提出"我们设在首都的国立大学,当然对于民族和国家应尽到特殊的责任",担负起特殊的使命,即"为中国建立有机体的民族文化"。

全面抗战期间,大学使命的意义加入了教育救国的理念,"我们抗战,是武力对武力,教育对教育,大学对大学,中央大学对着的是日本东京帝国大学"。而中大内迁的意义正是要"为国家大学教育打算,为一未完全摧毁之完整大学打算,甚至为梳理一后方技术训练机关打算"。在教育救国理念的指引下,众多中大教师致力教学、科研、推广、著述,于祖国的西南隅安放下一张张宁静的书桌,在炸弹的威胁中创造了一方学术净土。

中央大学教师爱生敬业,教学认真,一丝不苟。如理学院生物系教授陈义一人肩挑多门课程教学，所授课程内容充实，深入浅出，深受学生欢迎。水利系谢家泽教授为了保证授课，呕心沥血自编或自译教材，甚至靠抄黑板来"顶替"。

以战时支持和民生需求为选题，中大教师取得了很多利国利民的科研成果，对抗战的支撑作用十分明显。与抗战直接相关的，如胡焕庸的《国防地理》、朱炳海的《军事气象学大纲》、孟心如的《毒气与防御》和《化学战》等著作。西南独特的地理环境还为农学院的发展提供了得天独厚的研究环境，相关成果层出不穷，如刘庆云的"螟害问题"研究、邹钟琳的"小麦育种"研究、陈之常的"畜病防疫"研究。此外，还有张可治的"川西公路考察"、戈定邦的"新疆矿产考察"、耿以礼的"青海"等，这些研究对于中国的农矿生产与西部开发起了极其重要的指导作用。

力学勇毅、乐观浪漫

在中大教师的谆谆教诲和敌机隆隆的轰炸声中，中大学生展现出了力学勇毅、乐观浪漫的时代精神。

中大学生读书风气很高，颇具力学精神。据中大农业经济硕士谢森中回忆，沙坪坝中大学生有所谓四"抢"，其中两"抢"都与学习相关："一是抢图书馆的座位。中大同学晚上自修的风气很盛，几乎可以说晚上没有同学不自修的，而图书馆座位有限，每晚饭后需拿着书本到图书馆大门口排队抢座位。二是抢教室上课时前排座位。有些教授地方口音很重，或声音不高，不易听懂，故需抢前排座位，较好做笔记。"全面抗战八年就读中大的学生中，有 50 多位后来当选为中国科学院和中国工程院院士，其中任新民院士、黄纬禄院士、朱光亚院士和钱骥教授四人还是"两弹一星功勋奖章"获得者。

中大学生不仅学习刻苦，而且非常关心时事，极富勇毅精神。抗战期间，中大学生组织"抗日救亡工作团"，在"五四"大轰炸时，不顾炮火冒险前往防空隧道救火、救人。1944 年秋，日本军至贵州，形势愈加危急，中大同学忧愤难当、纷纷参军抗日，中大政治系 35 级学生邹伯饶题诗抒怀："闻说独山将被屠，横眉攘袂愤难舒。纷纷投笔从戎去，扫尽胡尘再读书。"

中大学生生活清苦，却善于苦中作乐，展现出了达然乐观的精神风貌。他们常以"顶天立地"和"空前绝后"来戏言抗战时的生活："顶天"即指下雨无伞，光头淋雨；"立地"是鞋袜洞穿，赤脚着地；"空前绝后"则为裤子前膝或后臀破洞。吃着混杂泥沙、石子、稗子、稻壳的"八宝饭"，中大学生总结出了"三多""四抢"："三多"即指臭虫多、蚊子多、打摆子多，由于长期营养不良，医疗卫生条件差，中大师生罹患疟疾、肺结核、肝炎、肠炎的比例极高；"四抢"即抢图书馆座位、上课抢前排座位、抢饭桶和洗澡房。

生活的艰难与不便并未影响到中大学生的浪漫情怀。他们纷纷组织发起歌咏团，以声势浩大的歌咏活动来鼓舞抗战必胜的信念和决心。他们高唱着《义勇军进行曲》《救亡进行曲》《大刀进行曲》，唱起《思乡曲》《长城谣》《嘉陵江山》。除国恨乡愁之外，还有对生活的热爱，那嘉陵江畔傍晚的灯光、磐溪的流水、歌乐山的彩云，以及中渡口的茶馆和面店，都在中大学生的青春中留下了斑斓多姿的油彩。数年后，已近耄耋之年的学子谢森中还依旧怀念着嘉陵江上吹来的徐徐清风。

曾经的中大往事藏匿于历史的记忆深处，那些苦难的往昔，我们不能轻易忘却，更无法视若安然。"文心未泯，国魂不灭"，是他们告诉我们，一个民族要赢得尊严有多么艰难，一个国家要换取和平是多么不易，一个学校为了中华文脉的传承付出了怎样的坚守与努力。

转眼已是全面抗战胜利七十周年，先辈洒下的血泪早已化作花草下的殷殷沃土，归于尘烟。然而，往事不当如烟，匆匆消逝。我们努力追忆，而后追念，进而追思。前路漫漫，于吾一校视之，则有世界一流大学的理想目标渴盼实现；于吾一国而言，仍有"中国梦"的历史使命等待完成。历史如镜，回视往昔的同时，更在观照未来，照亮我们的前行之路。中大人的坚定与从容、勇敢与无畏，无论何时都在心灵深处震撼着我们，赋予我们寻梦的责任与勇气，去坚定地追寻正义、真理，追寻理想与希望！

（载 2015 年 8 月 29 日第 1287 期《东南大学报》第 7 版和第 8 版）

另有渊源

东南学术　另有渊源

东南大学是一所历史悠久、人文荟萃的高等学府，具有深厚的人文历史底蕴，在我国的学术史上占有重要的地位。20世纪20年代，当时就有"北大以文史著称，东大以科学名世，然东大之文史实不逊于北大"的美誉。著名学者、北京大学中文系陈平原教授来校讲学的时候，专门讲述了梁启超先生当年在东南大学的国学讲演并欣然写下了"东南学术，另有渊源"八个字。

东南大学坐落在玄武湖畔，鸡鸣山麓的四牌楼2号。这里自古就是一方历史文化积淀深厚的"学府圣地"。

泰戈尔与徐志摩

东吴景帝在此立学官、设"五经博士"；明太祖在此诏建国子监，鸿儒云集，弟子近万名，盛况空前，堪称当

东南底蕴

时世界上规模最大的高等学府；清朝文昌书院于此兴起。另外，我国历史上著名的两部巨著《永乐大典》《昭明文选》就是在北极阁下的这片土地上编撰的。千百年来，这里学风绵延，书声不断。

东南大学的历任校长都非常重视人文学科的发展。曾在东南大学前身两江师范学堂任监督（即校长）的李瑞清本身就是晚清著名的书画家，他办学目光远大，提倡科学，提倡国学，提倡美术；国立东南大学的首任校长郭秉文追求"通才与专才平衡，人文与科学平衡"，大力发展人文学科，激扬人文精神，并定"止于至善"为东大之校训；后来的中央大学的校长罗家伦、顾毓琇等亦科学文学兼而爱之，在学校倡导科学与人文并重。

杜威与南高师生

百年来，从这片具有深厚文化底蕴的热土中走出了众多的人文名家。让我们永远记住这些闪光的名字：著名教育家陈鹤琴、陶行知，中国文学家陈中凡、钱基博，著名国学专家胡小石，著名诗人闻一多、徐志摩，著名美学家宗白华、卢翼野，著名历史学家柳诒徵、白寿彝、顾颉刚，戏剧评论家陈瘦竹，著名哲学家方东美，著名佛学史家汤用彤，著名语言学家吕叔湘，著名文学家唐圭璋、梅光迪，比较文学专家吴宓，词曲家吴梅，著名女作家陈衡哲等等。真可谓"英才遍环宇，荣光耀华夏"。

东南大学还可以说是近代艺术教育的发源地，有着艺术教育的传统。著名书画家李瑞清"咨询校中各国教授，汇集东西各国师范艺术教育科设科之例,竭言极应添设图画手工科之缘由",条陈学部,奏请设科办学,开我国艺术教育的先河。后来中央大学发扬了这一传统,艺术教育蔚然成风。著名画家傅抱石、黄宾虹、吕凤子、潘玉良、吴作人、徐悲鸿、张大千,书法家谢无量,音乐和美术教育家李叔同都曾在东南大学学习或工作过,为我国的艺术教育洒下了辛勤的汗水。目前,东南大学建立了艺术学系,拥有全国最早的艺术学博士点。

郭秉文与美国学者

东南大学历史上就有人文讲演的传统,历来就是东西学术文化交流的热点。比如说著名国学专家梁启超曾来校讲学一年,后来又再次来学校访问。胡适先生也曾经在此多次演讲。大凡国外著名学者来华,东南大学也总要邀请他们到校演讲。例如美国著名教育家杜威、英国逻辑实证大师罗素都曾应邀来校讲学。1924年4月20日,印度诗圣、诺贝尔文学奖得主泰戈尔来校讲演,石头城为之轰动。此外,美国哥伦比亚大学师范学院院长孟禄、德国的新动力论倡导者杜里舒、美国的教育测量专家推士也都纷纷来校访问演讲。诺贝尔奖获得者赛珍珠在金陵大学任教期间也在中央大学兼职讲学。这些世界著名学者把各国的学术思想带进东大校园,开拓了师生的眼界,活跃了学术气氛,同时也使东大的名声远播海外。

百年来,东南大学秉承着"止于至善"的人文理念,科技与人文交相辉映,在中国教育史上写下了浓重的一笔。(陆挺)

(载 2002 年 5 月 31 日《东南大学报》百年校庆特刊 G1 版)

大师讲学的传统

学问之趣味

梁启超

我是个主张趣味主义的人，倘若用化学划分"梁启超"这件东西，把里头所含一种元素名叫"趣味"的抽出来，只怕所剩下仅有个零了。我以为，凡人必常常生活于趣味之中，生活才有价值，若哭丧着脸捱过几十年，那么，生命便成沙漠，要来何用？中国人见面最喜欢用的一句话："近来作何消遣？"这句话我听着便讨厌，话里的意思好像生活得不耐烦了，几十年日子没有法子过，勉强找些事情来消遣他。一个人若生活于这种状态之下，我劝他不如早日投海。我觉得天下万事万物都有趣味，我只嫌二十四点钟不能扩充到四十八点，不够我享用，我一年到头不肯歇息，问我忙什么，忙的是我的趣味，我以为这便是人生最合理的生活，我常常想运动别人也学我这样生活。

凡属趣味，我一概都承认他是好的。但怎么样才算"趣味"，不能不下一个注脚。我说："凡一件事做下去不会生出和趣味相反的结果的这件事，便可以为趣味的主体。"赌钱，趣味吗？输了，怎么样？吃酒，趣味吗？病了，怎么样？做官，趣味吗？没有官做的时候，怎么样？……诸如此类，虽然在短时间内像有趣味，结果会闹到俗语说的"没趣一齐来"。所以我们不能承认他是趣味。凡趣味的性质，总要以趣味始以趣味终。所以能为趣味之主体者，莫如下列几项：一劳作、二游戏、三艺术、四学问。诸君听我这段话，切勿误会，以为我用道德观念来选择趣味，我不问德不德，只问趣不趣。我并不是因为赌钱不道德，才排斥赌钱，因为赌钱的本质会闹到没趣，闹到没趣便破坏了我的趣味主义，所以排斥赌钱。我并不是因为学问是道德，才提倡学问，因为学问的本质能够以趣味始以趣味终，最合于我的趣味主义条件，所以提倡学问。

学问的趣味，是怎么一回事呢？这句话我不能回答。凡趣味总要自己领略，自己未曾领略得到时，旁人没有法子告诉你。佛典说的"如人饮水冷暖自知"，你问我这水怎样的冷，我便把所有形容词说尽，也形容不出给你听。除非你亲自喝一口。我这题目——学问之趣味，并不是要说学问如何如何的有趣味，只要如何如何便会尝得着学问的趣味。

诸君要尝学问的趣味吗？据我所经历过的，有下列几条路应走：

第一，"无所为"（"为"读去声）。趣味主义最重要的条件是"无所为而为"，凡有所为而为的事，都是以别一件事为目的而以这件事为手段。为达目的起见勉强用手段，目的达到时，手段便抛却。例如学生为毕业证书而做学问，著作家为版权而做学问，这种做法，便是以学问为手段，便是有所为。有所为，虽然有时也可以为引起趣味的一种方便，但到趣味真发生时，必定要和"所为者"脱离关系。你问我"为什么做学问"，我便答道"不为什么"，再问，我便答道"为学问而学问"，或者答道"为我的趣味"。诸君切勿以为我这些话吊弄玄机，人类合理的生活本来如此，小孩子为什么游戏，为游戏而游戏，人为什么生活，为生活而生活。为游戏而游戏，游戏便有趣；为体操分数而游戏，游戏便无趣。

第二，不息。"鸦片烟怎样会上瘾"，"天天吃"。"上瘾"这两个字和"天天"这两个字是离不开的。凡人类的本能，只要那部分隔久了不用，他便会麻木，会生锈。十年不跑路，两条腿一定会废了，每天跑一点钟，跑上几个月，一天不得跑时，腿便发痒。人类为理性的动物，"学问欲"原是固有本能之一种，只怕你出了学校便和学问告辞，把所有经管学问的器官一齐打落冷宫，把学问的胃弄坏了，便山珍海味摆在面前，也不愿意动筷子。诸君啊诸君，倘若现在从事教育事业，或将来想从事教育事业，自然没有问题，很多机会来培养你学问胃口，若做别的职业呢？我劝你每日除本业正当劳作之外，最少总要腾出一点钟，研究你所嗜好的学问。一点钟那里不消耗了？千万不要错过，闹成"学问胃弱"的症候，白白自己剥夺一种人类应享之特权啊。

第三，深入的研究。趣味总是慢慢地来，越引越多，像那吃甘蔗，越往下才越得好处。假如你虽然每天定有一点钟做学问，但不过拿来消遣消遣，不带有研究精神，趣味便引不起来。或者今天研究这样，明天研究那样，趣味还是引不起来。趣味总是藏在深处，你想得着，便要入去，这个门穿一穿,那个窗户张一张,再不会看见"宗庙之美百官之富",如何能有趣味。我方才说"研究你所嗜好的学问","嗜好"两个字很要紧,一个人受过相当的教育之后,无论如何,总有一两门学问和自己脾胃相合,而已经懂得大概可以作加工研究之预备的。请你就选定一门,作为终身正业(指从事学者生活的人说),或作为本业劳作以外的副业(指从事其他职业的人说),不怕范围窄,越窄越便于聚精神,不怕问题难,越难越便于鼓勇气。你只要肯一层一层地往里面追,我保你一定被他引到"欲罢不能"的地步。

第四,找朋友。趣味比方电,越摩擦越出。前两段所说,是靠我本身和学问本身相摩擦,但仍恐怕我本身有时会停摆,发电力便弱了。所以常常要仰赖别人帮助。一个人总要有几位共事的朋友,同时还要有几位共学的朋友。共事的朋友,用来扶持我的职业;共学的朋友和共玩的朋友同一性质,都是用来摩擦我的趣味。这类朋友,能够和我同嗜好一种学问的自然最好,我便和他搭伙研究,即或不然——他有他的嗜好,我有我的嗜好,只要彼此都有研究精神,我和他常常在一块或常常通信,便不知不觉把彼此趣味都摩擦出来了。得着一两位这种朋友,便算人生大幸福之一。我想只要你肯找,断不会找不出来。

我说的这四件事,虽然像是老生常谈,但恐怕大多数人都不曾会这样做。唉!世上人多么可怜啊!有这种不假外求不会蚀本不会出毛病的趣味世界,竟自没有几个人肯来享受。古书说的故事"野人献曝",我是尝冬天晒太阳的滋味尝得舒服透了,不忍一人独享,特地恭恭敬敬地来告诉诸君,诸君或者会欣然采纳吧。但我还有一句话:太阳虽好,总要诸君亲自去晒,旁人却替你晒不来。

在东南大学之演讲

杜　威

今天所讲的是教育哲学,想大家都已知道,我未演讲本题以前,要先讲教育的定义和性质,拿来作研究教育哲学的基础。教育是什么东西,这个问题提出来的时候,大家心中以为教育是指学校教育而言,其实学校教育不过占教育全体的一部分,这种教育是狭隘的、狭义的教育。现在要讲的不是狭义的教育（学校教育），乃是广义的教育。人和环境相接触，起了交涉，就有教育作用。所以广义教育，是指环境的一切能力影响，凡可以挑起儿童的才能活动之社会环境皆是。现在就广义教育，分作五步说：一、教育何以必要？二、教育何以可能？三、教育实施的方法。四、受教育后可生如何结果？五、评判所生结果的价值。今天先讲头二步，就是：一、教育之必要；二、教育之可能。

第一，教育之必要。就狭义教育（学校教育）看来，进学校者，半多家境富裕。贫苦的儿童，无资可入，所以他的教育是有限制的，是少数人独享的，不是人人能够受到的，是贵族的，不是平民的，就是他的教材，因为受教者多是富家子弟，往往和实际生活不合，这种教育是没有价值的。若就广义的教育看来，教育就是生活，生活就是教育。我们一天不能离广义的教育，除非生来能力非常薄弱不能领教外，都有受教育之必要。教育有二方面：一方面是儿童，一方面是成人。儿童受教，成人施教，因为我们人有生死，所以有这种授受的现象。我们晓得婴儿的能力薄弱，无论何事，（饮食行动）都要他母亲帮助指导，假使他没有母亲的帮助指导，差不多不能成立。至于动物，产生没有几天，就能够行走飞翔，它们的能力实在是超过婴儿的。这样看来，可知道教育对于儿童是必要的东西，不但肉体要教育来保护，就是精神也要教育来发展，假使一个儿童只有肉体的保护，而没有精神的发展，那么长大以后，不过一愚蠢的动物而已。我们平日看小孩受成人的教育，司空见惯，不以为奇，好像呼吸空气一样，只知道呼吸，不晓得没有空气的危险，只知施教育，却不晓得没有教育的危险。近来心理学的功能说就犯这种毛病，以为人有天赋的各种功能，好比五官自有天然的官能，无需教育来训练来陶冶，这种谬见，实在危险得很。婴儿的能力薄弱，无论肉体上精神上皆需成人的帮助指导，上面已经讲过。所以他的环境非常重要，成人应该造一良好的环境给他，使他天天和那良好的环境相接触，且养成道德知识技能。刚才讲教育必要是从生死二方面看出来的，生即从儿童方面看出，死即从成人方面看出，因我们早晚必有一死，成人所受社会的各种基本价值（文化），都要遗传给他的子孙，否则社会的文化与死俱去，一代管一代，社会永不能进步。所以个人生命和社会生命不同，个人生命一世即了，社会生命（社会的基本价值）是永久继续不断的，教育是一种经程，社会的文化不是靠政治实业来保存，乃是靠教育来保存遗传给后来子孙。社会的文化，不但要保存以遗传子孙，而且要改造，使社会进步。改造又需教育来指导，所以教育是社会的生命，使社会文化遗传不已。社会生命既是永续不断，所以个人一切才能皆从社会得来，假使有人反对社会（做事不利于社会），即是不忠于社会，要知道我们得享今日这样文明，都是社会遗传的功。

第二，教育之可能。就是讨论个人有如何能力，教育可能是在哪里。儿童有天赋的力，与生俱来，这种能力虽是薄弱，却能领受成人的教训，所以这种能力就是教育的可能性。假使没有这种可能性，那么成人无论如何有才能，却不能使儿童领受教训。好比木石，我们可以改变它的外形，造成各种东西，但是不能把知识传给它们，因为它们是无生的物，没有天赋的能力。儿童有天赋的能力，所以我们应该利用这种能力，加以相当的训练，引到实际上去应用。儿童好学心很深，有的儿童可说他是"学过于教"，他们的好奇心非常发达，东看西摸，欢喜穷究，这些都是儿童能受教育的证据。换一句话说，就是儿童欢喜受成人的教训，看见成人做事，他们就去观察，或模仿或质问。成人所施的教，无论直接或暗示，都能领受。现在且把儿童的精神上生长和肉体上生长，比较一下，他们肉体上生长全靠饮食，但是饮食并不是从外面由成人勉强装进去，因为儿童自己有觉得饥饿的能力，知饥饿，才要饮食。精神上生长，也是这样，一块石，一根木，它们没有内部的能力，所以不能生长。有能力，才能吸收外界的材料。这种天赋的能力，心理学家就叫本能。……

（载 1920 年 4 月 10 日、11 日《申报》）

四月，泰戈尔东南行

四月，在料峭的春风中漫步在四牌楼校区的甬道上，阳光从法桐稀疏的新叶中穿过，在斑驳的石板路上留下细碎的金色。一路行至体育馆，看着那挂在高处随着岁月流逝已经不再闪亮的三个金字，指尖划过位于正中记载着这座始建于 1923 年建筑的历史铜牌。"1922 年立基，1923 年落成……体育馆建成后，不仅作为体育健身之所，诸多重要活动亦常于兹举行，英国哲学家罗素、美国教育家杜威、印度诗人泰戈尔，均曾在此作过讲演。"而在印度著名诗人泰戈尔曾在东大讲演的四月，站在这古老的体育馆之前，仿佛一阵春风过去，就将今日的风景揭去，旧日的情形依稀可见。形形色色身着民国学生装的男女抱着课本熙攘着迈入体育馆，想要一睹诺贝尔文学奖得主的风采；穿着印度服饰的泰戈尔站在高处的讲台上高谈阔论，言语激昂……泰戈尔，印度著名诗人、文学家、哲学家，著有《吉檀迦利》《飞鸟集》《园丁集》《新月集》等著作，于1913年以《吉檀迦利》获得诺贝尔文学奖。泰戈尔曾于1924年来到中国，并在上海、南京、北京等地发表了演讲，而其中在南京的演讲就是在现在东南大学四牌楼校区体育馆举行的。

在1924年4月22日的《申报》上有对这一段历史的记载。题为《太戈尔（泰戈尔）在宁演讲纪》的新闻报道记录了泰戈尔在东南大学演讲的经过。泰戈尔乘船来到中国上海，并一路北上，在4月20日到达南京。在徐志摩等人的陪同下，20日上午泰戈尔在东大内进行了参观，下午三点在体育馆内参加了欢迎会。当时的校长郭秉文在报告中盛赞泰戈尔的学说"开扬东方文化之精神，并于沟通中印及世界文化历程"。

在演讲中，泰戈尔认为：现代的文明崇尚物质，远不如亚洲民族千百年来传承下来的文明可贵。中国青年应当发挥想象力，将亚洲民族流传下来的文明发扬光大，才是对中印两国，甚至世界文化事业的真正贡献。

时隔百年，再次回顾这次演讲，方能感受到泰戈尔当时的一番至诚和高瞻远瞩。所幸到了今天，人们逐渐发现传统文化的价值，国务院近年还发布了《关于实施中华优秀传统文化传承发展工程的意见》。作为今天的东大学子，更应该不负重任，勇担使命，将中华文化发扬光大，推动我国，乃至世界的文化事业建设。（沈宸）

注：本文作者为李文正图书馆特藏研究部研究生助管。我校李文正图书馆特藏阅览室藏有《申报》影印版，感兴趣的读者可前往阅览。

余乘轮溯扬子江而上，于昨夜月色朦胧时，登甲板瞭望，沿岸风景，依稀莫辨，于村林中窥见两三星火。回顾船上乘客，多人睡乡，鼾声大作，因发生种种感想，觉得世界上现时未普遍的光明，就等此村林中之星火；社会上乏清明的感觉，就等此乘客之中酣眠。及船近金陵，晨光熹微，鸟声杂树，无数帆船，顺风直驶，稳渡中流，又觉此种光明浩大现象，即将来世界人类，经过混沌状态，由牺牲闯开所得结果之比例。就亚洲民族特性和进化史观之，文化事业伟大的建设，不但并不绝望，而且希望甚大。溯上古时代猛兽为患人类为难生存，迨智慧渐次进化，运用灵明之脑筋，主宰一切，学术势力膨胀，野蛮势力，乃自然淘汰。今世界障害文化之恶魔势力如猛兽者甚多，排除责任，在于青年；排除方法，不在武器，当以道德势力、精神势力相团结，发挥伟大之感化力，以贯彻人类和平关爱之主旨。近世文明，专尚物质，并不为贵。亚洲民族，自具可贵之固有的文明，宜发扬而光大之运用人类之灵魂，发展其想象力，于一切文化事业，为光明正大之组织，是则中印两国之大幸，抑亦全世界之福也。

——摘自泰戈尔演讲（徐志摩翻译）

（载2019年4月20日第1395期《东南大学报》第6版）

东大历史上的人文名家介绍

李瑞清（1867—1920）

近代著名的教育家、美术家和书法家。字仲麟，号梅庵，又号梅痴，清道人，江西临川人。我国高校美术系科的创始人，培养了我国第一代美术教师，其中有著名书画家吕凤子等。遗著有《围城记》，经门人整理其遗稿，出版了《清道人遗卷》。

李瑞清的办学信条是："视教育若性命，学校若家庭，学生若子弟，始终不渝。"办学中，重视延聘中外名师来校任教，提高教学水平；坚持每天到校视学，亲临课堂；重视建筑校舍，增加设备，广设科目，创办了图画手工科，设立实验案；重视劳动、生产教育，设农场、工场，供学生实地操作；对学生关怀备至，鼓励学生自觉、自立、自强，创造条件让学生增加课外练习的机会。

他事业心甚强，为办教育呕心沥血，兢兢业业，学生对其人品十分敬重。武昌起义时，各方响应，不少大官见大势已去，弃职逃遁，城内一片混乱，唯两江师范学堂在李瑞清的主持下照常敲钟上课。

李瑞清体肥而善饮啖，极精烹饪，特别喜欢吃螃蟹，一次能吃几十只之多，故有"李百蟹"之名。其他如鱼肉鸡鸭，山珍海味，道人不但会吃而且会做。尝教学生自制一菜，以瘦猪肉若干，干贝少许，用砂锅在风炉上用猛火煮沸，然后换用文火，炖至午饭时，捞去锅中残渣，用刚拔自菜地的菠菜入汤，取而食之，味美绝伦。受此影响，道人的门人辈除饱学外还精于饱吃。

李瑞清中年丧妻，续娶又丧，两次断弦，很是伤心，决意不再续娶，并自署"梅庵"，以示高洁。

江谦（1876—1942）

著名教育家。字易园，号阳复，安徽婺源人。1914年至1919年任南

京高等师范学校校长。

江谦施教反对"我教你学，我讲你听"，强调启发学生的自觉自悟，重视培养学生的自学能力；提倡和重视"实科"教育，积极筹措增设了农业、工业、商业三个专修科，此举开全国之先；对学生的基础非常重视，南高学生来自苏、浙、皖、赣等省，水平悬殊，故规定新生均先入预科，对较差学生单独编班，特别辅导，一年后入本科，而成绩突出者可跳级，不及格者可重读；注重笔记，把笔记列入成绩，要求学生笔记时务须记大意而少记词句；要求课后通过阅读自修，再记上自学心得，用想象力阐述自己的感受，用判断力抉择要义，加强记忆，随时备教师查阅，给以打分。江谦重视体育，说："以强健的身躯行教育事业，这是南高体育教育的宗旨。学生用脑过多，非教育之幸。"1916年开设体育专修科，把体育列为必修的学科，又倡全国之先。

在当时历史条件下，江谦就提出了"调整师生关系"，倡导关心、接近学生，尽导师的全责；要求学生尊敬老师，组织学生主动看望老师，一种新型的"尊师爱生"风气逐步在南高形成。

郭秉文（1880—1969）

著名教育家。字鸿声，江苏江浦人。1914年江谦校长函聘他任南高师教务主任，并请他在美国广揽教席，翌年他回国协助江谦筹建南京高等师范学校。1919年9月江谦病退由他继任校长。1920年郭秉文即致力于筹建国立东南大学，出任首任校长。

郭秉文主校以后，提出了"四个平衡"的办学理念，即通才与专才的平衡、科学与人文的平衡、师资与设备的平衡、国内与国际的平衡。在办学措施上，提出"严格甄审，宁缺毋滥"的招生原则，入学考试兼采心理测验。强调师范生必须出类拔萃，除应具有普通大学生的基本素质外，还须具备两种修养，即教材教法的精研与器识抱负的培养。重视品德教育，注意培养学生自觉、自治的良好风尚。主张男女平等，与北大同时开招女生，提倡学术自由，鼓励实验研究，发扬科学精神，将南高、东大办成全国著名高等学府。他改革学校的组织制度和行政机构，颇具胆略地把学校各类事务实行分头管理，成为当时全国高校之创举。

南高师建立于两江师范学堂原址，经过两次兵灾，门窗尽毁，房屋破烂，只有那座四方形的建筑物"口字房"等少数几幢校舍还稍像样，南高师便将口字房作为图书馆和实验室用房。不幸的是，1923年12月1日凌晨，口字房因走电失火，扑救不及，木质结构的整座建筑化为灰烬，总计损失约40万银元。生物系、物理系之实验设备，7万件动植物标本和3万多册图书包括稀世之宝利马窦所绘地图等均付之一炬，众多师生伤心落泪，有的更是号啕大哭。秉志教授闻讯晕倒，不省人事。郭秉文处变不惊，稳健地走上一处高坡，勉励师生勿过悲伤："祸兮福所倚，火能毁之，我能建之。""乌云过去，必大放光明，赖吾人自立奋斗。"并关照学生："各回寝室休息，明日照常上课！"此言一出，人心大稳。

刘伯明（1887—1923）

著名教育家。名经庶，字伯明，江苏南京人。曾赴日游学，归国后任教于南京高等师范学校，1919年担任训育主任、史地部主任。1921年任国立东南大学文理科主任、行政委员会副主任、哲学教授。1923年郭秉文离校期间代理校长，并与吴宓等一起创办《学衡》杂志。

作为教育家，刘伯明对学生关爱备至。他少时贫寒，因而"遇贫苦力学之士，扶植尤力"。在东南大学，为支持贫困学生，他特地创立了贷学金助学法。病重之时，他喃喃所语的总是某系某学生，弥留之际，竟问他的夫人："你是哪一个系的学生？"

刘伯明悉心致力于学风、校风建设，就学风、教育、世界观等问题进行了认真的研究并作了系列讲演，先后发表了许多哲学和教育学的文章。

教育贵于熏染，风气赖于渐成，积多年之努力，南高之民族、民主、科学精神，诚朴、勤奋、求实的优良学风，得以形成和坚持。

刘伯明待人宽厚，律己甚苛，俭朴无华；对待后生，言传身教，循循善诱；办事务实，处事务真，不畏权贵。南高、东大同仁，以其道德、学问，两堪表率，奉为魁宿，誉之为"南雍祭酒，纯粹君子"。

陶行知（1891—1946）

原名文濬，又名知行，安徽歙县人。伟大的人民教育家，一生所著甚丰，有《陶行知全集》传世，总计220万字。1914年毕业于金陵大学，后留学美国，师从杜威。1918年至1923年先后任职于南高师、东南大学。

1918年3月，陶行知代理南高师教务主任，次年10月正式就职教务主任。主持教务期间，施展恢张，屡有创新，建树甚多，誉满海内。由于陶行知精于管理、讲求法度、办事认真、要求严格，师生对他甚是敬畏，尽管在生活中他很是随和，但人们还是喊他"老虎教务长"。"老虎教务长"上任后的三把火，烧得是虎虎有生气，人人赞许。上任伊始，陶行知发觉旧日课程总表在教室、实验室与教学时间的安排上不够科学，如有临时调动，不免牵一发而动全身。大家亦知势在必改，但长期以来却苦无良方。陶行知运用统计学原理，科学地制订了新的课程总表，组织甚是严密，对临时调动，既迅速又方便，解决了长期存在的难题。只此一举，就使全校上下对这位年轻的教务主任刮目相看，顿生好感。消息不胫而走，各校纷纷效行，排课新法遂为全国所采用。

陶行知在南高师对中国教育的贡献主要有：①改革教授法，倡导教学合一；②开女禁，首创大学男女同校；③采用选科制、学分制，推行课程改革；④面向社会，开办暑期学校。陶行知在南高师的教育改革对我国的教育事业产生过巨大的影响。

罗家伦（1897—1969）

著名教育家，历史学家。字志希，浙江绍兴人。1917年考入北京大学文科，深受校长蔡元培和教授胡适之爱重，1919年成为五四运动的学生领袖之一，五四运动宣言是他所写。1920年被派赴美，就读于普林斯顿大学研究院和哥伦比亚大学研究院，接着又到伦敦大学、柏林大学、巴黎大学的研究院，在四国五校研读7年，专治历史与哲学。1928年至1930年任国立清华大学首任校长，1932年至1941年任国立中央大学校长。

罗家伦认为中大的使命就是为中国"创造有机体的民族文化"，就是要求大学顺应社会实需，系统和全面地为民族培养各个方面、各个领域的有用人才，以推动国家和民族各项事业的协调、秩序和有效发展。在罗家伦擘划奔走下，再度创办了医学院，建造了生物馆、牙科大楼、实习工厂，首创了中国第一个航空工程系，增设了心理学系、水利系，聘请大批名师学者，他立志要把中大办成中国的牛津、哈佛，声明不聘一个不合格的教授，不招一个不合格的学生，中大学风大振。

1941年毕业分配工作时，惯例每系留校助教是按成绩排名，可是那年工学院有个系的系主任却为了私人关系留了一名成绩较差的学生，而这位同学曾犯过错误记过。当系里将名单报到学校，罗校长过目时发现这一问题，加以责问而制止，由此可见罗校长的心细和记忆力，也可见罗校长用人之原则。

1937年7月，抗战全面爆发，罗家伦为中央大学成功西迁重庆、坚持办学作出了巨大贡献。

黄侃（1886—1935）

近代著名语言文学家，章太炎先生高足。字季刚，湖北蕲春人，生于四川成都。1928年至1935年任中央大学教授。

黄侃治学勤奋，主张"为学务精""宏通严谨"。他重视师承，但不墨守师说，常以"刻苦为人，殷勤传学"自警。虽是名声赫赫之学者，且身体虚弱，仍致力学术而不倦，"惟以观天下书未遍，不得妄下雌黄"，发愿50岁后才著书。所治文字、声韵、训诂之学，远绍汉唐，近承乾嘉，多有创见，自成一家。在音韵学方面对古音作出了切合当时言语实际的分类。晚年主要从事训诂学之研究。1935年重阳在南京病逝。

在中央大学任教期间，开设说文、尔雅、诗经、文选、文心雕龙、训诂学、汉史、词选诸课。讲章有《礼学略说》《唐七言诗式》诸稿。先后同事有汪东、胡小石、汪辟疆、陈伯弢、王伯沆、吴梅等。1931年于《金陵学报》《金声》上发表《诗音上作平证》《章炳麟黄侃往来论韵书》等，讲《三礼通论》，批注《尔雅义疏》。1933年出版《日知录校记》。

在民国学人中，黄侃和刘师培、章太炎被时人称为"三疯子"，说话口无遮拦。其中黄侃的脾气之大、性格之怪更是学界闻名。周作人谈到这位大师兄时，也颇有微词："他的国学是数一数二的，可是他的脾气乖僻，和他的学问成正比，说起有些事情来，着实令人不能恭维。"

黄侃任教于南京中央大学，绰号为"三不来教授"，即"下雨不来，降雪不来，刮风不来"，这是他与校方的约定。每逢老天爷欲雨未雨、欲雪未雪时，学生便猜测黄侃会不会来上课，有人戏言"今天天气黄不到"，往往是戏言成真。

吴梅（1884—1939）

近代著名文学家、教育家、曲学专家。字瞿安，号霜厓，江苏吴县人。1922年至1937年任国立东南大学、中央大学中文系教授。

吴梅在诗、文、词、曲的研究和创作上，都有很深的造诣。戏曲方面尤为突出，兼擅制曲、谱曲、度曲、演曲以及校定曲本、审定音律等，被誉为近代"曲家泰斗"，是海内外一致推崇的曲学专家。著有《顾曲麈谈》《南北词简谱》《中国戏曲概论》等专著和杂剧、传奇11种。一生培养了

大量的学有所成的戏曲研究家和教育家。

吴梅任教时，上课虽有讲稿，但决不照本宣读，而是挥洒自如，滔滔而谈。既重理论，又强调实践，常拿着笛子在课堂上鸣笛高歌。这在当时不能不说是创举。因此，学生爱选、爱听吴梅讲课是不奇怪的。他对专学戏曲的学生要求更多、更高，不但要求学生会写，还要求会谱、会唱、会演。他在北京大学教戏曲五年，同时请会唱昆曲的老师教唱。吴梅在南京任教时，为了让学生会唱、会演，自己出钱雇请一笛师，把学生邀约到家里唱曲。笛声悠扬，南音盈耳，师生同乐，其情融融。

1926年，国立东南大学爱好词曲的学生组成业余学术团体"潜社"，公推吴梅先生为首。此社有三条规则：一不标榜，二不逃课，三以潜修为主。此社活动约11年，先后参加者达70余人，多是国立东南大学和金陵大学的历届学生。后编写《潜社汇刊》，共12集，收词曲306首。

1939年3月17日，吴梅教授病逝于云南大姚县。噩耗骤至，其高徒唐圭璋先生悲恸不已，泣曰："天丧斯文，痛何可言。"遂作《吴先生哀词》痛悼先师。

徐志摩（1897—1931）

著名现代诗人、散文家。原名章垿，字槱森，后改志摩。浙江海宁人。1927年至1930年任国立中央大学文学院教授。

徐志摩对教学工作认真负责，在中大英文系讲授"西洋诗歌""西洋名著选"。他授课准备充分，深入浅出，生动活泼，颇受学生欢迎。当天气转暖时，徐志摩同意同学们的请求，走出局促昏暗的课室，到宽阔的校园中去上课。每天早晨，同学们都在校门口等候徐志摩的汽车来，看到他下车挟了一大堆英文书走来时，便迎上前去。师生一道漫步走到树林里，同学们坐在一排长磐石上，徐志摩则依在梧桐树干上讲课。有一次，徐志摩教学生读《鹞鹰与芙蓉雀》时，把住在这世界上而不想远走高飞的人，骂为芙蓉雀，并举起他的右手，指着碧蓝的天空动情地说："让我们有一天，大家变做了鹞鹰，一齐到伟大的天空，去度我们自由轻快的生涯吧，这空气的牢笼是不够人们翱翔的。"这种酷爱自由的呼唤，深深地感染了学生。（节选自刘炎生《浪漫才子徐志摩》）

方东美（1899—1977）

新儒学专家，哲学家。原名珣，字德怀，后改字东美，安徽桐城人。1925年至1945年国立东南大学至中央大学哲学系教授。

大学时代的方东美不仅勤奋、好学、成绩出众，还积极参加社会活动。曾任金陵大学学生自治会会长，《金陵光》总编辑，后来加入"少年中国学会"南京分会，任《少年中国》编辑。在一次国文课上，老师讲解《诗经》，方东美听着，觉得不妥，便向教师提出疑问，教师听他问得有道理，就请他上台代讲。这位清初古文大师方苞的16世嫡孙高兴极了，于是将自己5岁就开始熟读的《诗经》讲了一课，从注释、分析到评点讲得头头是道，有条不紊。同学们都说，家学渊源的方东美，国文根底比国文教授更厚。

1920年赴美相继获威斯康星大学硕士和博士学位。1926年后曾任国立东南大学、中央大学哲学系教授、系主任及文科研究院哲学部主任等职。早年讲学重点、兴趣在西洋哲学与比较哲学。1961年后，转归中国哲学。他在西方哲学上下过功夫，对詹姆斯、罗素等人著作本本精读，既而又研究柏格森、黑格尔。他痛感西方人不了解中国的文化与哲学，于是把向西方人推介与阐扬中国文化与哲学视为己任，他站在儒家为本的立场上，企图融合中西文化，统摄百家，以建立新儒家。他以生命思想作为中国哲学的主流，认为儒家思想是一个发挥生命创造、阳刚劲健、元气游离、生机游漫而广大和谐的哲学体系，它表现一种饱满酣畅的生命情调与精神。他强调《周易》的"生生之德"就是要国人振作这种民族精神，惊醒忧患意

识,激发生命潜力。(《东南大学校友业绩丛书(第一卷)》,有删改)

胡小石 (1888—1962)

著名文学家,名光炜,字小石。原籍浙江嘉兴,但生长在南京。1910年毕业于两江师范学堂,1943年与中大教授徐悲鸿、柳诒徵等被聘为教育部部聘教授。曾任国立东南大学、中央大学的中文系教授、系主任、文学院院长等职。在文字、音韵、考古和书法等方面有极高造诣。

胡小石1906年9月考取两江师范学堂预科,翌年2月插班入农学博物分类科。一次,学堂监督李瑞清亲自出题测试,题目撷自《仪礼》。胡小石胸有成竹,一挥而就。梅庵先生发现学农博的学生中居然有一弱冠少年能作有关《仪礼》的文章,大喜过望,青睐有加,并亲自在课余授其传统国学。后胡小石得其指点,始学北碑《郑文公碑》和《张黑女墓志》,于《郑文公碑》取其坚实严密,于《张黑女墓志》取其空灵秀美,从此笔力沉着,书艺大进。1918年1月,应邀到梅庵先生家当塾师,一方面教其弟侄经学、小学及诗文,一方面又师从梅庵先生及与梅庵过从甚密的晚清老宿沈曾植、郑大鹤、王静安、曾农髯(熙)等,学帖学、金石文字学及书画、甲骨学等。1920年秋,梅庵先生病逝,胡小石与梅庵先生同乡挚友在其墓旁植梅300株,筑室数间,名"玉梅花庵"。每年逢梅庵先生忌日,必定素食;至清明节必亲赴牛首山扫墓。(参见国学网,有删改)

吕凤子 (1886—1959)

中国画家、美术教育家。原名濬,号凤子,江苏丹阳人。吕凤子擅人物、山水、花鸟,尤以仕女和罗汉著称,其人物画大多取材现实生活,或寓嘲讽,线条有力,运转变通,具有表现力。著《中国画法研究》,出版《吕凤子画集》。

吕凤子报考两江优级师范学堂时,校长李瑞清看到吕凤子考卷,细读之后，啧啧称赞："没一点齐梁浮艳之气，颇具汉魏刚健风骨，真有出山虎的气概，吾很久没有读到这样的好文章了！"吕凤子遂被李收为入室弟子，由李传授书法、传统绘画技艺。吕凤子不负老师厚望，31岁时就任教授，1928年任国立中央大学艺术系国画组首席教授，次年被聘为大学画学研究员，是中国艺术院校第一个研究员。

吕凤子早年致力于西画，精通水彩、油画、素描。听说徐悲鸿想学西画，吕凤子免费授艺，教徐悲鸿学素描。吕凤子爱才如玉，推荐徐悲鸿到国立中央大学艺术系西画组任教授。徐悲鸿欲求绘艺全面发展，谦恭地对吕凤子说："以前您教过我素描，现在我再向您学中国画。"吕凤子抱拳答曰："你是西画大师，怎敢收你为弟子？"徐悲鸿坦诚说道："中国有句古语'三人行必有吾师'，能者为师不必推辞。"吕凤子执意不肯称师，徐悲鸿转弯子说："那就做个亦师亦友的同道吧！"吕凤子欣然应允。以后每逢散课，吕凤子向徐悲鸿讲授中国画精髓与技法，有时还挥毫泼墨做示范。徐悲鸿的中国画画艺大进，他笔下的奔马、人物、翎毛、花卉，都受到吕凤子用笔的影响。

徐悲鸿（1895—1953）

中国现代美术事业的奠基者之一，杰出的画家和美术教育家。江苏宜兴人。徐悲鸿1928年至1946年任中央大学艺术系教授，主要作品有《田横五百士》《九方皋》《雄鸡》《沉吟》《徯我后》《古柏》等。1933年在巴黎市中心广场的国立美术馆，举办中国近代绘画展。七七事变后，赴南洋举办画展。1939年至1942年，他把画展筹赈所得十万美金邮回国内，捐献给抗日救国大业。1943年徐悲鸿被教育部聘为部聘教授。

在中央大学任教期间，采取了学年制、年级制、学分制和画室制相结合的办学体制，教学形式比较灵活。在教学中以画室制为主，采用学分制。规定必修课,选修课可以按学生自己的情况,在老师许可的前提下自己决定先学什么后学什么,以适应个性发展。

在绘画创作上,反对形式主义,坚持写实作风,主张"古法之佳者守之,垂绝者继之,不佳者改之,未足者增之,西方绘画可采入者融之"。对中国画专业人物、山水、花鸟既分门又不拘于一项,努力培养学生一专多能,特别注意人物画的创作。他说:"学画必须从人物入手,且必须能画人像方见功。"

张大千(1899—1983)

当代艺坛宗师。原名正权,后改名爰,别名大千居士。四川内江人。20世纪中国画坛最具传奇色彩的国画大师,无论是绘画、书法、篆刻、诗词都无所不通。早期专心研习古人书画,特别在山水画方面卓有成就。后旅居海外,画风工写结合,重彩、水墨融为一体,尤其是泼墨与泼彩,开创了新的艺术风格。1933年、1935年两次受聘为中央大学艺术系教授。

罗家伦和徐悲鸿欲聘张大千为中央大学教授,可这两位好友深知张大千闲散惯了,恐其拒绝。于是1936年的一天,两人拜访张大千,说有事相求,请求大千老兄一定帮忙。当张大千问及什么事情时,两人只笑不语,硬要张大千先答应他们,方能说出所求之事。张大千三番五次盘问后,两人还是不说,无奈大千性急,犟他们不过,于是咬牙跺脚,答应了此事,并说:"为朋友两肋插刀,我张髯今天就豁出去了,你们要我做什么我都答应!"这时,罗、徐二人互相对望着兴奋地一笑,方讲明来意。果然,张大千听后便把脑袋摇得像拨浪鼓一般,嘴里连说"不行不行",急得在地上转了一圈,并向两位求饶。徐悲鸿笑着说:"大千兄,你就莫要再推辞了。你今天哪怕就是再举出一百条理由,你也是已经答应了的。君子一言,驷马难追哟!"张大千恨恨地跺着脚,只有答应。就这样,张大千"被迫"成了国立中央大学的艺术系教授。

傅抱石（1904—1965）

杰出的国画大师，美术教育家，原名瑞麟，江西新余人。1935 年留日归国后，任中央大学艺术科教授，讲授书法、篆刻和中国美术史课程。

1933 年夏天，时任南京中央大学艺术系教授的徐悲鸿，正好带着学生到庐山写生，归来途经南昌小住。一天上午，一个年近 30 岁的青年走到他面前，深深地鞠了一躬。这人穿一件旧长衫，腋下夹着个小包袱。徐悲鸿请他坐下，他没坐，打开包袱，拿出几枚图章和几幅画。徐悲鸿看了图章的拓片，发现刻得很好，细看边款署名是：赵之谦。徐悲鸿纳闷地说："这些图章……"那人喃喃地回答："是我仿的。为了生活，我仿赵之谦的图章卖。"徐悲鸿说："你完全不必要仿。你自己刻得很好嘛！"徐悲鸿又看了他的画，画的是山水，篇幅不大，却气势恢宏。才一展卷，仿佛有一股灵气扑来。徐悲鸿对着画幅，久久凝视。临走时，徐悲鸿请他留下自己的名字，那人回答："傅抱石。"

在这次见面后，徐悲鸿去找了当时的江西省主席熊式辉。徐悲鸿对熊式辉说："南昌出了个傅抱石，是你们江西的荣誉。你们应该拿出一笔钱，让他深造。"正忙于"剿共"的熊式辉当然不会对这事感兴趣。徐悲鸿拿出一张画来，说："我的这张画留下来，就算你们买了我一张画吧。"经过在场的人劝说，熊式辉勉强同意出一笔钱。但这笔钱不够傅抱石去法国留学的费用，傅抱石只好改去日本。

李剑晨（1900—2002）

中国美术家、美术教育家，被称为"中国水彩画之父"。河南内黄人。1926 年毕业于北平国立艺术专科学校西画系，后留学英法。1941 年受聘于中央大学建筑系，此后到 1988 年一直在南京大学、南京工学院、东南大学任教。1999 年获香港"全球杰出人士暨中华文学艺术家金龙奖——艺术大师"称号。2001 年获中国美术首届"金彩成就奖"。在 95 岁、100 岁、

103岁时将其一生作品分别捐赠给河南省政府、江苏省政府、南京市政府,并设立艺术基金,建造艺术馆。

李剑晨一生爱国忧民。"一二·九"运动时就以笔作战,年轻时多次为赈灾义卖作品。1991年特大洪水之际,他拍卖《雄鹰俯瞰》捐给灾区,此后还将其《苍鹰图》以37 000美元出售,以支持南京一高校建幼儿园。但在此前曾有众多画商巨贾欲抛高价购买,其中美国一大公司提出以300万美元购买百幅作品,都被他严词拒绝。他以浓重的河南乡音说:"文化交流可以,金钱交易不中。"很多学生来拜访他,看到他居住的窄小老楼说:"您要是愿意卖画,早就是千万富翁了。"他却说:"那样我只能当一个富翁,现在我是两个富翁。一是我住得安逸,感觉和别墅一样;二是我拥有最优秀的艺术作品,精神特别愉快。"

余纪忠(1910—2002)

中国台湾新闻界泰斗。江苏武进人。早年就读于国立中央大学历史学系,后赴英国留学。回国后参与国民党党、政、军、报业等职。历任中国国民党中央常务委员会常委、中央评议委员会主席团主席等职。《中国时报》创办人,以后又相继成立了《时报周刊》《工商时报》《中时晚报》等相关机构,成为中国台湾地区最具影响力的报业集团。

学生时代,在国家危难的紧急关头,余纪忠曾两度放弃学业,投笔从戎,奔赴前线。在东南大学就读时,多次参加学生运动。一次因不满政府软弱的外交政策,便集队去当局抗议,竟把一瓶墨水打在外长脸上,后在鸡鸣寺躲避才幸免于难。

余先生爱才、惜才。在中国台湾办报期间亲手培养了大批年轻人,被誉为中国台湾文化、媒体界"桃李满天下的第一人"。一次,报社素有"圣人"称号的南方朔一夜未归,当搜寻无果时,余先生悲恸不已突然在众人面前失声痛哭,原来是以为该编辑因报道而"遇难"。这件事给在座的各位留下了深刻的印象。

  余先生对祖国、对民族有着强烈的挚爱之情。早在1984年美国的洛杉矶奥运会上，余先生的《美洲中国时报》大量报道了中国大陆选手得奖的消息，这一举动触动了台湾当局的政治禁忌，被断绝了办报所需的外汇，使得《美洲中国时报》被迫停刊。余老先生的民族情还表现在他十分关心祖国统一和民族振兴的大业上。数十年来，他积极推动两岸良性互动，悉心支持两岸的新闻交流，对促进两岸关系发展贡献良多。

  作为漂泊在外的游子，他对母校一直魂牵梦萦。1994年，捐赠110余万美元资助东南大学大礼堂修葺工作。1999年，捐资700万美元设立"华英文化教育基金"，还以90岁的高龄亲临首届颁奖仪式。

  （部分内容参考陈怡、梅汉成等主编《东南大学文化读本》东南大学出版社）

著名校友书画艺术作品选

百年东大拥有丰富的艺术景观和人文精神，一批批杰出的艺术大师曾在这里执教、学习、生活过，从两江师范学堂监督李瑞清到南高师的李叔同，从东大的宗白华到中央大学的徐悲鸿、张大千，再到今天的杨廷宝、李剑晨等，他们都为母校的艺术教育事业作出过杰出的贡献。现我们选其作品来与大家共享，共同庆祝母校的百岁生日。让我们燃起心中最真挚的激情，畅想母校百年的辉煌，以豪迈的步伐走进新的百年。

李瑞清（1867—1920）

1905年任江宁提学使，兼任两江优级师范学堂监督（即校长）。提倡艺术教育，被称为近代书学之宗师，最善书法，尤工篆隶，又擅绘画。

胡小石（1888—1962）

毕业于两江师范学堂，曾任东南大学、中央大学教授。书法涩笔顿挫，古朴瘦劲。

李叔同（1880—1942）

剃度后号弘一法师，曾留学日本，善西画及音乐。归国后，工篆刻、填词及歌曲，最善书法，多写经典，笔法纯朴自然。

乔大壮（1892—1948）

国立中央大学艺术系教授。精通法文，善诗、骈文、书法，被誉为"一代词坛飞将"。

张大千（1899—1983）

1936年受聘中央大学美术系教授。擅山水、花鸟、小人物，工意俱佳。

飚风天际来，绿黛群峰嗫，云磅礴夕晖，光寓满川冷悠，白鹭飞，淡淡张霞迴，萦纒月华生，荡漾浴清影

柏溪夏晚归掉作于曰寇投降之前年柏溪乃嘉陵江上一村老友恽君索旧作谓书法足以代表一个人的特点乃敢不顾书法陋劣以供一粲 宗白华

宗白华（1897—1986）

曾赴德留学，1925年回国后，先后任东南大学、中央大学哲学系教授、系主任。一生著作颇多。

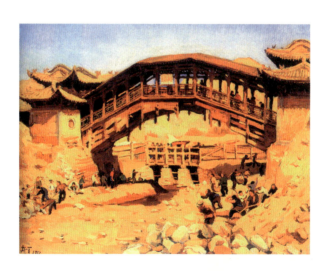

吕斯百（1905—1973）

中央大学艺术科毕业后留学法国，回国后任中央大学艺术系教授、系主任。擅长油画风景、静物，构图严谨，色调温和，用笔洒脱。

东南底蕴

徐悲鸿（1895—1953）

年轻时期曾赴日本、巴黎、柏林等地留学，1927年归国，任中央大学艺术科教授。擅长西画，尤以素描最为突出，兼工国画。画马为世所称，气魄雄厚，笔力豪壮。

李剑晨（1900—2002）

曾赴英、法学习，抗战回国后被聘中央大学建筑系教授，擅长水彩画，被誉为"中国水彩画的开山大师"。

吴作人（1908—1997）

1928年就学于中央大学艺术系徐悲鸿工作室。1935年9月任中央大学艺术系讲师。擅长油画、国画,也涉足素描、水彩、书法等。一生创作甚丰。

杨廷宝（1901—1982）

曾留学美国并赴英、法等国考察建筑,回国后,1940年起任中央大学建筑系教授、系主任,1959年起任南京工学院副院长。在建筑设计中,融合中西传统,深具特色。

吕凤子（1886—1959）

两江优级师范学堂图画手工科毕业。历任中央大学艺术科教授等。擅长书画，善画人物、仕女、佛像。

陈之佛（1896—1962）

毕业于日本东京美术学校，习图案及美术理论。1930年起在中大任教。致力于国画研究，擅长花鸟。

谢稚柳（1910—1997）

书画承家学，擅花鸟、山水，行草书，书画鉴定家。

高剑父（1879—1951）

曾留学日本学画。善画山水、花鸟，融合日本和西洋画法，着重写生，善用色彩或水墨渲染。

张书旗（1900—1957）

善工花鸟翎毛，与徐悲鸿、柳子谷并称"金陵三杰"，曾任教中央大学。

黄君璧（1898—1991）

1937年任国立中央大学艺术系国画教授。提倡写实主义。开创了现代国画艺术教育的先河。

傅抱石（1904—1965）

曾赴日习画，1935年回国，任教于中央大学艺术系。精山水、人物，尤擅历史人物，造型高雅古拙，意态飘逸闲适，山水笔墨多变，气象万千。

（载2002年5月31日《东南大学报》C3版）

文章撷萃

汤用彤先生与东南大学

中国文化书院院长、北京大学哲学系教授　汤一介

用彤先生于1921年夏拿到美国哈佛大学研究院的硕士学位,他本想在那里再修习几门课程,然后回国。但1922年初,他接到已在东南大学任教的吴宓先生的信,信中说他和梅光迪先生共同推荐用彤先生到东南大学哲学系任教授,并一起实现他们早年在清华学堂希望作的"融合新旧,撷精立极"的复兴中国文化的抱负。用彤先生接到吴宓先生的信后,立即回国就任东南大学哲学系教授,并参加了由吴宓先生主办的以"昌明国粹,融化新知"为宗旨的《学衡》杂志,并成为"学衡派"主要成员之一。而当今"学衡派"已成为研究中国近现代学术史的重点课题之一。

用彤先生回国后发表的第一篇论文《评近人之文化研究》就是在《学衡》上发表的。在这篇论文中用彤先生提出"文化之研究乃真理之讨论"的主张,并批评了当时的几种不良学风。他认为,当时学术界的某些"学者"有着共同的缺点,就是"浅"与"隘"。

"浅"就是"论不探源",只看表面现象,而不分析其源流。"隘"就是知识狭隘,以偏概全。我认为,这或者也是今日学风不正的表现。现在有些"学者"只追求狭隘的实用(或效益),而不探求理真;只是知道某一学科的皮毛,就创造体系,以为他的那套所谓"理论"可以解决当今人类社会的一切问题。为避免这些不良之学风,用彤先生提出学术研究必须以中国文化之材料"广搜精求""精考事实,平情立言",才能达到探求

真理之目的。我想,这无疑是当时东南大学所提倡之优良学风。

　　用彤先生因故于1925年夏曾暂离东南大学,而北上到天津南开大学任教,但到1927年夏他又回到东南大学(当时已改名为中央大学)任哲学系教授并兼任系主任。用彤先生一向主张学哲学必须"融合中西""接通华梵",也就是说,哲学系不仅要修习和研究中国哲学,同时要修习和研究西方哲学,还应该研究印度哲学。用彤先生自己就在东南大学开设过这三方面的课程。用彤先生还特别重视伦理学的研究,当时他命在校学生向达把亚里士多德的"伦理学"译成中文,刊于《学衡》。任何历史悠久的伟大民族,其文化必有其源头和深厚之根源,用彤先生在东南大学写了《印度哲学之起源》等刊于《学衡》,并命他的另一位学生陈康致力于古希腊哲学之研究,陈康教授的《巴曼尼得斯篇》注释,已成为当今研究希腊哲学的权威性著作。这些都是说明用彤先生主张"学必探源"的例证。1931年夏,用彤先生由东南大学转任北京大学教授,并任哲学系主任近二十年。他在北京大学办哲学系实际上仍然坚持在东南大学主张的"融合中西""接通华梵"之宗旨,使北京大学哲学系成为当时国内具有特色的一所哲学系,这也不能不说和他在东南大学办哲学系的宗旨无关。

　　今值东南大学建校一百周年之际,特此祝贺,希望东南大学在国内外

树立良好之学风,把大学办成世界一流的大学。

2002年4月2日

(载2002年5月31日《东南大学报》百年校庆特刊第G4版)

吴宓与东南大学

中国比较文学学会会长、北京大学中文系教授 乐黛云

1921年5月,吴宓在哈佛研究院接到在南高师任教的挚友梅光迪的一封信,盛赞本校副校长兼文理科主任刘伯明博士"贤明温雅,志同道合",自己在即将改名为东南大学的南高师"甚为得意",一切都很顺手,热烈邀请吴宓立即回来,一起创办全国第一个西洋文学系,同时希望他把已与中华书局定约的《学衡》杂志办起来。他在信中说:"《学衡》总编辑之职尤非兄归来担任不可!"梅光迪的信大大激发了吴宓回国创业的热情,他当即决定辞去担任北高师英语系主任的聘约,向东南大学启程出发,虽然前者的月薪是300大洋,而后者的月薪只是160元!

当时,各大学的英语系大部分以教语言为主,对于西方文学与西方文化关注甚少,东南大学西洋文学系的成立实开风气之先。吴宓在西洋文学系同时开了四门课:"英国文学史""英诗选读""英国小说""修辞原理",大部分都是从中国文化观念出发,对西方文学进行诠释,他的教学可以说正是中国比较文学的先声。吴宓在哈佛大学师从当时的比较文学系系主任白璧德,二人过从甚密,所受影响颇深,他用比较文学观点讲授西方文学是很自然的。吴宓对教学工作很投入,1923年春,梁实秋将从清华大学毕业留美,曾到南京听了吴宓几堂课;回京后在《清华周刊》发表了一篇文章,盛赞东南大学学风醇美,老师博学负责,学生勤奋好学。他特别提到吴宓"讲课根本不用翻开备课笔记,更不看书本,而讲得有条不紊,滔滔不绝"。他说:"清华园中这样高水平的老师寥寥无几。吴宓教授

正好是清华的校友,为什么不请他来清华呢?"没有想到这篇小文章竟成了后来清华决定聘请吴宓为清华文学院院长的契机。

吴宓在东南大学所做的另一件大事就是1922年在东南大学创办《学衡》杂志。吴宓撰写的《学衡》杂志简章,明确提出杂志的宗旨是"论究学术,阐求真理,昌明国粹,融化新知。以中正之眼光,行批评之职事。无偏无党,不激不随"。编辑部就设在吴宓家,经费也大部分由吴宓个人支付。吴宓自制了一块木牌,白底黑字写着"《学衡》杂志社",就挂在鼓楼北二条巷吴宓私人寓所的门口。事实上,《学衡》杂志的宗旨与胡适等人提倡的自由主义和陈独秀等人提倡的激进主义构成张力,共同推动了中国新文化运动的发展。

改革之路从来不是一马平川,由于种种复杂原因,辛苦创立的西洋文学系又不得不走回头路,再与英语系合并。风声一起,吴宓当即表态说:"我就是冲着'西洋文学系'这五个字来的,现在这五个字要是取消了,我也就没有必要再留在东大,哪怕让我当系主任,月薪加到300元,我也不干!"在这关键时刻,曾以自己的智慧和人格魅力凝聚了一批才学兼优之士的刘伯明副校长竟抑郁成疾,遽尔长逝。吴宓为此写了一副很长的挽联,其中有几句是这样写的:

> 开诚心,布公道,纳忠谏,务远图。处内外怨毒谤毁所集聚,致抱郁沉沉入骨之疾。世路多崎岖,何至危才若是!
>
> 辟詖说,放淫辞,正民彝,固邦本。撷中西礼教学术之菁华,以立岷蚩蚩成德之基。大业初发轫,遽尔撒手独归!

支持成立西洋文学系最得力的刘伯明副校长辞世后,聚集东南大学的一批才士学人纷纷离去。吴宓也于1923年底受东北大学之聘,离开了他满怀壮志宏图而来的东南大学。他临去时所写的两句诗很能代表他当时的心情:

江南未许长为客，塞北何缘似故乡。

2002 年 4 月

（本文曾参阅《吴宓日记》《吴宓传》）

（载 2002 年 5 月 31 日《东南大学报》百年校庆特刊 G4 版）

梁启超在东大讲学

赵子云

今年是梁启超先生诞辰 140 周年。这位中国近代维新派代表人物，晚年致力于著述及讲学。在最后 10 年光阴中，他抱病奔赴各地大学巡回演讲授课，还曾在东南大学做过约半年的教授，不少年轻学子都有幸得到他的言传身教。

东大"暑期学校"请来许多大师，梁启超是其中之一

1921 年，东南大学正式挂牌，成为当时国内仅有的两所国立综合性大学之一，和北京大学齐名。东南大学校长郭秉文主张在校内"自由讲学"，百家争鸣，因此先后邀请了国内外众多名流学者前来南京讲学，以拓展学生的视野。1922 年夏天，学校董事会决定仿照美国哥伦比亚大学的做法，开办暑期学校。这个学校有别于如今暑期中不可胜数却良莠不齐的那些"补习班""兴趣班"，可以获得学分和东大修业证明，更重要的是其名师之多、办学形式之新，在当时均属空前，令学界大为轰动。

梁启超就是因为这一机缘来到古都南京的。当时，他在暑期学校主讲"先秦政治思想史"，先后开班两次。而和他一起被郭秉文聘请来讲学的还有许多海内外知名人士。比如，有美国杜威博士讲授"实验教育哲学"、吴卫士博士讲授"昆虫学"、孟禄博士讲授"教育学"，有德国杜里舒博士讲授"生机哲学"，还有胡适博士讲授"实用主义"、张东荪教授讲授"新闻学大意"等等。

东南大学这次筹办暑期学校，事先在京、津、沪、汉等地的报纸上登了广告，所以全国各地来宁的学生和旁听生竟达 2 000 余人。当时正在东大上

学的黄伯易后来回忆说，学校开学之前，为师生们开了一个欢迎会，场面非常热烈。然而，大会结束后，学生们挤在食堂里，纷纷对教授们的仪表品头论足。有人大失所望，因为"想不到杜威不过是个瘦老头"；有人觉得胡适不像个学者，倒像"花牌楼的商人"。但大家普遍对梁启超印象较好——"首先是他的谦虚态度，不似胡适等人讲话那样目空一切"。在年轻的学生们眼里，梁启超是位"广额深目、精力充沛、语音清晰、态度诚恳"的学者。

学生感叹"他精神饱满到令人吃惊的程度"

梁启超在南京讲学期间，暂住在东南大学成贤街宿舍内。每到星期天，不少青年都喜欢去拜访他。"他好像善于五官并用，不但不致令人感觉冷漠，反而从他的一颦一笑的问答中流露出热情。"

在与青年交谈中，梁启超常以"万恶懒为首，百行勤为先"这句话来勉励他们，而他自己也做到了以身作则。虽然年近半百，他每日5点起床，工作10个小时，连星期天也有工作计划。"他精神饱满到令人吃惊的程度！"黄伯易发出如此感叹，是因为他见到的梁启超常常是"右手写文章，左手挥扇，有时一面写，一面又在答复来访学生提出的问题，当写完一张时，便吩咐他的助手拿到另一间房屋去打字，一篇打字机印稿还未打完，第二篇文稿又摆在桌面上了"。其实，除此之外，梁启超每天还要看完京、沪日报和一本与《新青年》等齐厚的杂志，并且摘录下必要的资料，即使再忙也不偷懒。

"自由讲学"发展为"自由批评"，梁启超也遭到猛烈攻击

在暑期学校中，由于教授们的政治色彩、社会背景和学术流派不尽相同，而各人的学术水准亦各有千秋，"自由讲学"所产生的议论很快便发展成"自下而上的自由批评"。当时，对于同学们提出的各种疑问，东南大学的杨杏佛教授是有问必答。然而，每涉及诸教授的问题梁启超却是多方回避，对政治问题更是"三缄其口"，这引发了学员间关于"什么是真正的学者态度"的争论。这些话很快传到梁启超的耳里，他郑重声明说："讲学的自由和批评的自由原本是双生的，我并非反对自由批评，而是反

对批评的不自由……"并且表示,要"同大家一起进行改错"。"这样一说,同学们关于学者态度的争论就从此涣然冰释了。"黄伯易回忆说。

梁启超在南京讲学期间,还参加了东南大学文史两系师生在鸡鸣寺举行的一次联欢大会。联欢会上,一位学生趁梁启超兴致正高之际问他:"现在南京延揽国内外名流学者公开讲学,有人说只有春秋时期诸子百家争鸣,才能与今天的盛况媲美,依先生看,这种提法是否合适?"梁启超立即庄重地说:"非常不合适!主要是没有新的东西。诸子百家各有独到之处,2000年后的今天还值得重新估定它的价值。今天的自由讲学几乎找不出一种独立见解,不过二三十年后,就被人们遗忘得一干二净了。"

此后没几天,几位学生在成贤街宿舍向梁启超报告说,有人提出"中国将全盘仿照美国的教育制度来改变全国学制"的观点,请他发表意见。梁启超则指向饭桌上的一个饭桶,带笑地说:"它只是一个装饭的饭桶!凭你把这饭桶雕花塑彩甚至把它描金也不会改变饭的质量。但中国之大,主张'美食不如美器'的人不在少数,让他们去欣赏他们的饭桶艺术吧!"

"在失败里头也感到趣味",以"趣味人生观"激励年轻人

在南京讲学期间,梁启超多次表达了他的"趣味主义人生观",引起了学员们的极大兴趣。

梁启超认为,人生最好的生活应当是"觉得天下万事万物都有趣味","凡人必常常生活于趣味之中,生活才有价值,若哭丧着脸捱过几十年,那么,生命便成沙漠,要来何用"?

何谓趣味呢?他解释说:"凡趣味的性质,总要以趣味始,以趣味终。所以能为趣味之主体者,莫如下列几项:一劳作、二游戏、三艺术、四学问。"有人认为吃酒有趣味,醉了怎么样?又有人说赌钱有趣味,输了怎么样?因此,他提倡做学问,"学问的本质能以趣味始,以趣味终",所以"把我梁启超烧成灰来做化学分析,也只有一点为学的兴趣"。

在后来的一次演讲中,梁启超还说:"对于自己所做的事,总是津津有味,而且兴致淋漓,什么悲观、厌世,这些字眼,我所用的字典里可以说完全没有,我所做的事常常一边失败一边做,因为我不但在成功里头感

觉趣味,在失败里头也感到趣味。"这种积极的人生观无疑是梁启超一生探索救国真理的精神动力,而这也是当时的年轻人非常需要的。

那段时间,梁启超也在苏州、上海等地讲学,还常常在晚间到金陵大学、女子师范学校、第一中学等校演讲。工作十分繁重,他却未有半点懈怠。有一天,他和老友、"维新四公子"之一的陈散原吃饭痛饮,大醉,第二天他竟又起了个大早赶去听欧阳竟无讲佛学,以致感染风寒病倒了,后来又查出了心脏病。见他坚持要照常授课,友人自作主张在教室里贴了暂时停课的告示。梁启超最终还是召回了学生,坚持授课至学期末。

1923年1月,梁启超离宁北上,给南京众多学子们留下了深深的怀想。

(载2013年8月28日《南京日报》B05版)

中大人文盛况追忆

校友、华东师范大学教授　钱谷融

我在中央大学读书时期的生活是最值得我怀念的。只要我一想起那些在战时的艰难岁月里度过的日子,心头就充满着一种既温馨又惆怅的难以言说的感觉。我是1938年进中大的,当时中大正内迁在重庆。我读的是师范学院国文系,系主任伍叔傥先生是北大毕业的,与罗家伦、傅斯年同届,不过罗、傅属于《新潮》,伍则参加刘师培、黄侃等人办的《国故》。

当时大学中文系的课程,大都是属于中国古典文学方面的,教师也很少关心现当代的和外国的文学情况。尤其是中央大学,一向比较守旧,学生作文,一律得用文言,白话文是不能进课堂的。伍先生却很开明,作文也可以用白话。有时,还跟学生议论一些现代作家,如周作人、郁达夫、徐志摩等人,或褒或贬,都能切中肯綮。他特别推崇鲁迅,认为其成就远在其他作家之上。

1927年，他曾与鲁迅在中山大学同过事，晚年他在中国香港任教和去日本讲学时，都和学生讲过鲁迅。他懂英文，跟外文系的楼光来（文学院院长）、范有忠（外文系主任）以及哲学系的方东美、宗白华等教授常相过从，尤其与历史系教西洋史的沈刚伯教授更是莫逆之交。他所延聘的教师，如罗根泽、孙世扬、顾颉刚、乔大壮、朱东润等人，可以说都是一时之选。记得顾颉刚先生第一次来校上课时，是由我去接他的。他当时住在沙坪坝附近的小尤坎。我们是抄近路走的田间小道。顾先生当时头发已经花白，可走起路来比我还快。他告诉我患失眠症已近二十年了，不过他的精神还是很好的。抗战胜利后，顾先生和我都在上海，但很少有见面的机会。20世纪50年代初，他奉调去北京，我的老同学徐千（群法）曾设家宴为他饯行，邀我作陪，这也是我最后一次见到顾先生。

近年来，常在报刊上读到一些回忆昆明西南联大的读书生活的文章，在作者们的笔下，那时的生活真的是多姿多彩，非常值得怀念的。其实，当时在重庆中央大学校园里洋溢着的，也同样是一种极其生动活泼的自由自在的气氛。中央大学当时有7个学院，42个系科，会集了各个学术领域里的许多精英。学生思想开放，办起了多种社团，都是意气风发，议论纵横。又因为靠近战时首都，与外界的交往较多，我在校时就曾听过一位担任英国议员访华团团长的某爵士和美国副总统竞选人威尔基的演讲。至于国内的学者名流则来得更多。我读的虽是国文系，但由于系主任伍叔傥先生视野开阔，识见宏通，很注意古今中外的沟通，常常邀请一些外系的著名教授来为国文系学生讲课。记得我在校时，就曾请过法国文学专家徐仲年教授来讲19世纪欧洲文艺思潮，请哲学系的宗白华教授来讲"文艺的空灵与充实"。罗家伦当时担任中央大学校长，五四时期他是一位新文学运动中的健将，伍先生也请他来系里作了一次演讲，他的讲题是"文学的观念"。有一次朱自清从昆明来，他是伍先生的北大同学，也为我们讲过一次。他讲的什么，已记不清了。老舍也来系里作过演讲，那次演讲会，就是由我主持的，由于来听的人特别多，原定的讲堂太小，不得不临时另找一个场所。老舍讲的是关于小说创作问题。我记得他着重讲了创作离不开生活的道理。他说他长期生活在北京，对北京比较熟悉。"北京刮一阵风,我也闻得出它是什么味道。""现在到了重庆,但对重庆还很不熟悉,所以我就不敢写重庆。"

1997年,我在香港中文大学遇到杨宪益先生,曾与他一同合影留念。记得他与夫人戴乃迭(Gladys Yang)是我读二年级那一年来中大任教的。他们当时刚从牛津大学毕业,可能还没有结婚,杨夫人还被大家称作Miss Tayler。杨先生总是一袭长衫,风度潇洒。杨夫人当时不过20岁左右,身材修长,面目姣好,颇有神采。这次在香港见到时,似乎觉得她特别高大,而且显得有一些龙钟,完全看不到昔日的风姿了。不禁使我颇增岁月飘忽、年华易逝的挽今追昔之感。

我的大学时代距今已有六十年了,还常常令我十分怀念。今年正逢母校百年大庆,我谨在此献上我最最诚挚的祝贺。

2002 年 5 月 15 日

(载 2002 年 5 月 31 日《东南大学报》百年校庆特刊第 G4 版)

"学衡派"与东南大学

天津师范大学中文系教授　高恒文

因为写作《东南大学与"学衡派"》一书,我在详尽地翻阅东南大学的历史资料时,一个令人吃惊的历史事实逐渐出现在我的视野之中,

这就是当年东南大学的那段辉煌历史。那是一个在人文科学和自然科学拥有十分强盛实力的东南大学,难怪曾任燕京大学校长和美国驻华大使的司徒雷登在其回忆录《中国五十年》中说,"东南大学是第一所现代国立高等大学,在当时也自然是最好的大学";而曾在北京大学任教的历史学家梁和钧教授则说,"北大以文史哲著称,东大以科学名世,然东大文史哲教授实不亚于北大"。我相信,今天对东南大学那一段历史有所了解的人,并不是很多。尽管近年来因为学术界对"学衡派"的研究,人们开

始提到东南大学，但东南大学又岂止有一个"学衡派"这样著名于全国的学术团体、流派？著名的"科学社"的大本营其实就在东南大学，被称为"简直就是一份哥伦比亚大学师范学院的'同人杂志'"的《新教育》的大本营其实也是在东南大学，而东南大学的"国学研究会"和"史地研究会"的会刊《国学丛刊》《史地学报》亦是学术界第一流的刊物，如此等等，令人惊叹。

但令人遗憾的是，"学衡派"与东南大学的关系，没有得到充分的重视。

一般都是想当然地把《学衡》存在的时间当作"学衡派"存在的时间，这几乎是学术界到目前为止的基本看法，几成定论。其实，这完全是一个误解，一个因为不求甚解而粗心犯下的错误。起始时间容易确定：1922 年 1 月《学衡》创刊，标志着"学衡派"的正式展现；或者以"学衡社"的成立来算，定为 1921 年 10 月。我倾向于认为，以"学衡社"的成立定为"学衡派"起始的时间。道理很简单，因为《学衡》是"学衡社"的产物，是其思想阵地。问题出现在对"学衡派"终止时间的确定上。如果以《学衡》的终刊时间来算，则应该定为 1933 年 7 月。对一个文学或文化的团体、流派来说，它的刊物固然是它存在的历史的重要标志，但也不能一概而论，仅仅依据刊物执一而定。我以为，1926 年 12 月，是"学衡派"存在的最后时间；更确切地说，1924 年 7 月至 1926 年 12 月，是"学衡派"解体的过程。在此期间，"学衡派"从东南大学风流云散，结束了它作为一个文化的和文学的团体的存在历史。

这是有充分的事实依据的。

首先，从"学衡派"与东南大学的关系来看。"学衡派"的成立，是因为其主要成员聚集在东南大学。梅光迪是"学衡派"的发起者，也是"学衡社"成立的组织者。1920 年秋，梅光迪从南开大学前往正在筹建之中的东南大学任教，意欲"以此校为聚集同志知友，发展理想事业之地"，因而一边在该校联络同志，一边致函邀请即将回国任教于北京高等师范学校的吴宓改往东南大学任教。由于梅光迪的努力，吴宓才毅然到了东南大学，和梅光迪等人聚集在一起。因此，东南大学的成立，使"学衡派"主要成员得以聚集在一起，这是"学衡社"的组织和《学衡》的创刊的一个十分重要的外部原因。同样，随着"学衡派"成员因各种原因陆续离开东大，"学衡派"也随之处于解体之中。吴宓、梅光迪于1924年7月离开；柳诒徵于1925年6月离开；胡先骕最后一个离开，在1928年6月。由于离开了东南大学，"学衡派"成员之间原已存在的思想差异与人际矛盾，使得他们日渐疏远，有的甚至不相往来，以至吴宓在日记中慨叹"同志之萧条及离异"。

其次，再看《学衡》的变化。1925年吴宓到清华大学任教后，在《学衡》上发表了大量王国维、林损等人的文章，改变了《学衡》的面貌，所以胡先骕认为："《学衡》缺点太多，且成为抱残守缺，为新式讲国学者所不喜。业已玷污，无可挽救。"这就是其要求停办《学衡》的重要原因之所在。1926年12月，《学衡》出版到第60期停刊。一年后，在吴宓个人的努力之下，《学衡》复刊，由月刊改为双月刊。复刊后的《学衡》，性质有了很大变化。第一个变化是，原来是集体编辑，复刊后基本上是由吴宓一人编辑。第二个变化是《学衡》的撰稿人，或者说是作者队伍，有了很大变化。原来的"学衡派"成员，大多数不给《学衡》写文章，实际是因为对吴宓的不满，视今日吴宓之《学衡》非往日"学衡派"之《学衡》。按照最初的"学衡社"原则，凡是在《学衡》上发表文章的人，就是学衡社的成员，而复刊后的《学衡》，因为吴宓自己也知道不再是"学衡派"的杂志了，因而也就不再提当初"学衡社"的那个原则了。第三个变化是，《学衡》的面貌的改变。前期《学衡》是一个文化批评刊物，后期《学衡》则变成了一个学术研究性质的刊物；"通论"栏目的文章明显减少，而"述学"栏目的文章则明显增多，并且，即使是"通论"栏目的文章，也很少有以前的那种批评乃至批判性质的论文，更多的则是严谨的学术评论文章与思想评论文章。原因就在于主编吴宓的编辑思想发生了很大变化。在东南大学期间，他不愿发表"无关国事与时局"的文章，"嫌其为考古述学之专著"，并且慨叹："后来此类之稿多矣!"大概是因为在清华大学国学研究院的原因，吴宓的思想有了改变，因而发表重视学术性的论文。总之，从上面分析的情况来看，《学衡》有前期与后期之分，1922—1926年是其前期，1928—1933年则为其后期；前期是"学衡派"的《学衡》，后期庶几可以说是吴宓的《学衡》。因此，绝不能简单地将复刊后的《学衡》看作是"学衡派"的刊物,不能将复刊后的《学衡》视为"学衡派"的继续存在。

——这就是"学衡派"与东南大学的关系。

(载 2002 年 5 月 31 日《东南大学报》百年校庆特刊 G4 版)

忆胡小石师

校友、南京博物院原院长　梁白泉

我于 1946 年冬入学中央大学理学院地理系,1948 年夏转入文学院历史系,时胡小石先生任中文系教授。1950 年秋,先生在成贤街有私人楼房一幢,步行到校部中山院很近,他在二楼有办公室一间。我当时以学生身份任中共总支文学院分支书记,常到他的办公室联系工作,因而得亲颜色。1951 年秋我毕业后,由国家分配到南京博物院工作,院长曾昭燏教授是胡先生 30 年代的得意学生,因请胡先生任顾问,先生每周有半天到院指导考古、古文字、文物藏品方面的工作,解决科研、学术方面的许多难题,我因而得到更多的问学、请益的机会。

胡先生是两江师范学堂监督(即校长)李瑞清先生的高足,并做过李的家庭教师,又经李推荐受学于陈散原和沈曾植,前后在东南大学、第四中山大学等任教。他当年留给我的印象,最深刻的是有关古典文学、戏曲方面,他的渊博知识深如海洋,不能窥其涯矣,结合专业工作,常为我们诵读古典诗词。他又极喜昆曲,抗战前苏昆到南京演出,已没有多少人听,他就包场,带领学生观剧,也只坐了前面几排,每到精绝处,他一鼓掌,学生就在后排响应,向演员表示鼓励。20 世纪 50 年代初,"传"字辈演员已有声名,但观众仍冷落,他在《新华日报》上著文鼓吹,引杜甫七言绝句诗《江南逢李龟年》:"岐王宅里寻常见,崔九堂前几度闻。正是江南好风景,落花时节又逢君。"文章的题目就是《正是江南好风景》。"传"字辈苏昆演员在北京演出《十五贯》,"一出剧救活了一个剧种",那是以后的事。

当年,我在高邮查看过"文游台"回来,讨论秦观的墓是不是在无锡,他和曾院长为我们吟诵秦观的《踏莎行》词:"雾失楼台,月迷津渡。桃源望断无寻处。可堪孤馆闭春寒,杜鹃声里斜阳暮。驿寄梅花,鱼传尺素,砌成此恨无重数。郴江幸自绕郴山,为谁流下潇湘去。"并指出"失"和"迷"两字极妙。

胡先生有哭友人诗一首,由曾院长抄示:"钱桥桥西三尺茔,地老天荒不肯平;我有泪珠五千斛,为君世世买无生。"心情、意境非常深刻感人。

20世纪50年代初,各种政治运动还很多,他每周来院半天时间,几乎没有什么业务方面的正经事好做,他在办公室真是闷得有点发慌。很可惜,我当时没有向他提出要他墨宝的要求。由于他对我们这些稚嫩的晚辈极为疼爱,如果当时向他索要100幅字,现在想来,他大概也会给的,到今天,他的字我手上一幅也没有。

20世纪的书法作品中,我做学生时只喜欢潇洒飘逸的柳字,到中年,突然发现,还是苍老遒劲的字最耐看,而且只酷爱胡先生的字。胡先生的学术嫡传女弟子——哈尔滨师范大学的游寿教授,后来寄我一幅先生书法的照片,估计是他1939年到1940年任云南大学教授时的作品,题作《兰津怨一首》,从来没有发表过,征得游老的首肯,我曾妄加详注,由她寄北京某书法专刊发表,用以纪念抗日战争胜利40周年。诗为:

南天谁问碧鸡神,错毂千车及上春。
一似汉家勤远略,兰津渡了为他人。

先生自注:"怒江汉名'兰津'。又'转澜沧,渡兰津,为他人',汉谣如此云'。"钤"盘石生"朱文方印一枚。虽然是复制件,我至今视为极品供壁。

胡先生是20世纪中国学界的泰斗之一,是一位百科全书式的大师级的

学者，在我的接触中，他可谓"无所不知"，可惜我们当年失教，没有向他汲取各种知识，如果向他求教，他必定会是无所不言的。年难留，时易殒。胡先生远去，已经整整40年了。他若地下有知，必定会为今天的学术自由的环境，为今天东南大学恢复文科建设所取得的进展，感觉深深的欣慰！

（载2002年5月31日《东南大学报》百年校庆特刊G4版）

柳诒徵：花20多年撰写《中国文化史》

黄 勇

江苏省立国学图书馆，是南京图书馆的前身，位于龙蟠里陶风楼。南京传世名著推荐书目中的王焕镳《首都志》写于那里。今天介绍的传世名著是《中国文化史》，其作者柳诒徵就曾做过陶风楼的图书馆馆长。

撰书是为了抨击"妄言攻击传统文化"

泱泱中华，礼仪之邦，有着五千年的古老文明。而让世界认可中国、认可中国传统文化，首先中国人要先认可自己，认可自己的文化。上溯中国人所撰写的文化史，柳诒徵的《中国文化史》应该是创世者。该书取名"文化"，并非现在所讲的"大文化"范畴，而是古义的"文治教化"。

翻阅《中国文化史》，全书资料详赡，涵括极广：政治、教育文艺、社会风俗，以及经济生活、物产建筑、图画雕刻之类，都广搜列举，力求使读者明了中国历史的真相及文化得失。一项统计显示，该书70余万字，引用资料自六经、诸子、二十五史、历代各家著述、国外汉学家论著，以至近代报纸杂志、统计报道，共有600余种之多。

其实这部书的创作前前后后，柳诒徵推敲了20多年。

"先生教书育人，著作等身，享誉海内外。《中国文化史》是代表作，在弘扬中华优良传统文化、增强青年民族自尊心与自信心方面起到了积极的作用。"柳诒徵在南京大学及其前身担任历史学教授40年，南京大学教授茅家琦回忆，《中国文化史》创稿于20世纪20年代，经过柳诒徵20多年的琢磨、推敲、充实，直到1947年才公开出版。

茅家琦说，这部书的特点是旁征博引，求真求实，全面弘扬了蕴藏在中国传统文化中的人文精神。这也是柳诒徵评选"院士"时的参选著作。1948年，他成功被选为中央研究院院士。

这部书其实一开始只是柳诒徵教学时的讲稿，陆陆续续发表在《学衡》杂志上。当时在五四运动时，很多国人忘了中国文化传统的精髓，妄言攻击传统文化，因此，他开始撰写《中国文化史》以阐明中国文化的特质。

在书中，柳诒徵特别提及社会的进步不单单只靠人们心志的力量，还有社会、经济、文化的整体发展。他深藏强烈民族意识，观点鲜明地提出，中国文化的伟大是建立在重视个人自由上的，中国古代政治已涵育民主政治及忠孝等精神。用作者自己的话，就是不断询问："中国文化之异于印欧者何在？"

篆书一绝，东大"梅庵"就有他的书法

柳诒徵1880年出生于镇江一个贫寒人家。7岁那年，他的父亲撒手人寰。年幼的柳诒徵得到外祖父及两位舅舅的呵护，他学习刻苦，母亲鲍氏督教他日诵经书及古诗文。10岁时，他便已读完《诗》《书》《易》三经。家无藏书，柳诒徵就勤奋借阅来抄写。

少年时，柳诒徵在篆书上大下苦功，曾以篆书抄写《说文系传》，后又醉心于汉隶《张迁碑》《史晨碑》等。通过精心临习和纵览经史，他的书艺和学术都大为长进。1895年，16岁的柳诒徵赴金坛参加科举考试，他以篆字书写试卷，一举考中，考官的批语是"未冠能此，可称妙才"，柳诒徵被录取为秀才。

1901年，柳诒徵来到南京，经人介绍，进了中正街（今白下路）上的

江楚编译局，负责编辑了我国第一部历史教科书——《历代史略》等书籍。1908年，柳诒徵受两江师范学堂监督李瑞清之邀，任东南大学前身——两江师范学堂的历史老师，并在该校当了10年教授。民国年间，文化界人士所用折扇，以柳诒徵的字、梁公约（扬州著名花鸟画家）的画合称"双璧"，认为有了"双璧"的折扇才能拿出来向人夸耀。

今天的南京除了陶风楼，还有地方铭刻着柳诒徵的"身影"。

在东南大学四牌楼校区内，有一处名为"梅庵"的小房子。这所坐北朝南的小房子是为纪念两江师范学堂监督李瑞清（号梅庵）而建，短期担任过中共党内最高负责人的瞿秋白在此参加过中国社会主义青年团第二次全国代表大会预备会议。如今，这里是东南大学艺术学院的一部分，而匾额"梅庵"两字正是柳诒徵所书。

首创图书馆"住读制"，为古籍长跪

在清凉山下，乌龙潭旁，龙蟠里史称诗巷。其9号大院曾为纪念晋代大司马陶侃，于道光年间设立了惜阴书院。一座颇为壮观的藏书楼——江南图书馆后来于1911年11月正式对外开放阅览。

1927年起，柳诒徵接任此馆馆长。为了发扬陶侃"大禹圣者，乃惜寸阴"的苦学精神和继承恩师廖荃孙（晚号艺风）的遗志，柳诒徵将该藏书楼正式命名为"陶风楼"，并邀政要谭延闿立书匾额一幅悬于堂前，还亲撰《陶风楼记》，以铭记"陶风"名字的由来及艰辛建馆的历程。

"最让人称道的是柳诒徵首创'住读制'，让人住在图书馆内查阅资料，可谓空前绝后。"南京图书馆研究部（国学研究所）主任徐忆农回忆，当了馆长后，柳诒徵对17万余册珍贵图书加以整理，印成当时我国唯一的书本式藏书目录。此外，他还创订《住馆读书章程》，为外地学子住馆苦读提供了方便——只要缴纳一定的宿食费用，便可长期留在馆内从事研究

工作。

种种方便，成就了一大批学者。如复旦大学副校长蔡尚思、江苏省教育厅厅长吴天石、中科院研究员兼山东大学教授郑鹤声等。蔡尚思为写《中国思想史研究法》，住馆苦读一年多。离开时，蔡尚思甚至将国学图书馆亲切地称为"母校"，将柳诒徵视为"第一恩师"。柳诒徵也特撰"开拓万古心胸，推倒一时豪杰"的条幅赠予他，这也被学界后来传为美谈。

1937年年底，日军进攻南京。南京沦陷前，柳诒徵为保护古籍，将馆藏书籍装箱藏于朝天宫地库。他还亲自带领工作人员，冒着酷暑，乘敌机来去的间隙，将馆藏的珍本善本书籍，装了一百余箱，日夜不停地紧急运至苏北兴化藏了起来。抗战期间，他时时惦记留在敌占区的那批藏书。1945年8月15日，他一听到日本投降的消息，便迫不及待地赶回南京。徐忆农说，柳诒徵当时亲访兴化的接收人员，要求发还国学图书馆藏书和书架等设备，为此甚至不惜"长跪以求"。

此后，经他四方奔走，又陆续收藏了被敌伪洗劫流落各地的馆藏书籍18万余册。

先生风骨：不敷衍自己、古人、今人

为人行事上，最见其风骨。终其一生，柳诒徵奉行"三不敷衍"宗旨，一不敷衍自己，二不敷衍古人，三不敷衍今人。不敷衍古人好办，认真做学问就是了。难办的是第一点和第三点。

1908年，李梅庵特聘柳诒徵继刘师培之后，兼任两江师范历史教员。该校习惯，会计不送教员薪水，要教员自己到账房去领。柳诒徵只管到校上课，但不找会计领钱。李梅庵不知，只知挽留，柳诒徵只说身体不好。后来，李梅庵知道情由后，痛责会计，将半年薪水如数送到柳府。这可说是不敷衍自己了。

不敷衍今人方面：抗战胜利后，柳诒徵被选聘为江苏省参议员。一次开会时，当时的江苏省教育厅厅长为一件事指责某议员吹毛求疵，柳诒徵抗声而起，手指厅长声色俱厉地斥责说："你是我在南京高等师范时的学生，何以这样糊涂，不明白民主精神？你须知道议员是代表人民行使神圣

的任务,你们不过暂时负一时的治权责任,应当小心,敬听主人翁代表的意见。没有民主修养,就不配列席会议,就不配做民主国家官吏!"教育厅厅长一时被训得面红耳赤,呆若木鸡,而全场掌声雷动。

保护和搜求书籍非常辛苦,柳诒徵两度中风。1949 年,心力交瘁的柳诒徵申请退休,离开南京去上海定居。1956 年,柳诒徵终因中风去世,他一辈子布衣蔬食,死的时候仅遗一床一桌,书 10 余箱。

今年(2015 年)是柳诒徵 135 周年诞辰,南京大学有计划在仙林校区历史学系教学科研办公楼专门辟出柳诒徵先生纪念室,展示柳诒徵著作及相关研究成果。而一批柳诒徵未刊的诗文、书信,也将整理公布,让学界能对柳诒徵有一个更高的认识。

柳诒徵"为学守则"三纲十八目:

一保身:遏嗜欲、省思虑、平怨怒、节饮食、谨言语、惩偷惰;二修德:事亲孝、与人忠、立志坚、律己严、执事敬、处境淡;三勤学:读经书、考史事、讲理学、习国政、作诗文、究技艺。

红色基因

东南大学具有悠久的历史和辉煌的革命传统。在中国革命的历史上，有着特殊的地位。无数前辈先贤们为东大留下了丰厚的精神遗产，不断激励着一代代东大青年学子奋勇拼搏、砥砺前行。东大革命先贤们，为东大学子树立了一座座丰碑。

东大英烈

东大革命英烈是中华民族的脊梁。作为一名东大人，我们永远不会忘记，在东南大学的历史上，有像革命英烈这样的一群知识分子：他们有着崇高的追求，纯洁的心灵，不屈的斗志，勤劳的双手，他们为了一个国家、一个民族的梦想与追求，把鲜血和生命洒在历史的长河里。他们用卓越高贵的灵魂和慷慨悲壮的人生熔铸了东大光荣的爱国民主的革命传统。

"天地英雄气，千秋尚凛然。"今天，我们更要学习先烈们不怕吃苦、艰苦奋斗的拼搏精神；学习他们追求真理、英勇无畏的献身精神；学习他们救国救民、大仁大义的爱国精神。青山埋忠骨，史册载功勋。革命先烈们，为民族大义英勇献身，与青山同在、与大地同存、与日月同辉！

东大英烈名录

谢远定（1899—1928）1920 年考入南京高等师范学校.

杨杏佛（1893—1933）1920 年任国立东南大学教授

吴　肃（1898—1939）1919 年考入南京高等师范学校教育科

侯　曜（1903—1942）毕业于南京高等师范学校教育科

宛希俨（1903—1928）1921 年考入东南大学

文化震（1902—1927）1922 年考入东南大学预科

钟天樾（1900—1927）1924 年考入东南大学

梁　永（1904—1927）1925 年考入东南大学

吴致民（1900—1935）1921 年考入东南大学

成　律（1901—1927）1925 年转入东南大学农艺系

吴光田（1907—1927）1926 年考入东南大学政治经济系

王崇典（1903—1928）1926 年 9 月转入东南大学法学院

齐国庆（1903—1928）1923 年考入东南大学物理系

黄祥宾（1905—1930）1926 年考入东南大学工学院数理系

李林潘（1909—1930）1929 年考入中央大学

陈朝海（1908—1932）1928 年考入中央大学

顾　衡（1909—1934）1927 年考入中央大学数学系，后转物理系

赵宗麟（1910—1939）1930 年考入中央大学法学院

程履绎（1921—1949）1943 年考入中央大学物理系

成贻宾（1927—1949）1947 年考入中央大学工学院电机系

郭重学（1923—1949）1943 年考入中央大学政治系

赵寿先（1923—1948）1943 年考入中央大学工学院

郑显芝（1921—1949）1943 年 10 月考入中央大学工学院机械工程系

焦伯荣（1922—1949）1943 年考中央大学文学院历史系

刘惠馨（1914—1941）1935 年考入中央大学电机系

韦延鸿（1920—1949）1942 年考入中央大学师范学院数学系

白深富（1917—1949）1938 年考入中央大学

郁永言（1906—1941）1928 年考入中央大学经济系

赵晶片（1917—1949）1942 年考入中央大学数学系

谭　讷（1923—1949）1943 年考入中央大学政治系

古传贤（1922—1949）中央大学机械系毕业

殷启辉（1926—1952）1944 年考入中央大学

红色梅庵

梅庵是南京早期革命斗争纪念地之一。始建于1914年，坐落于东南大学四牌楼校区西北角，是为了纪念东南大学前身的两江师范督学、我国晚清著名学者、教育家、书画家李瑞清（号"梅庵"）而建。当时建有3间茅草平顶的平房，门前挂有李瑞清手书的校训木匾"嚼得菜根，做得大事"。五四运动后，这里曾是中国进步浪潮之所。1932年改建为砖混结构平房，著名文史学家柳诒徵于1947年6月亲笔题写了"梅庵"2字匾额。

梅庵（1914年）

梅庵（1932年）

梅庵（1947年）

中国社会主义青年团二大会址

1923年8月20日至25日，中国社会主义青年团第二次全国代表大会在东南大学梅庵举行。瞿秋白、邓中夏、林育南、刘仁静、张太雷等30余人代表全国16个省30多个地方团组织的2 000多名团员参加了大会。大会选举了中国社会主义青年团第二届中央执委会，刘仁静、林育南、卜世畸、邓中夏等4人组成了临时中央局。

这次大会着重讨论了如何贯彻党的统一战线方针问题，特别是要不要加入国民党的问题。大会讨论决定团员可以和共产党员一样，以个人身份加入国民党。大会还通过了青年工人运动、学生运动、农民运动、教育及宣传、青年妇女运动等决议案。这次大会最突出的成就在于它坚决地接受了党的统一战线的方针，并采取了与党统一的步骤，保证了在统一战线的政策方面与党在思想上、行动上的完全一致。团的二大对于统一全团思想，动员和组织广大团员青年参加统一战线，推动国民革命运动的发展具有重要意义。

共青团二大是唯一的一次在高校中举行的共青团全国代表大会，在共青团历史上具有重要的地位和深远的意义，也在高校共青团事业的发展史上树立起光辉的丰碑，留下了丰厚的精神遗产。

少年中国学会旧址

1919年的五四运动，对南高产生了深刻的影响，实行民主治校，推行民主管理，提倡科学，昌明学术，成为师生共同的要求。学校积极支持和指导学生自治会的各种活动，各种学术学会、研究会相继成立。少年中国学会是当时最富理想和朝气的青年团体，这个被蔡元培赞誉为"最有希望之团体"的组织，容纳了一大批意气风发、忧国忧民、心系苍生的青年才俊，学会的宗旨是"本科学的精神为社会活动，以创造少年中国"。

在少年中国学会会员中，有走上共产主义道路的李大钊、恽代英、邓中夏、毛泽东、张闻天、高君宇、赵世炎、黄日葵、沈泽民、杨贤江、刘仁静；有后来成为国民党要人的周佛海、杨亮功、吴宝丰、沈怡；有后来成为国家主义派重要骨干的曾琦、左舜生、李璜、陈启天、何鲁之、张梦九；有成为实业家的卢作孚，有音乐家王光祈，有文学家朱自清、宗白华，有戏剧家田汉，有诗人康白情；有哲学家方东美，还有像许德珩、张申府、周炳琳、郑伯奇等等一大批在近现代史上熠熠闪光的人物。

1921年7月1日至4日，少年中国学会在东南大学梅庵召开第二届年会，出席会员23人，代表了各地和各派的思想。在会上提出了学会是否参加政治活动的问题，引起激烈争辩。方东美等坚决反对采取某一种主义，最后决议成立各种研究会，最初分文、理、工、农、医、商、政治、法律、经济等学科。

据不完全统计，先后留学德、法、美、日等国的有39人，几乎占会员的1/3。这些会员出国前都是高校学生，留学归来主要从事教育工作和学术研究。以南京为例，不少南京高等师范和金陵大学学生，留学归国后大多仍在南京东南大学或金陵大学执教。以会员的职业来看，除少数系职业革命家，大多数都在高校工作或从事新闻事业。

南京共青团组织的诞生地

南京市纪念建团九十周年大会在东南大学梅庵前隆重举行

东南大学是南京早期革命斗争纪念地之一，东南大学校园内西北角的梅庵也是南京市共青团组织的诞生地。1922年5月5日，南京24名团员在南京高师内梅庵召开全体团员大会通过了《南京社会主义青年团简章》，宣布南京社会主义青年团成立。决定建立马克思学说研究会，大会推选东南大学学生吴肃、侯曜为负责人。

吴肃（1898—1939）
1919年入南高师学习，1922年加入中国共产党。同年5月，他主持南京社会主义青年团成立大会，负责团务工作。1939年在平江惨案中牺牲。

侯曜（1903—1942）
早年考入南高师，民国14年（1925）毕业于东南大学教育学系。大学时是南高与东南大学文学研究会的成员。中国电影界第一代导演，中国早期电影理论的拓荒者之一。曾参与抗日，最后被日军杀害。

东南大学光荣革命传统

1921年,南高师即成立了社会主义青年团组织,以"马克思主义研究会"进行活动。东南大学学生谢远定、吴肃、宛希俨等曾是南京地区早期的共产党员,为南京地区党组织的建立和发展作出过重要贡献,后被国民党政府杀害。从南高师时期到中央大学时期,先后为革命献身的烈士就有18人。从"五卅"惨案到"九·一八"事变、"一二·九运动",东南大学、中央大学的团员青年都曾一次次掀起反帝爱国民主运动。

1927年3月14日 东南大学学生成律(国民党左派)、吴光田(共青团员)两人被反动军阀(直鲁军)逮捕。吴光田在狱中坚持斗争,英勇不屈。临刑前,他刚强不屈,大骂军阀祸国殃民,然后慷慨就义。牺牲时他年仅20岁。东南大学师生为永远纪念他们,在校园内六朝古松之下(今南京东南大学梅庵前面),建立了成律、吴光田烈士纪念碑。

"九·一八"事变后,蒋介石下达"不抵抗"令,日军在五天内侵占了辽宁、吉林、黑龙江千里山河。消息传到南京,人们无不震惊,中央大学等南京高校师生奋起抗争。1931年10月22日,中大、金大会同上海来南京请愿的同学3 000余人,再次举行示威请愿。蒋介石被迫在中央大学礼堂前接见学生。

1947年5月20日,中央大学学生发起一场"反饥饿、反内战、反迫害"运动,波及全国数十个大中城市,震惊中外。毛泽东主席曾评价它标志着人民运动高涨的"第二条战线"的出现。梁希、潘菽等教授也曾加入学生的爱国民主斗争行列并慷慨悲歌:"起看星河含曙意,愿将热情荐黎明"。

1947年参加"五二零"运动的国立中央大学学生列队走出校门

"五二零"运动波及京沪苏杭16所大专学校6 000余人

当时报纸关于京沪苏杭等地16校学生游行请愿的报道

中大、重大等8校师生组成的万余人到国民政府请愿

抗议美军暴行的队伍正从国立中央大学校门走出

东南大学"烈士纪念日"主题教育活动

　　东南大学共青团自2015年以来都会在每年9月30日的早晨隆重举行东南大学"烈士纪念日"主题教育活动,以此铭记峥嵘历史和光荣传统,深切缅怀为东南大学献身的革命英烈。全校师生代表通过简朴庄重的仪式向东南大学革命英烈敬献鲜花,表达心中的敬意与无限的哀思。主题活动和相关展览的举行挖掘出更多为国家民族呕心沥血、矢志奋斗的东大革命英雄的故事。这些英烈的事迹成为东大宝贵的精神遗富,永远留存在所有东大人的心中。在新的历史征程中,东南大学全体师生要牢记革命先烈的遗志,团结进取,拼搏进取,为实现早日建成世界一流大学的"东大梦"和中华民族伟大复兴的"中国梦"而不懈奋斗!

东大英烈典型事迹

王崇典（1903—1928）

安徽涡阳人。幼时天资聪颖。1926年9月转入南京东南大学法学院。1927年他加入中国共产党，任中央大学支部书记，后任中共南京市委委员。1928年初参与策划"在国民党统治区的心脏—首都南京发动武装暴动，推翻反动政权"积极从事组织发动工作。而他的频繁活动已引起反动当局的注意，同时由于叛徒告密，王崇典等8名党员于5月7日晚在中大第二宿舍被围捕。9月27日凌晨，王崇典、齐国庆等4人被押赴雨花台，高唱《国际歌》，从容就义。王崇典对来探监的弟弟说："人总是要死的，只要革命能够成功，我就是死了，还是有意义的，将来一定会有更多的青年投身革命斗争。"

齐国庆（1903—1928）

安徽太和人。1924年考入国立东南大学物理系。1927年加入中国共产党，便投身"迎接北伐军进南京"的秘密活动。12月上旬接任王崇典为中大党支部书记。1928年初，中共江苏省委要求南京迅速暴动，却因力量薄弱，始终没能发动起来。5月5日晚，齐国庆与几个同志正筹划"红五月"的暴动计划时，被敌特发现。齐国庆与王崇典等8名中大党员于7日晚被捕。9月27日凌晨，被枪杀于雨花台。临终前齐国庆嘱咐难友窦昌熙："我死后，务必请你转告我家：一、不用棺，一切从简；二、妻子不必为我守节；三、为革命而死光荣，父亲不必伤悲。"

顾衡（1909—1934）

江苏无锡人。1927年，考入东南大学数学系，后转物理系。同年参加"大地社"，与社员共同探索救国的道路。1930年加入中国共产党。1931年，顾衡把工作重点转移到农村，他到安徽太和打扮成农民，深入农民中开展工作。领导农民进行抗租、均粮斗争。在他的积极工作下，革命烈火在太和熊熊燃烧起来。1933年夏，就任中共南京特支书记。在白色恐怖的中心，他不避风险艰苦工作，使南京党的组织迅速得到恢复和发展。1934

健雄文化 止于至善（大学卷）

年8月，在斗争中，顾衡不幸被捕。

敌人曾诱降顾衡的父亲顾倬，顾衡得知后愤怒地说："不要上当，我是不会投降的！你们也无须为我奔走权门，托人营救了。我已抱定宗旨，舍生取义！"在法庭上，他理直气壮，侃侃而谈，把国民党的法庭变为宣传共产主义的讲坛。在狱中，敌人劝他自首，他这样回答："我加入共产党，是一种信仰，这是不能动摇的！"1934年12月4日，顾衡在雨花台慷慨就义。

顾衡的烈士墓碑后镌刻着萧楚女的名言："人生应该如蜡烛一样，从顶燃到底，一直都是光明的。"

程履绎（1921—1949）

湖北应城人。1943年考入中央大学物理系。因家里经济困难曾休学一年。1949年淮海战役后，4月1日下午，剧专、政大同学被打的凶讯传到中央大学，程履绎、成贻宾和几百名同学毫不犹豫地冲出学校去营救被殴的学生。然而，程履绎的正义举动却招来暴徒们的拳击棒打。凶狠的敌人将程履绎围住，用铁器猛击他的后脑，他被击倒地。当暴徒们行凶离去后，同学们见程履绎伤势严重，立即将他送鼓楼医院抢救，但终因伤势过重，抢救无效，于次日下午6时22分停止呼吸。程履绎牺牲时年28岁。

程履绎在哲学论文中写到："我们所以困苦，就是把'我'看得太重……须从'小我'的圈子里解放出来，丢开自己来看自己。须在'大我''小我'之间有所抉择，才能在'生死之际，非常坦然'。"

成贻宾（1927—1949）

江苏宝应人。1947年夏，考入中央大学工学院电机系。他积极参加学校党组织和党的外围组织——新民主主义青年社开展的"护校迎解放"活动。1949年4月1日参加示威游行，并担任街头宣传工作。4时许，暴徒们用棍棒、皮鞭等向请愿学生大打出手，成贻宾被殴打身负重伤。游行请愿队伍被打散。成贻宾因伤势过重，没走几步就被撵上，又遭到更残忍的殴打。数小时后，暴徒们离去。成贻宾忍着疼痛回到了学校，同学们见他的伤势严重，立即将他送到医院抢救，终因脾脏破裂，抢救无效，于19日晨 8 时 20 分停止了呼吸。牺牲时年 22 岁。

成贻宾 17 岁拟定了"新生十条"以鞭策自己：立志"树立新的人生观；有丰富的学识；有规律的生活；有果断的毅力；有高尚的品格；勤俭，乐于助人；毫不自私自利，为了大众随时准备牺牲自己；朴实无华；爱国家，爱民族；忠诚于爱情。"

赵宗麟（1910—1939）

四川省荣昌县（今属重庆市）人。1930 年 8 月考入中央大学政治系，1931 年加入共产主义青年团，1932 年转为中共正式党员。1939 年 6 月 8 日，在日军对平陆县的大举进攻之中，坚持抵抗的赵宗麟牺牲在平陆县城东郊的普济桥边竹园里，年仅 29 岁。牺牲时，他的身边还保存着第一百七十七师的关防大印和抗战前线写成的遗稿。

他在荣昌县立中学读书时，即在作文里写下远大理想，"深知振兴中华，人人有责，但个人要学有专长，立志学必有成。"

赵宗麟的诗歌：倭奴入寇一年余，河山破碎已半壁。男儿不禁兴亡恨，投笔从戎古有之。1938 年 10 月 6 日，赵宗麟给妻子写的信中表达了大无畏的为国牺牲精神："这回我们同日本打仗，不是为了一个人两个人的事，而是为了四万万同胞不做亡国奴，为了子子孙孙不做奴隶……为了这最光荣的事业，就是不幸打死，也是值得的"。

东大英烈文稿选摘

◎ 成律（1901—1927）

字辛六，又名应钟，湖南宁乡人。1922年，毕业于湖南省长郡中学，后入长沙雅礼大学读书。1925年，考入国立东南大学农科农艺系学习。在校期间，加入国民党，参加知行社、协群社等群众性进步组织。1926年，当选国民党南京市第一区党部第二区分部执行委员。1927年2月，当选国民党南京市第一区党部候补执行委员兼第二区分部常委；3月，被孙传芳部逮捕，牺牲。

◆ **狱中写给父亲的信**（1927年）

父亲大人：

诸事痛不忍言，身后求大人不抱儿抱孙接代，因为将来反累家人也。百年后家产交公管，每年送男一女一的农科大学生，以完儿志。不孝男应钟遗禀父亲大人，朱孔阳君乃儿契友，所有用项，求照还为要。

男应钟遗禀
三月十七日上午

◆ **狱中写给妻子的信**（1927年）

淑钰吾爱：

五年恩爱夫妻，同居仅及数月，今朝永别，痛何可言！此后求慰吾父、汝母。百年后，我俩再在天堂结婚。此后诸事，可与韵姊相依，渠即可谓为我也。

夫辛六字
十六年三月十五日南京

注：这两封信未留下手迹，刊载于1927年《申报》上。

◎吴光田（1907—1927）

江苏松江人。早年就读于东吴小学，毕业后考入江苏省立第三中学，不久转入南京东南大学附中。在校期间，参加共青团外围组织"合作社"的活动。后考入东南大学。1925年，参加中国共产主义青年团。1927年3月，被孙传芳部逮捕，牺牲。

◆ 写给父母的信

父母亲大人膝下：

敬禀者。来宁后曾上二禀，未识已达慈鉴否？刻下宁地情形似尚安静，惟市面萧条，商店仅于上午开市一二小时。路上兵士来往，殊形忙碌，且有拉夫行动。教员及学生之被拉者，时有所闻。校中同学回去者日多，现大学宿舍一部分仅有十七八人。茶水已停止供给，由各人自理，因此殊感不便。昨日午后，校内宿舍不知由何处掷下炸弹一枚（昨日风雨极大，并无飞机），一时殊形恐惶，幸未伤人。在校教授寥寥数人，每日上课至多一二小时。男拟暂不返里，如校中宣告停课或至急紧时再定行止也（在校同学尚有一百数十人）。松地近况若何？沪杭路形势和缓，未识吾松能否就此过去？家中自大人以次均安好否？念之。男在校中身体甚好，望勿悬念。

磐哥处曾去一书，未见来字，未识安好否？诸亲戚是否仍在收容所内？

母亲暨久姊已否赴申？此次春祭按期举行否？余容续禀。

肃此谨请

福安！

男光田叩上
十二日午后

◎ 成贻宾（1927—1949）

江苏宝应人。少时就读于江苏省省立扬州实验小学、南京模范中学等校。1947年，考入国立中央大学。南京解放前夕，积极参加中共地下组织及新民主主义青年社开展的护校迎解放活动，是中大进步社团电社主要成员。1949年4月1日，为反对国民党顽固派"假和平、真备战"的阴谋，参加游行示威，被特务殴打，身受重伤，19日牺牲。

◆ 写给未婚妻的信（1944年初）

芬：

心中的话，郁积了有一个多月了，不用你催，我自己也耐不住了。讲吧，妹妹，请你停一停手中的工作，花上几分钟来读远地的情人给你的甜蜜的信吧！

远的不谈吧，咱们谈一九四四年的事：

三天的年假，给了我一个很好的思想的机会。我在这三天当中，检讨了所有的过去，同时，计划了将来。我觉得过去的随它过去吧，不管它是酸甜苦辣。要注意将来，把握现在，于是我觉得有"自我革命"的必要。于是我拟定"新生十大信条"，以期自今年起，更外（加）努力地去创造一个新的生命。

一、一个新生，是一定有着新的人生观。新的人生观，是活泼的、乐观的、健全的。

二、一个新生，一定有丰富的学术、丰富的学识。来源于正确的理解、仔细的观察。

三、一个新生，一定有规律的生活。严格地律己，忠诚地待人。

四、一个新生，一定有果敢的毅力。要咬紧牙关，不屈不挠地，和黑暗的阻挫斗争。

五、一个新生，一定有高尚的品格。不欺骗人，同时也不欺骗自己。

六、一个新生，一定是勤俭的。能自己做的事，必得自己去做，能省的费用，必得节省。

七、一个新生，一定是乐群助人的。不可自私自利，要随时牺牲自己，为了大众！

八、一个新生，一定是朴实的。不唱高调，不蹈浮夸，而切实地努力于工作和事业。

九、一个新生，一定是爱国家、爱民族的。同时也是爱父母、爱师长、爱一切可爱的人的。

十、一个新生，一定有着高贵的爱情。要始终亲爱、谅解、安慰着甜蜜的爱人。

芬，你以为这十条太空洞、太广泛么，或者是太夸大么？是的，一个人绝对难于同时具备这些条件的，但是我愿把它们作为我的十块指路牌，努力地向"新生"猛进！

六朝松下：南京青年运动的精神地标

东南大学四牌楼校区西北角，藏着一处清幽雅致的地方。

葱茏草木间，一栋坐北朝南的砖混建筑显得古朴低调。房屋正面悬挂匾额，上有柳诒徵先生题写的"梅庵"二字。

1922年5月5日，马克思104周年诞辰纪念日，24名团员在梅庵召开南京社会主义青年团成立大会，团南京地方委员会成立。

南京青年革命运动由此开始蓬勃兴起。

六朝松畔，南京社会主义青年团诞生

走近梅庵，首先吸引人们目光的，是一株葱郁苍翠的古树——六朝松。相传，它由梁武帝手植，已是1 500多岁高龄。

1922年5月5日，正是马克思104周年诞辰纪念日。初夏的午后，阳光有些炙热，"六朝松"下不时走过几位青年，他们的身影最终都闪进了一旁的梅庵。

没过多久，屋内便聚集了24位年轻人，他们身份各异，有的是知识分子，有的是工人，相同的是，他们在探索救国救民真理的道路上，不约而同地选择了马克思主义，并加入中国社会主义青年团。

当天下午，南京高等师范学校学生吴肃（见右图）、侯曜在内的24名团员在梅庵召开南京社会主义青年团成立大会，正式通过《南京社会主义

青年团简章》，成立南京团地方委员会。

会议还通过了两项决议：（一）组织公开的南京马克思学说研究会，推定易克檀、吴肃主持；（二）介绍南京方面善演戏的中等学校以上的学生入团，作为组织"平民戏剧社"之预备，推定侯曜主持。

吴　肃

六朝松畔，梅庵的三间茅草屋内，南京社会主义青年团正式成立，成为当时中国15个地方团组织之一，南京青年革命运动由此开始蓬勃兴起。

功成身退，隐身校园一隅的红色据点

1923年8月，梅庵再次迎来重要的历史时刻。

中国社会主义青年团第二次全国代表大会在这里召开，瞿秋白、邓中夏、林育南、恽代英等30余人代表全国16个省30多个地方团组织的2 000多名团员出席了大会。

大会通过了青年工人运动、学生运动等一系列决议案，并明确了团在政治上必须完全服从党的主张。

后来的日子里，梅庵依旧忠实地履行着红色据点的职责。

1924年1月13日，南京社会科学研究会在梅庵成立。该会用读书报告、演讲辩论等形式发动群众学习马克思主义，研究改造中国的问题。

到了解放战争期间，中共南京地下党组织又将梅庵作为秘密活动场所。

如今，历史渐行渐远，梅庵的红色底蕴愈显厚重。岁月静好，它功成身退般隐身于校园一角，但它所承载的革命精神和红色传统，正不断地激励青年勇负历史责任，在时代的潮流中搏浪淘沙，在开拓进取中成就青春梦想。

团中央领导下，南京青年革命风起云涌

在团中央的领导下，团南京地方委员会建立马克思学说研究会，时常组织读书会、讨论会和演讲会，宣传马克思主义，提高团员的马克思主义

水平。

吴肃和侯曜等优秀团员还在向上级团组织提交南京团务报告时特意提到："马克司（思）学说研究会成立后，南京方面少人讲演，是一件憾事！"

他们建议，"我们请上海方面，来日暗中派人到此讲演，我们也望上海致函北京派几个人来讲演。这事我们认为必要！"

在宣传马克思主义的同时，团南京地方委员会还积极地组织领导南京的反帝反封建斗争。

1922年秋，在邓中夏直接领导推动下，团南京地方委员会发起成立民权运动大同盟。10月10日，南京一万多名学生手拿小旗，高呼"打倒军阀"的口号，开始游行示威。

公共体育场旧址

而与此同时，江苏督军齐燮元正威风八面地在小营举行所谓的"国庆阅兵"，双方就这样唱起了对台戏。

1923年3月，日本政府无理拒绝取消"二十一条"，拒绝交还旅大。消息传到南京，群情激愤，团南京地方委员会迅速行动，联合各进步团体，领导南京各界人民万余人在公共体育场举行国民外交大会，要求取消"二十一条""收回旅大"，强烈反对日本帝国主义和北洋军阀。

5月9日，在南京团组织领导下，5 000余名学生再次走上街头，他们举着小纸旗，上面写着"卧薪尝胆""酣狮起舞""毋忘此日""坚持到底"等誓言，悲愤难抑。这次行动也被称为"国耻游行"。

通过一系列的革命斗争，许多优秀团员在斗争的考验中快速成长起来，谢远定、吴肃、宛希俨等团员先后加入了中国共产党。

1923年10月11日，中共上海地方兼区执行委员会决定将南京的5名党员编为第六小组，组长谢远定。这也是南京城区第一个党小组。

（载2019年5月10日第1397期《东南大学报》第8版）

名家大师

名师荟萃　英才辈出
东南学府俊彩星驰

百年东大，地灵人杰，国手荟萃，大师云集。凡执教于东大的名师，朝夕耕耘于东大；就学于东大的俊彦，日夜躬行于南雍。欣逢百年诞辰，特选对国家有重大贡献和在各学科领域有重要建树的数十位东大校友，将其事迹、学术、业绩，略载于此，以彰我校百年之人杰，以扬东大百年之盛事。

著名气象学家：竺可桢

竺可桢（1890—1974），浙江绍兴人。著名气象科学家、地理学家和教育家。1915年获哈佛大学地学系气象学硕士，1918年获哈佛大学博士学位。1920年任南京高等师范学校地学系主任，开设气象学、地学理论、世界地理等课程并参与筹建东南大学。1921年任东南大学地学系主任。1948年当选为中央研究院院士。1955年当选为中国科学院地学部委员。1936年任浙江大学校长,1949年任中国科学院副院长、中国科学技术协会副主席。

竺可桢筹建东南大学时,建立了包含地理、气象、地质、矿物四个学科的中国第一个地学系。为我国培养了大批杰出人才,为我国高等教育事业作出了巨大贡献。他主张大学应是以文、理为基础,多科性,综合性的,以通才教育为主。同时提出"教授治校",认为办好大学最重要的是能聘到一批好教授。1916年发表了他第一篇气象论文《中国之雨量及风暴说》,开创了我国季风气候学工作。竺可桢的《东南季风与中国之雨量》经典性论文为季风气候研究和长期天气预报提供了重要基础。竺可桢是我国物候研究的开创者。1931年他在《论新月令》一文中提出用物候安排农事比二十四节气更为适用,主张新的农历应建立在物候基础上,并且主编了《物候学》。他出版的《中国新植物物候观测年报》,为物候学研究提供了基本资料。1972年发表的《中国近五千年来气候变迁的初步研究》是他数十年辛勤劳动所取得的重大成果。

著名数学家:熊庆来

熊庆来(1893—1969),云南弥勒人。著名数学家、教育家。1920年获法国蒙柏里耶大学理学硕士学位。1921年起,任南京高等师范学校、国立东南大学算学系教授兼系主任。1921—1925年,他创建了东大算学系,开了10多门课程,并自编了10多种教材。他的《高等算学分析》被列为大学丛书。培养了许多数学家、物理学家与其他学者,严济慈、赵忠尧、柳大纲、胡坤升等都是他在东大时的学生。1929年主持开设清华大学算学研究所,招收了陈省身等研究生。1932年赴瑞士苏黎世参加"国际数学家大会"。以《关于无穷级整函数与亚纯函数》的论文,于1934年荣获法国国家理学博士学位。

熊庆来的专长是复变函数论,其突出贡献是建立了无穷级整函数与亚纯函数的一般理论。在亚纯函数结合与其导数的研究方面,他首先将奈望利纳关于对数导数的引理推广到一般情况：由函数值分布论中的一个基本不等式出发，消去余项中的所谓原始值，从而建立相应的正规定则，解决了海曼搜集提出的关于全纯与亚纯函数族的新正规定则方面的大部分问题。熊庆来对于代数体函数，单位圆内的全纯与亚纯函数以及唯一性问题等方面也作了重要研究。他的专著《关于亚纯函数及代数体函数，奈望利纳的一个定理的推广》得到同行学者的好评。

著名林学家：梁希

梁希（1883—1958），浙江吴兴人。著名林学家，林业教育家和社会活动家。他16岁中秀才。1913—1916年在日本东京帝国大学农学部林科学习。1923年赴德国塔朗脱高等林业学校研究林产制造化学，1927年回国。1931年任国立中央大学农学院院长，不久又回浙大任教，1933年复应中大之邀，任中大森林系教授兼系主任。1948年当选为中央研究院院士。1949年8月国立中央大学改名国立南京大学，梁希任校务委员会主席。后任林垦部部长，1955年当选为中国科学院生物学部委员。

他在中国首创了林产制造化学，传播了新的林业科学理论，提出了全面发展林业、发挥森林多种效益，为国民经济建设服务的思想，领导制定了建国初期的林业工作方针和建设规划，在全国范围内初步建立了林业行政、科研、教育及生产体系，促进了新中国林业的蓬勃发展。长期从事松树采脂、樟脑制造、桐油抽提、木材干馏等方面的试验研究，先后创建了浙大和中大的林化实验室，创立了中国林产制造化学的学科。他的《林产制造化学》堪称林业科学的经典巨著。献身林业教育30余年，培养了大批林业专门人才。

中国有机化学研究的先驱者：庄长恭

庄长恭（1894—1962），福建泉州人。著名有机化学家和教育家，我国有机化学研究的先驱者，有机微量分析的奠基人。1919年入美国芝加哥大学化学系，1921年获硕士学位，1924年获博士学位。1933年回国任国立中央大学理学院院长，1934年任中央研究院化学研究所所长。1948年当选为中央研究院首届院士，并出任台湾大学校长。1949年后，任中国科学院有机化学研究所所长。1955年当选为中国科学院化学部委员。

庄长恭主要从事麦角甾醇结构的研究。从麦角甾烷的铬酸氧化物中分离到失碳异胆酸并从已知结构的异胆酸降解成为失碳异胆酸，进行比较证明了麦角甾烷的结构，推测了麦角甾醇的结构，设计带有角甲基双环α-酮的合成方法；研究了甾族族边链的氧化断裂，是当时国际上少数从事甾体全合成研究的知名化学家之一，其工作曾被引入著名教科书。他还研究了防己诺林、去甲基防己碱等生物碱结构。对有机合成特别是甾体化合物的合成与天然有机化合物的结构研究作出了卓越的贡献。他重视并拟定有机化学中文命名，现用的吲哚、吡咯等杂环化合物名称均为他所倡议。

中国近代生物学宗师：秉志

秉志（1886—1965），满族，河南开封人。著名动物学家、教育家，我国近代生物学的一代宗师。1908年毕业于京师大学堂，1909年考取第一届官费留美生，入康奈尔大学，1913年获农学士学位。1918年获康奈尔大学哲学博士学位。他是获得美国博士学位的第一位中国留学生。1915年他与周仁创立了中国科学社和中国最早的学术刊物《科学》。1920年任南京高等师范学校教授，1921年在南京高等师范学校创办我国第一个生物系，任系主任。1922年与其他生物学家共同建立我国第一个生物学研究机构"中国科学社生物研究所"。1934年与他人共同发起组织了中国动物学会，任第一届理事长。1945年任国立中央大学生物系教授。1948年被选为中央研究院院士。1955年当选为中国科学院生物学部委员。

他在南京高等师范生物系和生物研究所倡导和培育了勤俭刻苦、努力好学的优良学风。南京高等师范学校（东南大学、中央大学）生物系和南京、北京两个生物研究所，在秉志的领导下，主要研究形态学和生理学，还对我国动植物资源进行了大量调查研究。不仅获得丰硕的科研成果，而且培养出一批生物学的骨干人才。

秉志最擅长形态学和生理学，他在脊椎动物形态学、神经生理学、动物区分分类学、昆虫学、古生物学等领域进行了大量开拓性的研究，均有重要成就。

中国地质力学创始人：李四光

李四光（1889—1971），蒙古族，湖北黄冈人，著名地质学家，中国地质力学创始人。1919年，获英国伯明翰大学地质学系自然科学硕士学位。1931年，获英国伯明翰大学自然科学博士学位。1932年任国立中央大学代理校长。全面抗战时期，曾任重庆中央大学理学院地质系名誉教授。1948年当选为中央研究院首届院士。1955年当选为中国科学院地学部委员。

1921年，李四光写成《中国北部之䗴科》一书，解决了中国北部含煤石炭纪地层划分的问题，对北美石炭纪地层的划分影响很大。1926年，他提出了"大陆车阀"自动控制地球自转速度的学说以及"山"字形构造，并提出了"构造体系"的概念。1939年，他把地质学和力学结合起来，创立了一门新的边缘学科——地质力学，并著成代表作《地质力学概论》。他以地质力学理论指导我国找到石油、铀矿、金刚石矿、铬矿和煤矿，并在地震、地质研究中提出了唐山发生更大地震可能性而北京比较安全的推断。他首次发现并论证了第四纪冰川在中国的存在，对古代地质构造、气候变异、生物迁徙等一系列课题的研究，对工程地质、水文地质等学科的理论发展与生产实践都有重大影响。

著名物理学家：胡刚复

胡刚复（1892—1966），江苏泗阳人。著名物理学家、教育家，我国近代物理学奠基人之一。1914年获哈佛大学物理系硕士学位，1918年获哲学博士学位。他和威廉·杜安教授合作研究了X射线、K射线与化学元素原子序数的关系，取得重要成果：一是用布喇格方法精确测定了原子序数自25至34的元素K线的临界吸收波长；二是首次在X射线频率范围内测定了光电子在不同方向的速度分布和X射线散射的空间分布及其光谱特性，确定了X射线光电子的最大发射速度，对于确定X射线谱项结构，揭示原子发射X射线的机制、理解原子内层电子构造都有重要意义。他还为有关电位、熵等定名及确定市制度量衡单位。1918年起任南京高等师范学校和东南大学教授兼物理系主任。他培养出吴有训、严济慈、赵忠尧等科学家。1928年他协助丁燮林在上海创办了我国第一个物理研究所——中央研究院物理研究所。

胡刚复的科学教育思想是通才教育和因材施教，强调基础理论和实验训练。他的研究涉及微波原理、量子力学、电动力学、统计力学、核物理、高等物理、光学、X射线金属学、近代物理学等领域。1988年中国物理学会设立了胡刚复、饶毓泰、叶企孙、吴有训物理学奖，授予实验技术方面有突出成就的物理学家。

著名冶金专家：周仁

周仁（1892—1973），江苏江宁人。著名冶金学家和陶瓷学家。1910年毕业于南京江南高等学堂。1915年获美国康奈尔大学硕士学位。历任中国科学院上海冶金研究所所长、研究员，为中国电炉炼钢的创始人之一。1955年当选为中国科学院技术科学部委员。

1917年任南京高等师范学校教授。1928年出任国立中央大学工学院首任院长，先后创办了钢铁、陶瓷、

玻璃三个试验场。并受蔡元培之托积极参与筹建中央研究院,出任工程研究所所长,他决定工程研究所和中大工学院合建陶瓷试验工场,开始对中国传统陶瓷工艺技术进行研究。在他的领导下,还建立了三相电弧炉,炼出了不锈钢、锰钢、高速钢等。全面抗战期间,负责在昆明创办了中国电力制钢厂,任总经理兼总工程师,生产出自流井提盐卤用的钢丝绳及其他合金钢。50年代初,在全国率先研制成功并推广应用性能达到国际水平的球墨铸铁。1953年他领导成立了中国古陶瓷研究小组,完成了人造瓷牙的研制工作,填补了空白。他还创办了我国第一个生物研究所,一个专藏科技图书的明复图书馆和一个专门出版科技图书的中国科学图书仪器公司。1954年筹建中国金属学会,又创建了中国矽(硅)酸盐学会。培养了大批优秀人才,其中有吴有训、严济慈和周行健等著名学者。

著名农学家:金善宝

金善宝(1895—1997),浙江诸暨人。著名的农业教育家、农学家和小麦专家。1920年毕业于南京高等师范学校农业专修科。1921—1927年,在东南大学农事试验总场任技术员。1926年回国立东南大学完成农学本科学业。1932年获美国明尼苏达大学硕士学位。1932—1948年,任国立中央大学农学院农艺系教授。1955年当选为中国科学院生物学部委员。1986年美国农业服务基金会授予他永久荣誉会员的金奖牌。中国农业科学院研究员、名誉院长。

金善宝从事小麦研究70年。1928—1929年,他发表了《中国小麦分类之初步》和《小麦开花之时期研究》论文。他鉴评出"江东门""武进无芒""南京赤壳""姜堰黄皮""云南小麦"等一批优良地方品种。1934年,他的《实用小麦论》是我国第一本关于小麦生产实际的农业书籍。1939年,他在中央大学和助手们选出了适合四川盆地和长江中下游地区种植的优良品种"中大2509"(矮粒多)和"中大2419",推广面积达到

7 000多万亩。1964年他和刘安定主编的《中国小麦品种志》是我国第一种现代小麦栽培品种的历史性文献。1991年他主撰的《中国农业百科全书·农作物卷》是中国首部农作物科技发展史。

金善宝不仅在丰富和发展我国小麦科学上有重要建树,对我国小麦种类及其地理分布的系统研究,也为中国小麦育种打下了基础。

中国现代美术教育的奠基人:徐悲鸿

徐悲鸿(1895—1953),江苏宜兴人。杰出的艺术大师,我国现代美术教育的奠基人。1920年,考取国立巴黎最高美术学校,师从法国艺术大师达仰、德国柏林美术学院院长康普。1925年,他创作的《老妇》入选法国画展。1928年他与田汉、欧阳予倩组织南国社,任南国社艺术学院绘画科主任,同年2月任国立中央大学艺术系教授。

1930年,他完成了《田横五百士》大型多人物油画创作。1931年创作了《九方皋》。1933年,他在巴黎国立美术馆举办了中国近代绘画展览。接着,比、意、德、苏联等国纷纷邀请他前往举办画展,直至1934年8月才结束。1940年,他创作了《愚公移山》,用古老的寓言来歌颂、鼓舞当代人。1949年,他创作了最后一幅大型中国画《当南京解放的消息传到拥护世界和平大会以后》。1943年被聘为教育部部聘教授。

徐悲鸿采取的教学形式比较灵活;他十分强调中、西画两科相互交融贯通。对中国画中的人物、山水、花鸟既分门又不拘于一项,努力培养学生一专多能。徐悲鸿教育学生,既有课堂内的美术理论的传授,又有画室外对学生创作的指导;既有面对自然的对景写生,又有深入生活的实地写生。他发现了齐白石、王临乙、吕斯百、李苦禅、傅抱石、蒋兆和、韦江凡。

东南大学工科奠基人:茅以升

茅以升(1896—1989),江苏丹徒人。著名桥梁专家、教育家。1916年毕业于唐山工业专门学校。1917年获美国康奈尔大学硕士学位。1919年

成为卡耐基理工学院首位工学博士,博士论文《框架结构的次应力》中的创见,被称为茅氏定律,获康奈尔大学研究生"斐蒂士"金质研究奖章。1948年当选为中央研究院院士。1955年当选为中国科学院技术科学部委员。

20世纪30年代,茅以升打破外国人的垄断,在自然条件比较复杂的钱塘江上主持设计、组织修建了一座基础深达47.8米的双层公路、铁路两用桥,成为中国桥梁史上的一个里程碑。

1922年7月受聘为国立东南大学教授,1923年任东大首任工科主任。1924年东大工科与河海工程专门学校合成河海工科大学,出任首任校长。他功绩显著,是知名的教授和杰出的教育家。他提倡学术民主,主张学术争鸣。他在教学工作中,素以认真、严格、诲人不倦著称。他的治学经验可归纳为:"博闻强记,多思多问,取法乎上,持之以恒。"早在1926年,他发表论文《工程教育之研究》,批判理论脱离实际的欧美教育制度,呼吁建立适合我国现状的教育制度。1957年,茅以升主持成立了全国土力学及基础工程学术委员会,并成为国际土协的团体会员。茅以升担任铁道科学研究院院长长达32年,为铁道科学技术进步作出了卓越贡献。

茅以升是桥梁、铁道科研事业的奠基人。他一生发表论著200余篇。为加强国际科技交流,曾先后出访许多国家并作出了卓越贡献。

著名建筑学家:刘敦桢

刘敦桢(1897—1968),湖南新宁人。著名建筑学家、教育家。1913年留学日本。1921年毕业于日本东京高等工业学校建筑科。1923年任教于苏州工业专门学校建筑科。1927年任国立中央大学建筑系副教授,与刘福泰等在该校共同创建了中国第一所大学本科的建筑系科。1933年任中国营造学社研究员。1943—1949年,任中央大学建筑系教授、系主任,工学院院长。1949—1968年,

任南京大学和南京工学院建筑系教授、系主任,中国建筑历史与理论研究室主任。1955年被评为一级教授并当选为中国科学院技术科学部委员。

他在中大建筑系的建系方针为:综合欧美与日本等国建筑学之专长,培养以建筑设计为主,加强建筑结构和建筑营造等工程知识,使其成为既具有广泛的科学知识和较好的设计与表现能力,又能妥善解决我国实际问题的建筑师。1956年,其专著《中国住宅概说》在国内学术界掀起了这一领域的研究热潮。他的《中国古代建筑史》《苏州古典园林》等专著分别获建设部优秀教材特等奖和全国科学大会奖。刘敦桢曾设计了中山陵前面的光化亭、中央图书馆的阅览楼等。1960—1966年,对南京瞻园的改建,是他最成功也是最后的建筑制作,是他对园林研究的具体实践。他的著作集有《刘敦桢文集》4卷。

著名物理学家:吴有训

吴有训(1897—1977),江西高安人。著名物理学家、教育家,中国近代物理学实验研究的先驱者和奠基人之一。1920年毕业于南京高等师范学校。1926年获美国芝加哥大学物理学博士学位。与美国著名物理学家康普顿证实了近代物理学上著名的"康普顿-吴有训效应"。1927年8月任国立第四中山大学(后改称中央大学)理学院物理系副教授兼系主任。1928年8月起任清华大学(抗战期间为西南联合大学)教授,后任物理系主任、理学院院长等职。1945年10月至1948年底任国立中央大学校长。1948年当选为中央研究院院士。1949年起任国立交通大学教授,1950年夏任中国科学院近代物理研究所所长,同年底任中国科学院副院长。1955年当选为中国科学院数学物理学部委员,并当选为常委主任。

吴有训为中大的复员和教育质量的保证做了卓有成效的工作。他在掌校期间以开明、民主、支持学生著称。1946年1月15日作为中大校长的他参与了学生的游行示威;1947年他热情地支持学生的"五二〇"运动,在中央大学学生运动史上有很重要的意义。

中国航空航海生理科学奠基人：蔡翘

蔡翘（1897—1990），广东揭阳人。著名生理学家，我国医学教育事业的一代宗师。1919年起先后在美国加利福尼亚大学、印第安纳大学、哥伦比亚大学、芝加哥大学学习心理学、生理学和神经学。1925年以《大白鼠的记忆曲线》优异论文获得哲学博士学位。

1925年在赫里克教授的实验室进行美洲袋鼠的视神经路径和视中枢以及下行传感路径研究。国际神经学界将他发现的脑中以小细胞为主的神经核区（被蔡翘称为"顶盖前核"）命名为"蔡氏核区"。1927年蔡翘在上海吴淞中央大学医学院，创建了生理学科，为学生讲授生理学、组织学、胚胎学等课程。30—40年代，他对甲状旁腺的功能、感受器的现象、肝糖原异生机制等课题有较深入的研究。1941年被聘为教育部部聘教授。1948年当选为中央研究院首届院士，并任中央大学医学院代理院长。1952年任解放军第五军医大学校长，1955年任军事医学科学院副院长。1951年他领导我国航空航天及航海医学研究，自行设计建造了低压舱、减压舱、人用加速度离心机、航海医学用潜水加压舱及高温舱、低温舱等大型实验设备；对航空航天和航海等特殊环境下人的生理反应，进行了系统而深入的研究，为我国航空航天和航海事业提供了重要的生理学依据，是我国航空航海生理科学的奠基人。1955年当选为中国科学院生物学部委员。

他培养的冯德培、童第周、徐丰彦、朱鹤年、蒋天鹤、沈霁春等当今著名科学家，为我国生理科学奠定了坚实的基础。他著有《生理学》《生理学实验》《航空与空间医学基础》等11本专著。

著名建筑学家：童寯

童寯（1900—1983），满族，辽宁沈阳人。著名建筑学家，我国近代建筑教育事业的先驱之一。1928年获美国宾夕法尼亚大学建筑学硕士学位。1944年应刘敦桢邀请，兼任中央大学建筑系教授。

他博古通今,对中外各国建筑历史融会贯通,尤其深于东、西方各国近现代建筑流派的发展与理论,对中国古建筑亦有很高的造诣。他在建筑历史、建筑理论、建筑设计、园林研究与绘画等方面均有卓越的成就和独到的见解。主要力作有:《新建筑与流派》《近百年西方建筑史》《苏联建筑》《日本近现代建筑史》《造园史纲》、英文稿《东南园墅》等等。他的《江南园林志》是我国第一本关于江南园林的专著,是研究中国传统园林艺术的经典之作。

他毕生坚持建筑革新的思想,始终立于世界建筑新理论、新潮流的前列。他的建筑理想是"伦理中国式,技术西方式"的高度统一,因此他的建筑设计,既有新技术、新材料、新功能的国际性,又体现着中国传统文化的精华。他与刘敦桢、杨廷宝等建筑学前辈为东大建筑系成为全国的名牌系付出了毕生的精力。

中国电机电子学的开拓者:陈章

陈章(1900—1992),江苏苏州人。著名电子学家、教育家,中国电机电子高教事业的开拓者。1921年毕业于上海交通大学电机系。1925年获美国普渡大学电机系硕士学位。1932年任中央大学电机系教授。1935年任系主任。在三四十年代,曾兼任中大图书馆馆长并两度担任工学院院长。1949年后,历任南京大学电机系主任、南京工学院电信系主任、无线电系主任。1978年起改任无线电系名誉系主任。

陈章毕生从事教育工作几近70年,主讲过物理学、电工基础、电力传输、电照学、电话学、电力厂、电力铁路、无线电工程、无线电基础、放大基础、半导体电路等多门课程。1932年,他编著了国内第一本《无线电工程》教材。陈章主持中大电机系后,广延名师,增建实验室,至全面抗战期间,该系即以师资雄厚、设备齐全而称甲国内。他在40年代前后即有意识地将电机系建设的重点由电力转向电信，在国内首先开设"电子学"等新课，创设电机研究所培养研究生。50年代初，华东地区4所高校的无线电专业汇于南工建成无线电系，与清华大学成为当时全国仅有的两个无线电电子学类专业。

陈章治学严谨，诲人不倦，为人正直，其道德风范为人所敬仰，被尊为"电坛宗师"。1992年，他捐资20万元设立了"陈章黄吾珍奖学金"以奖掖后进。

著名建筑学家：杨廷宝

杨廷宝（1901—1982），河南南阳人。著名建筑学家、教育家，建筑学界一代宗师。1921年毕业于清华大学。1925年获美国宾夕法尼亚大学建筑系建筑学硕士学位。1927年回国，从事建筑设计工作。1940年起，兼任国立中央大学建筑系教授。历任南京工学院建筑系主任、南京工学院副院长、建筑研究所所长、江苏省副省长，1955年当选为中国科学院技术科学部委员。

他是中国近现代建筑学科和建筑设计事业的主要奠基人之一，毕生从事建筑设计工作和建筑教育事业。参与了北京古建筑群的修缮，主持设计了徐州淮海战役革命烈士纪念塔、中山陵音乐台、南京长江大桥、雨花台烈士陵园等著名建筑，无不显示出他的洗练凝重的风格和兼容并蓄、勇于创新的思想。他的建筑观是：①"多方位，大环境"的建筑本体观；②"服务于人，受制于物"的建筑价值观；③"融贯中西，通古达今"的建筑文化观；④"从无到有，因地制宜"的建筑创作观；⑤"理性，整合和谐"的建筑审美观。

他的主要著作有《综合医院建筑设计》《杨廷宝建筑设计作品集》、齐康记述的《杨廷宝谈建筑》等。杨廷宝以他丰富的实践经验、渊博的学识、谦逊的品德，为我国培养了一流的建筑人才，是建筑学界的楷模。

著名地理学家：胡焕庸

胡焕庸（1901—1998），江苏宜兴人。著名地理学家、教育家。1919年考入南京高等师范学校文史地部。1926年获东南大学理学学士学位。1928年任国立中央大学地学系教授兼中央研究院气象研究所研究员，成为竺可桢的得力助手。1930年任地理系主任。1941年任中大研究院新成立的地理研究部主任。1943年任中央大学教务长，并被推举为中国地理学会理事长。1950年任治淮委员会技术委员会委员。1981年任中国人口学会顾问。1990年受聘为中国行政区划研究中心顾问。

1920—1937年是中央大学地理系蓬勃发展的时期，胡焕庸在培养我国地理人才方面，起了很大的作用。他担负起气候学和自然地理的全部教学任务，包括地学统计、气候学、天气预报、地图投影以及亚洲和欧洲自然地理。他还组建中国地理教育研究会，创办《地理教育》刊物等。在我国地理学领域贡献卓著。他的《黄河志·气象篇》《两淮水利盐垦实录》《两淮水利》《世界气候的地带性和非地带性》《中国经济地理》《美国经济地理》《苏联经济地理》《古地理学教程》《世界海陆演化》等都是经济地理著作的经典。胡焕庸是中国人口地理学的创始人。提出中国人口的地域分布以"瑷珲—腾冲一线"（后改称"黑河—腾冲一线"）为界面划分为东南与西北两大基本差异，被称为"胡焕庸线"。

中国现代物理学研究的开创人之一：严济慈

严济慈（1901—1996），浙江东阳人。著名物理学家、教育家，我国现代物理学研究的创始人之一。1923年毕业于南京高等师范学校，同时获国立东南大学物理系理学学士学位，成为东南大学首位毕业生。1925年，获法国巴黎大学硕士学位。1927年获法国国家科学博士学位。回国后，担任其母校国立第四中山大学教授。

1948年当选为中央研究院首届院士。1955年当选为中国科学院数理化学部委员。历任中科院学部主席团名誉主席，中国科技大学教授、校长、名誉校长。1983年后，任东南大学校务委员会名誉主任。

严济慈精确测定了居里压电效应反现象，发现光双折射效应；系统研究了水晶圆柱体施加扭力起电现象，发现了水晶扭电定律；深入研究了碱金属蒸气等光谱，发现轴向对称的分子有效截面数值和费米—莱因斯伯格方程不符，并为原子物理学中的斯塔克效应等提供了丰富的实验证明；精确测定了臭氧紫外吸收系数，被世界各国气象学家用来观测高空臭氧层厚度的变化达三十年之久；研究压力对照相乳胶感光性能的影响，发现压力能减弱乳胶感光性能；全面抗战期间在昆明领导开展应用光学研究，研制成大批军用、医用光学仪器设备。在中国科学事业的组织领导、中国教育事业的发展等方面作出了重要贡献。

中国核物理研究的开拓者：赵忠尧

赵忠尧（1902—1998），浙江诸暨人。著名物理学家，中国核物理研究的开拓者。1920年考入南京高等师范数理化部，1921年南高发展为国立东南大学，分系时他选了化学系。1925年毕业，随叶企孙去清华大学物理系任助教。1931年获美国加州理工学院博士学位。1945年任国立中央大学物理系教授兼主任。1946年起先后在麻省理工学院从事静电加速器的实验工作和在加州理工学院进行原子核反应研究。1948年当选为中央研究院首届院士。1950年参与中国科学院近代物理研究所的创建工作。1955年当选为中国科学院数学物理学部委员。1958年筹建中国科技大学近代物理系兼任系主任。

二三十年代，他通过"硬γ射线的吸收系数"和"硬γ射线的散射"两项实验，发现硬γ射线的"反常吸收"以及伴随出的"特殊辐射"，最早观察到正负电子对产生和湮没的现象，对正电子的发现和物理学界接受量子电动力学理论起了重要作用。他主持建成了我国第一台质子静电加速器并进行我国最早用加速器的核物理实验。北京正负电子对撞机工程、加速器、北京谱仪、同步辐射应用设施等新的科研成果都凝聚着他的心血。特别是主持创建了中国科技大学近代物理系现代化的专业实验室，开设了 β 谱仪、气泡室、γ 共振散射、穆斯堡尔效应、核反应等先进的实验，为国家培养了一批又一批的优秀人才。

文理大师：顾毓琇

顾毓琇（1902—2002），江苏无锡人。著名电机学家、自动控制学家和教育家。他学贯中西、文理兼通，于戏剧、诗词、小说、音乐无一不精。

1915 年他考入清华学校。1921 年与闻一多、梁实秋等成立清华文学社。1923 年，加入文学研究会。同年，赴美国麻省理工学院电机系学习。1927 年，成为获麻省理工学院电工专业科学博士的首位中国人。他的硕士论文《四次方程通解法》被公认为基础数学领域突破性的成果。他在博士论文《交流电机的瞬变分析》中提出的变换之法被称为"顾氏变数"。1925 年，他编导话剧《琵琶记》在波士顿美术剧院公演，是开中国现代话剧之先河的作品之一。1929 年任国立浙江大学电机工程系主任。1931 年任国立中央大学工学院院长，之后担任教育部次长，于 1944—1945 年出任国立中央大学校长。1945 年抗战胜利后任上海市教育局局长，兼任上海交通大学电机系教授。

50 年代，与美国科学家维纳等人开创了现代自动控制理论体系。他创立的非线性自动控制理论在航天领域得到了广泛应用。作为"世界上六位对电机分析理论作出卓越贡献的奠基者之一"，1972 年他荣膺兰姆奖章。1976 年，被世界诗人大会加冕为"桂冠诗人"。1988 年，顾毓琇成为东大第一位名誉教授。1991 年和 2001 年，中央音乐学院两度为顾毓琇举办个人作品音乐会。2000 年 6 月，顾毓琇被聘为东南大学首届董事会名誉董事长。

中国现代语言学家：吕叔湘

吕叔湘（1904—1998），江苏丹阳人。著名语言学家，中国现代语言学理论和汉语教学的奠基人之一。1922年考入国立东南大学西文系，1926年毕业。1936年赴英国留学。先后在牛津大学人类学系、伦敦大学图书馆学科修读，主攻语言学。1938年学成回国后，曾历任云南大学、华西协和大学、中央大学、清华大学教授。1942年，任成都金陵大学中国文化研究所研究员。1955年当选为中国科学院哲学社会科学部委员。1980—1985年任中国语言学会会长。1987年获香港中文大学荣誉文学博士学位。1980年起为美国语言学会荣誉会员。

30年代中期，他发表的第一部重要的语法学著作《汉语文法通略》是较早运用西方语言理论系统研究汉语语法的权威性著作，该书奠定了他在语言学界的地位。吕叔湘的许多研究及其成果对现代汉语理论的形成，语文教学以及语言规范的制定具有开创性意义。1950年，他与朱德熙合作的《语法修辞讲话》，对确立现代汉语语法规范起了重要作用。他主编的《现代汉语词典》被誉为"中国最权威的辞书"。其著作集编有《吕叔湘全集》19卷。

著名经济学家：李国鼎

李国鼎（1910—2001），江苏南京人。著名经济学家，中国台湾经济快速成长的主要策划者和推动者。1930年毕业于国立中央大学物理系后，随即任教于金陵女子文理学院。1934年入英国剑桥大学，先在卡文迪许实验室物理学家卢福教授领导下作β及γ粒子放射性研究，后在皇家学会蒙特实验室考克饶夫博士指导下从事超导研究。1937年提前回国，参加全面抗战。1945年至上海筹建中央造船厂。1948年赴台湾造船公司后

任总经理。1953年开始参与台湾工业及经济决策。

李国鼎的工作涉及经济计划、工农业发展、财政改革、科技发展以及人力资源开发等众多领域，均有不凡的业绩。如他策划建立的加工出口区和新竹科学工业园是中国台湾重要的生产基地。又如在他策划成立的"资讯工业策进会"的推动下，资讯工业跃为台湾地区第一大产业，带动台湾地区的经济从转型到持续发展，由此，李国鼎被公认是具有实绩的经济学家，被誉为"台湾经济发展的建筑师""台湾科技之父"。1993年他参加在大连召开的"中国宏观经济发展国际研讨会"，对大陆的经济发展多有建言。李国鼎曾任东大校务委员会名誉主任委员、名誉教授，向母校东南大学赠送了他的全部著作一套，建立了"国鼎图书室"。

李国鼎著作等身。1998年出版了《国鼎丛书》，计400余万字，反映了台湾经济、科技、教育等方面发展的足迹以及李国鼎几十年来的业绩。

中国实验胚胎学的创始人：童第周

童第周（1902—1979），浙江鄞县人。著名生物学家、教育家，我国实验胚胎学的创始人。1927年毕业于复旦大学生物系后任国立中央大学生物系助教。1934年获比利时布鲁塞尔大学哲学博士学位。1938年任国立中央大学医学院教授。1955年当选为中国科学院生物学部委员。他历任中国科学院发育生物学研究所研究员、中国科学院生物学部主任、中国科学院副院长。

1930—1934年，童第周证明了棕蛙卵子的对称面不完全决定于受精面，而决定于卵子内部的两侧对称结构状态。1934年，他证明了海鞘的未受精卵子中已存在器官形成物质，精子的进入对此没有决定性的影响；内胚层和外胚层似乎有相当的等能性，说明卵子对个体发育的重要性。他在两栖类胚胎发育的研究中，提出了胚胎发育的极性现象。他对文昌鱼胚胎发育机理的研究，证明了文昌鱼是介乎无脊椎动物和脊椎动物之间的过渡类型。童第周确信在个体发育过程中，它们是相互作用、相互制约的关系。这些研究都具有开创性。

童第周毕生从事实验胚胎学、细胞生物学和发育生物学的研究工作，在两栖类、文昌鱼和鱼类卵子早期发育规律的研究方面，在他所倡导的细胞核和细胞质相互作用、相互制约的理论方面，以及发育生物学和遗传学的研究方面作出了重要贡献。

热工动力工程学的奠基人：钱钟韩

钱钟韩（1911—2002），江苏无锡人。1933年毕业于上海交通大学电机系，后赴英国伦敦帝国理工学院电机系深造。曾任浙江大学、西南联大、中央大学教授；新中国成立后，历任国立南京大学校务委员会常委、工学院院长，南京工学院副院长、院长、名誉院长、教授；曾任国务院学位委员会学科评议组成员、高等学校热能动力类专业教材编审委员会主任、水电部技术委员会委员、全国自动化学会常务理事、江苏省自动化学会理事长、江苏省科协主席、省政协主席、省人大代表、全国政协委员、九三学社中央委员等职务，在社会各界深孚众望。1980年当选为中国科学院技术科学部委员。

钱钟韩教授是一位在海内外享有盛誉的科学家、教育家，我国热工自动化领域的一代宗师，学术上有很高的造诣。1985年，荣获美国南加州中华科学家工程师学会特别奖。

钱钟韩教授论著甚丰，学贯中西，从事教学、科研工作半个世纪以来，在机械、电机、热工、自动化和自然辩证法等方面均卓具建树，特别是对我国工程热物理专业、动力工程专业和自动化专业的创建做了许多开创性的工作，为祖国的科学和教育事业做出了杰出的贡献。钱钟韩教授谦虚宽厚、诲人不倦、淡泊名利，他身上集中体现了中国知识分子的优秀品质和风范。

中国的居里夫人：吴健雄

吴健雄（1912—1997），江苏太仓人。杰出的物理学家。1934年获国立中央大学理学学士学位。1936年赴美国留学。1940年获美国加利福尼亚大学伯克利分校物理学博士学位后，在美国哥伦比亚大学历任副教授、研究员、教授和普林斯顿大学物理学教授。1958年当选为美国国家科学院院士。1975年当选为美国物理学会会长。1994年当选为中国科学院首批外籍院士。

1944年，吴健雄关于铀原子核分裂后产生的氙气对中子吸收截面研究的实验结果，解决了核反应堆因放射性惰性气体——氙的影响而使核分裂反应停止的问题，对美国"曼哈顿计划"的完成起到了重要的作用；1957年，吴健雄和她的小组经过艰难的实验，首次验证了李政道、杨振宁提出的"弱相互作用中宇称不守恒"的理论，该实验同时论证了电荷共轭不守恒和中微子的二分量理论，开辟了物理科学的新纪元。20世纪60年代，吴健雄又进行了包括双β衰变实验在内的一系列实验，这些实验对量子力学的完备性做出了有力的论证。她杰出的科学成就，使她成为世界公认的最杰出的女性物理学家，世界物理学界的传奇人物，被誉为"核子物理女皇""中国的居里夫人"。

著名自动控制专家：黄纬禄

黄纬禄（1916—2011），安徽芜湖人。著名自动控制专家，中国导弹与航天技术的主要开拓者之一。1940年获国立中央大学电机系工学学士学位。1947年以《双路无线电通信》的论文获英国伦敦大学帝国学院无线电系硕士学位。1982年任航天工业部科学技术委员会副主任兼第二研究院科技委主任。1986年当选为国际宇航科学院院士。1991年当选为中国科学院技术科学部委员。1994年获求是科技基金会的"杰出科学家奖"。1999年被授予"两弹一星"功勋奖章。

50年代末起任液体弹道式导弹控制系统的总设计师,开拓了这个领域的工作,解决了许多重大技术问题。70年代初从事潜艇发射的固体弹道式导弹的研究,他率领同事们共同完成以下工作:确定了正确的总体方案、技术路线和攻关项目,决定采用大量新技术,突破了水下冷发射、出水大姿态控制技术、摇摆条件下的调平与瞄准技术、多功能机动发射车、组件小型化和射击诸元实时计算等关键技术,研制成中国第一代潜地和地地机动固体弹道式导弹,使中国成为第四个能从潜艇发射弹道式导弹的国家。还布置并完成了关键预研项目,为中国第二代的弹道式导弹实现固体化奠定了技术基础。

生物力学的开创者:冯元桢

冯元桢(1919—2019),出生于江苏武进。著名力学家、生物力学家。1943年获国立中央大学航空工程学硕士学位。1948年获美国加州理工学院博士学位。冯元桢曾任美国波音、北美等多家航空公司、太空技术公司的顾问。1959年任美国加州理工学院教授。1966年任美国加州大学圣地亚哥分校教授。美国国家工程院院士(1979),美国国家医学研究院院士(1991),美国国家科学院院士(1992)。曾获国际微循环学会最高奖Landis奖,国际生物流变学会最高奖Poiseuille奖,美国机械工程师学会"百年大奖"(1981),美国国家工程院"创始人奖"(1998)等。为表彰冯元桢对科学、科学教育的献身精神,1986年美国机械工程学会设置了"冯元桢青年研究工作者奖"。

1966年以前冯元桢主要从事航空工程和连续介质力学方面的研究并取得卓著成果,其第一部专著已成为汽动—弹性力学领域的经典著作。1966年以后开始致力于新兴交叉领域——生物力学的开拓,成为举世公认的生物力学的开创者和奠基人。在这一领域内,冯元桢和他的实验室取得了三个具有里程碑性质（突破性）的成就，即生物软组织本构关系的研究，肺血流动力学规律的研究以及生物组织器官生长和应力关系的研究。他于1994年当选为中国科学院首批外籍院士。

著名建筑学家：戴念慈

戴念慈（1920—1991），江苏无锡人。著名建筑学家。1942年获国立中央大学建筑系工学学士学位后留校任教。1952—1971年在北京建筑工程部设计院任主任工程师、总建筑师。1971—1982年在中国建筑科学研究院任总建筑师。1982—1986年任城乡建设环境保护部副部长。1986—1991年任建设部特邀顾问。1983—1991年任中国建筑学会理事长。1988—1991年任建筑学会建筑设计所总建筑师。1991年当选为中国科学院技术科学部委员。他还是日本建筑学会及保加利亚建筑家联盟的荣誉会员。

戴念慈曾于1945年以其杰出而独特的设计方案获"抗战胜利纪念碑"设计竞赛头奖。他设计的曲阜阙里宾舍等获得建设部1986年全国优秀建筑设计一等奖、金瓦当奖及中国建筑学会最优秀建筑设计奖。他的设计坚持追求表现民族特色，包括对传统形式的消化吸收和更新，是现代的不割断历史、不抄袭历史的民族特色。他的建筑设计从内容到形式完美地体现了时代的气息与民族特色的融合，塑造了"中而新"、具有中国特色的建筑风格。1989年他是第一批被授予"设计大师"称号者之一。

他是中国文物学会的常务理事，非常关心文物的保护和研究。他曾任《中国大百科全书》（城市规划、建筑、园林卷）编委会主任、《中国科学技术专家传略》（建筑、规划、土木、水利、园林卷）编纂委员会主任。

著名城市规划与建筑学家：吴良镛

吴良镛（1922—），江苏南京人。著名城市规划与建筑学家。1944年毕业于国立中央大学建筑系。1949年在美国获建筑与城市设计硕士学位。发表《中国住房研究》等论著，其"太平洋战争殉难者纪念碑"设计荣获全美罗马奖金建筑荣誉奖。1976 年，参与主持重建唐山的总体规划工作和毛主席纪念堂、天安门广场扩建的总体布局规划设计。1980 年当选为中国科学院技术科学部委员。1984 年任中国城市科学研究会理事长。1984 年创办了清华大学建筑与城市规划研究所。1986 年被选为国际城市与区域规划学会会员。1988 年被选为人类聚居学会理事主席。1990 年被聘为美国建筑师协会荣誉资深会员。1995 年当选为中国工程院院士。荣获 2011 年度"国家最高科学技术奖"。

吴良镛为开拓我国的建筑教育事业和城市规划体系的逐步完善做出了重要贡献，开创了《广义建筑学》理论系统研究的方向。他为清华大学建筑系成为在全国最有影响的建筑教学中心之一做出了显著的贡献。80 年代以来，他在桂林和三亚进行了有关控制性详细规划理论与方法的研究，为推动我国城市规划和设计工作的发展做出重要贡献。他提出的"有机更新"思想及建造"类四合院"住房体系的研究涉及建筑、城市规划、园林绿化、文物保护等方面的理论和方法，包括建筑与城市历史、建筑教育、区域与农村发展以及建筑绘画和美学等范畴，均广泛受到国内外学术界重视。

著名核物理学家：朱光亚

朱光亚（1924—2011），湖北武汉人。著名核物理学家。1941 年考入国立中央大学物理系，一年后转入西南联合大学就读。1949 年获美国密执安大学物理学博士学位。1980 年当选为中国科学院数学物理学部委员。1994 年当选为首批中国工程院院士。1999 年被授予"两弹一星"功勋奖章。

朱光亚早期从事核物理、原子能技术方面的科学研究工作，发表有《符合测量方法（Ⅰ）β能谱》《符合测量方法（Ⅱ）内转换》《研究性重水反应堆的物理参数的测定》等论文。1955 年，参与组建北京大学原子能专业。1957 年后，他专门从事中子物理和反应堆物理研究，跨出了我国自行设计、建造核反应堆的第一步。50年代末，他和邓稼先等筹办核武器研制工作。1962年主持编写的《原子弹装置科研、设计、制造与试验计划纲要及必须解决的关键问题》，对争取两年内实现第一次原子弹爆炸试验的目标起了重要作用。参与筹建中国第一座核电站——秦山30万千瓦核电站，进行核燃料的生产和放射性同位素应用等项目的研究开发。他参加组织领导中国发展核武器的工作以及国防科学技术研究发展计划、高技术研究发展计划的制订与实施等工作，为中国核科技事业的发展做出了重大贡献。曾任中国工程院院长。

我国惯性技术主要奠基人：丁衡高

丁衡高（1931—），江苏南京人。著名惯性技术和精密机械专家，我国惯性技术主要奠基人之一。1952年毕业于南京大学机械系。1961年获苏联列宁格勒精密机械及光学仪器学院副博士学位。1994年当选为首批中国工程院院士。曾任中国惯性技术学会理事长、清华大学精密仪器系博士生导师、东南大学名誉教授。

他组织设计了我国第一台精密材料试验机、精密光学大平板仪、光学经纬仪等设备。他参加研制成功我国第一个双定子对称结构等刚度陀螺仪马达，保证了我国第一代战略武器"东风二号甲"导弹的命中精度。1964—1970年，丁衡高首先突破战略武器气浮惯性仪表的关键技术，设计并研制出实验室净化气源系统；他主持研制成功我国第一套空气轴承、三自由度气浮陀螺及气浮陀螺加速度计，成功运用于"东风四号""东风五号"等战略武器和发射我国第一颗人造地球卫星的运载火箭。1970—1977年，他突破液浮惯性仪表与平台的关键技术，在国内首先把液浮技术运用于导弹惯性系统。1994年发表的《面向21世纪的军民两用技术——微米/纳米技术》一文中首次提出了"微米/纳米技术"的名词。丁衡高还首次提出"概念论证"的概念；提出现代战争是体系与体系的对抗等论点，为我国国防科技的发展和武器装备建设做出了重大贡献。

著名空间技术专家：闵桂荣

闵桂荣（1933—2021），福建莆田人。著名工程热物理学及空间技术专家。1956年毕业于南京工学院动力工程系。1963年获苏联科学院动力研究所技术科学传热学副博士学位。1968年任中国空间技术研究院卫星热控制研究室主任、副院长。1980年任卫星总体部主任。1985年任中国空间技术研究院院长。1987年当选国际宇航科学院通讯院士。1991年当选为中国科学院院士。1994年当选为首批中国工程院院士。

闵桂荣长期从事空间技术研究工作，在空间热物理与卫星总体设计方面具有很高的学术水平，并做出了重大贡献。他负责完成了我国多种人造卫星热控制任务，并在领导研究空间热流模拟、卫星非稳态热试验、卫星主动温控、超级隔热技术等方面做出了系统的和创造性的成就。他是我国第一颗卫星和返回型卫星的研制工作的技术负责人之一。80年代他担任摄影测绘卫星总设计师，圆满完成了该卫星研制和飞行任务，达到国际先进水平。他在领导我国多种应用卫星的研制、飞行试验和应用以及参与国家空间技术的规划工作方面都做出了重大贡献。

著名电子学家：刘盛纲

刘盛纲（1933—），安徽肥东人。著名微波电子学家。1955年毕业于南京工学院无线电系并留校任教，1956年调入成都电讯工程学院担任苏联专家的专业翻译并攻读研究生。1977年任成都电讯工程学院高能电子学研究所所长。1980年当选为中国科学院技术科学部委员。1988年—2002年4月任电子科技大学校长。曾任中国电子学会副理事长、中国真空电子学会会长、国务院学位委员会学科评审组成员和国家"863—410"主题专家组成员。由于他对"高功率微波"在"863计划"中的立项和发展做出了重要贡献，他还受聘为"大功率微波电真空器件技术""强辐射""高功率微波及电磁辐射技术"三个国家重点实验室的学术委员会主任。

刘盛纲提出了一种新的复合式静电强流电子光学系统；建立了广义的强流电子轨迹方程；建立了以电子回旋中心坐标系为基础的电子回旋脉塞的动力学理论体系；提出并建立了静电电子回旋脉塞的概念与线性及非线性理论，并在此基础上提出和发展了静电自由电子激光的新概念及其理论；提出并建立了特殊准光学谐振系统，进行了理论分析与实验验证，发展了相对论空间电荷波理论和自由电子激光的空间电荷波理论。

他是国际K. J. Button奖委员会成员、国际自由电子激光（FEL）奖五人评审员之一、电气和电子工程师协会（IEEE）高级会员和美国麻省理工（MIT）电磁科学院院士。2000年诺贝尔物理学奖提名人。1990年当选为国际电子科学院院士。1999年荣获陈嘉庚科学奖。

著名航天技术专家：任新民

任新民（1915—2017），安徽宁国人。著名航天技术与液体火箭发动机技术专家。1937年毕业于国立中央大学化工系。1945年后，先后获美国密歇根大学研究院硕士和博士学位。1956年参加筹建国防部第五研究院，历任五院总体研究室主任、液体火箭发动机设计部主任、所长、副院长、七机部副部长、航天部科技委主任、航空航天部和航天总公司高级技术顾问等职务，并为航天科技和科工两集团公司高级技术顾问。1980年当选为中国科学院技术科学部委员；1985年当选为国际宇航科学院院士，后被聘为理事；1988年被聘为国务院学位委员会委员；1999年被授予"两弹一星"功勋奖章。

他参加了我国航天事业创建发展的全过程。其成就与贡献主要有：提出了《对研制火箭武器和发展火箭技术的建议》，参与制订了"喷气与火箭技术的建立"项目的发展规划；领导并主持研制成功多种液体火箭发动机，为我国航天事业的发展提供了动力保证；主持了中远程导弹及由此弹改进而成的"长征一号"运载火箭研制工作；领导并参加了我国返回式遥感卫星的研制与发射，组织了我国第一颗返回式卫星的成功发射与回收；

领导并参加了远程弹道导弹的研制工作,首次实现我国运载火箭国际发射服务;积极倡导并致力于我国发展载人航天技术,参加了载人飞船工程的全部立项论证,担任方案评审组组长。

著名计算机专家:倪光南

倪光南(1939—),浙江镇海人。著名计算机专家。1961年毕业于南京工学院无线电系。1994年当选为首批中国工程院院士。2002—2011年担任中国中文信息学会理事长。中国科学院计算技术研究所研究员、博士生导师。

60年代曾参与我国自行设计的第一台电子管计算机("119机")的研制。70年代起从事汉字信息处理和模式识别研究,首创在汉字输入中应用联想功能。1981—1983年应聘到加拿大国家研究院工作,从事基于32位微处理器的图形工作站研究。回国后研制出了LX-80汉字图形微型机,成为联想式汉卡的前身。1984年主持开发了联想式汉卡。1989年他担任联想集团总工程师、董事,主持开发了联想系列微机。1990年起联想品牌微机进入国内市场,并迅速成长为国内第一品牌。联想系列微机于1991年获"亿利达科技奖",1992年获国家科技进步一等奖,并成为联想集团的主要产品。

他致力于发展我国信息产业核心技术,推广基于Linux的自主操作系统和具有自主核心技术、非Wintel结构的网络计算机。

著名化学工程学家:时钧

时钧(1912—2005),江苏常熟人。著名化学工程学家。1934年毕业于清华大学化学系。1936年获美国缅因大学造纸专业工学硕士学位,后入麻省理工学院专攻化学工程。1942年任国立中央大学教授,主讲物理、化学等多门课程。1946年任中央大学化工系教授、系主任。1952年院系调整,时钧担任南京工学院化工系主任,创建了我国第一个硅酸盐专业,培养出了我国水泥专业的

大量人才。1956年时钧参加了我国《1956—1967年科学技术发展远景规划纲要（草案）》的制订工作，负责制订硅酸盐组的课题。

1979年起，时钧重建南京化工学院化学工程系，担任系主任。建成了化学工程博士点、化学工程研究所。1980年11月当选为中国科学院化学部委员。他为编纂《中国大百科全书·化工卷》倾注了大量心血。他主持翻译了《传质学》《流态化工程》和《翅管换热器设计计算》等专著。时钧做过湍流塔的试验（1965）、膜分离的研究（1972），国产填料（以拉西环为主）的性能评定试验（1974）。1979年以后，时钧开始了系统的研究工作，主要包括三个方面：流体热力学性质的实验测定、色谱法研究溶液热力学和膜分离技术。1998年时钧荣获何梁何利基金奖。

著名土木工程学家：虞兆中

虞兆中（1915—2014），江苏宜兴人。著名土木工程学家，教育家。1937年毕业于国立中央大学土木系，颇受原素欣、刘树勋、陆志鸿等教授之赏识，被推荐到导淮委员会服务。1938年，回校任助教。1941年，他主讲建筑系的建筑结构学、机械学和土木系的力学、电机系的工程力学和材料力学等课程，得到学生们一致好评，还因考试极严而被称为"铁门槛"。1942年晋升为讲师，管致中、舒光冀等即为其当年受业学生。

虞兆中素以稳健平实、民主办学著称，他曾把学生所创的"解析格构桁架"法用于结构学教材。1957—1961年，任中国台湾大学土木工程系主任，筹建设立了台大工学院第一个研究机构土木研究所，1978年当选台湾"中央研究院"评议员。1981—1984年任台大校长。他弘扬校训"敦品、励学、爱国、爱人"，树立良好校风并大力推行通才教育。虞兆中十分关心母校的发展，1991年出资在东大设立刘树勋奖学金，以纪念师恩，奖掖后辈。1998年，又为东大群贤楼捐资100万元人民币。虞兆中近10年来曾多次率团访问东大，为促进两岸学术交流做出很多贡献，他作为东南大学名誉顾问，对东大工作多有建言。

（载2002年5月31日《东南大学报》百年校庆特刊D1-D3版）

"两弹一星"元勋中的东大人

任新民(1915—2017)

航天技术与液体火箭发动机技术专家,中国导弹与航天技术的重要开拓者,"中国航天四老"之一。

钱　骥(1917—1983)

空间技术和空间物理技术专家,中国第一颗卫星"东方红一号"方案的总负责人,中国空间技术的开拓者之一。

黄纬禄(1916—2011)

中国著名火箭与导弹控制技术专家,被誉为"巨浪之父""东风21之父","中国航天四老"之一。

朱光亚(1924—2011)

我国核科学事业的主要开拓者之一,负责并领导我国原子弹、氢弹的研究工作,被誉为"中国工程科学界支柱性的科学家"。

赵九章(1907—1968)

中国动力气象学的创始人,"东方红一号"卫星总设计师,中国人造卫星事业的倡导者和奠基人之一。

东大领军人才杰出代表

王 澍

普利兹克奖获得者

沈向洋

微软原副总裁

徐少春

金蝶软件集团董事长

金炯华

美国总统奖获得者

张永和

美国麻省理工学院
建筑系主任

姚琦伟

曾任伦敦政治与经济科
学学院统计系主任

芮 勇

联想集团首席技术官

李正茂

中国电信集团有限公司总经理

邹求真

美国高通公司原副总裁

赵 民

北京新华信管理顾问
有限公司董事长

于敦德

途牛网CEO

李文正

印尼宝力集团董事长

大国重器

新中国第一台机器人

1960年,南京工学院为迎接全国文教群英会,自行研制成功国内第一台机器人。这个机器人后来还被拿到日本展出,技术堪称当时世界一流。

东南底蕴

当时,学生们唯一的资料就是从杂志上找到的苏联和日本的机器人照片。可是这两张图片只有机器人外形,没有内部装置图,更没有介绍一点构造原理。当时,很多人也不看好此事,日本用了很长的时间才造出简单粗制的机器人,而且此时离展览会只剩下30多天时间了,他们能赶得及吗?但这些年轻人没有顾虑这些,他们就想要制造出一台在几公里外可操控、能说会走,而且能做出各种表演的机器人。

在短短6天时间内,以查礼冠为首的师生30人就完成了 250 张设计图,讨论修改无数遍,才将机器人设计好。

移动通信技术

从 2G 至 5G 的发展,东大人攻克了"宽带移动通信容量逼近传输技术"世界难题。获得了国家技术发明一等奖,实现了国家战略的重大突破。2019 年 3 月 9 日,国家"863"计划 5G 重大项目在东南大学通过验收。东大在本项目的多个课题中发挥了关键性的作用。

FAST 天眼

该球面射电望远镜是具有我国自主知识产权、世界最大单口径、最灵敏的射电望远镜,有"中国天眼"的美誉。落成后,国家天文台发来感谢信,对东南大学做出的杰出贡献表示感谢!

FAST 有世界上跨度最大、精度最高的索网结构,同时也是世界上第一个采用变位工作方式的索网体系。东南大学土木工程学院郭正兴教授和罗斌教授团队承担了"天眼"反射面支承结构索网施工阶段的技术支撑,解决了若干关键技术问题,为 FAST 顺利落成启用做出了重要贡献。

港珠澳大桥

2018 年 10 月 24 日,港珠澳大桥正式通车。这所历时 9 年建成的大桥,既是世界上最长的跨海大桥,也是中国交通史上技术最复杂、建设要求及标准最高的工程之一,被英国《卫报》誉为"新世界七大奇迹"。而这一世界级奇迹的创造者——岛隧工程化项目的总工程师和总设计师就是两位来自东南大学的杰出校友——林鸣和刘晓东。

南极科考无人机值守电源

2019年3月,中国第35次南极科考团安全返回,我国首个投入试行的国产极地无人值守电源,是东大为中国南极科考事业插上的能源的翅膀。

海拔2 600多米、年平均温度零下36.6摄氏度的泰山站,是中国位于南极大陆腹地的科考站。因为环境恶劣,只能由设备代替人常年工作,而科考队员需定期前往维护、采集数据。东南大学科研团队自主研发的极地无人值守电源,如今,可以通过能量转化,实现极地环境下全年不间断供电,真正让核心地带的南极科考,实现无人值守、远程监控。

AMS太空暗物质研究

AMS实验是由丁肇中教授领导的国际空间站唯一的大型物理实验。AMS也是人类第一次在太空中精密地测量高能量带电原子和粒子的实验。主要用于寻找宇宙的基本结构(反物质、暗物质和宇宙线等)。东南大学成为中国大陆地区首家参加AMS实验国际合作项目的高校,与麻省理工、耶鲁大学、苏黎世高工、日内瓦大学、莫斯科大学、亚琛工业大学等一起参与相关研究。

国际空间站上的AMS探测器

丁肇中教授访问东南大学AMS研究中心

国家重大标志性的设计工程

　　东南大学在建筑学界形成了著名的"东南学派",他们在勤奋地开展教学科研工作的同时,创作设计了一大批在国内外有影响的建筑作品,成为熠熠生辉的"东大印迹"。

南京中山陵音乐台
(杨廷宝主持设计)

南京雨花台烈士纪念馆
(齐康主持设计)

侵华日军南京大屠杀遇难同胞纪念馆
(齐康主持设计)

淮安周恩来纪念馆
(齐康主持设计)

浙江美术馆
(程泰宁主持设计)

南京牛首山景区游客中心
(王建国主持设计)

南京长江大桥桥头堡
（钟训正主持设计）

北京"十大工程"之一——北京火车站
（钟训正主持设计）

人民日报社总部大楼
（周琦主持设计）

中国国学研究与交流中心
（齐康、王建国、张彤联合主持设计）

菁英气质

一所大学的精神气质体现在其学人学子的待人接物、语默静止之间。百廿以来,东南大学弦歌不辍,英才辈出。一代代东大人形成了讷言敏行、严谨求实,胸怀大爱、担当家国,厚积薄发、积健为雄,自强不息、止于至善的独特东大气质和精神风貌。本章选取了关于东大部分菁英的典型记述文章,生动展示了东大人的精神气质和独特风采。

杨廷宝：打造了半个南京城

无处不在的关怀

在新街口街道组织员潘翔的陪同下，我们走进了又名"成贤小筑"的杨廷宝故居。这个约一千平方米的院子里，有大树有菜地，一旁还有石栏水井。主楼坐北朝南，造型简洁，里面的摆设一仍其旧。虽然冬日里看不到绿树成荫，也看不到人来人往，但可以想见，这里曾是个很有生活气息的地方。

据潘翔介绍，抗战胜利后，避居重庆的杨廷宝回到南京，买下这块地。这里本来是有房子的，已毁于战火，但地基还在。为节省开支，杨廷宝就直接在原来的宅基地上，设计并建造了一幢二层别墅。从1946年一直住到1982年去世。

2011年，玄武区政府、新街口街道主动提出与东大联合修缮杨廷宝故居，与杨廷宝的家属签订了一份7年的协议：政府出资修缮，家属免费提供小楼7年的使用权。"主要用于东南大学和地方政府举办的与建筑文化等有关的纪念活动，平时对外开放，我们还招募了一些志愿者协助维护管理。"潘翔说。

担纲"成贤小筑"修缮设计总监的是东南大学建筑历史与理论研究所所长周琦教授。他用"极致的好"来夸赞这幢建筑。"我注意到其中的一些细节，比如阁楼的高度是按照杨廷宝的身高精确到毫米设计的，阁楼顶灯的开关正好在上楼梯的右手位置，一上去就可以碰到。这些人性化的设计最能体现杨廷宝的风格。"周琦说，杨廷宝真正关心的是建筑的内在气质，是用最经济的方式建造最实用的建筑，"所以不要看它不奢华、不壮观，这种简约实用、朴实无华的设计风格，其实和他做人一样"。

周琦又提到杨廷宝所设计的中央医院，也就是现在南京军区南京总医院（2018年改组为东部战区总医院）的老楼。为了设计中央医院，杨廷宝仔细研究了国内外大小医院的设计，他发现医院清洁工在扫地时，墙角处都很不好打扫。就为这个，杨廷宝将医院所有的墙角都设计成圆弧形，并以光滑的水磨石打造，成就了独一无二的设计。这种匠心独运，再次体现了杨廷宝对细节和人性化的关注。

打造半个南京城

周琦认为，杨廷宝的体现人文关怀的设计观念与其深厚的传统修养是分不开的。"他所受到的儒家教育，形成的道德观念，在那种时代背景下的士大夫情结和忧国忧民的意识，是当代人所不具备的。"

周琦介绍说，杨廷宝出生在河南南阳的一个名门望族，从小受到良好的教育，后来以河南省第一名的成绩考入北京清华留美预备学校，并顺利进入美国宾夕法尼亚大学建筑系学习。在宾大，他只用了2年多的时间就修完了所有课程，事迹还登上了美国当地的报纸。1927年毕业回国后，杨廷宝应邀加入中国最大的民办建筑师事务所——基泰工程司从事建筑设计工作，开始他的执业生涯。只有27岁的他，在当年设计出了亚洲最大的火车站——京奉铁路沈阳总站。在当时被西方垄断的建筑市场，几乎没有中国人设计的建筑。杨廷宝从此名声大噪，成为和梁思成齐名的建筑大师，人称"南杨北梁"。

基泰工程司总部迁至南京后，杨廷宝也来到南京。除了抗战期间避居在外，杨廷宝的余生都在南京度过。因而他为南京设计的建筑是最多的。他将中国传统文化融入西方先进的设计理念之中，创作了大量的经典作品。除了中央医院，杨廷宝在南京的手笔可谓到处都是：中央体育场、紫金山天文台、中山陵音乐台、雨花台烈士纪念馆、大华大戏院、宋子文公馆、孙科公馆、南京长江大桥桥头堡……大到恢宏的公共建筑,小到私人宅邸,说民国时期的半个南京城都是杨廷宝所打造的,一点儿都不为过。

在南京以外,杨廷宝还参与了毛主席纪念堂、人民英雄纪念碑等建筑的设计。他在北京和武夷山的"救树"举动也很为人津津乐道。

杨廷宝的最后一件作品是雨花台红领巾广场。几十年来,他一直想为孩子们设计点什么。雨花台红领巾广场成为他给孩子们的最后的礼物。

父子都是院士

说到孩子,杨廷宝还有一处为人津津乐道的地方,就是他和他的长子杨士莪都是院士。杨廷宝是中国科学院院士,中国水声学的奠基者杨士莪则是中国工程院院士,这样的"父子院士"在中国大约仅5对。除了杨士莪,杨廷宝的后代基本上都在科教领域工作。

杨士莪的儿子杨本坚出生在东北,从小在南京祖父的身边长大。已在美国定居二十多年的他,近期恰好在南京出差。在与我的交谈中,这位年逾五十的中年人,竟然说起了地道的南京话。

"父子两院士,满门科教才。"说到祖父对子孙后代的培养,杨本坚表示,祖父一生醉心于建筑设计,在家的时间很少,其实并没有刻意地指导过自己的儿女。"他很开明,不干涉子女的选择,他从没有强求子女也去学建筑,所以我父亲学了物理,我姑妈学了化学。只有一个小叔叔学的建筑。"杨本坚的学化学的姑妈叫杨士英,是南京大学化学系教授。而他学建筑的叔叔,现在在美国贝聿铭建筑事务所工作。

在杨本坚眼里,祖父温和、低调,十分平易近人,在工作岗位也很廉洁。"他后来做到江苏省副省长,还是东南大学的副校长。"杨本坚说,"虽然是副校长,但开大会的时候,祖父都是坐在中间,两边则是校长和书记。"杨廷宝的德高望重于此可见一斑。

杨廷宝去世30多年了。"我们将故居改造成纪念馆,是想让更多的人知道他。"杨本坚说。的确,杨廷宝为南京留下了这么多建筑,留下这多历史,我们不应该忘记他。

一年以前,走过成贤街104号的时候,如果不注意院墙上文保单位的小石碑,你也许不会想到,这个安静古朴的小院是一位大师的故居。若再告诉你,这位大师是搞建筑的,你就更要吃惊于它的不起眼了。文如其人,建筑亦如其人。朴实,大方,低调,简洁,这个院子里的建筑正是它的主人和设计者杨廷宝的真实写照。

2012年12月,杨廷宝故居修缮完毕,以后每周二和周五的下午对外免费开放。我们因此才有机会敲开院门,走进大师的世界。(宋健)

(载2014年1月3日《金陵晚报》第A15版)

徐百川:我国土木工程教育先驱

徐百川(1909—2005):著名土木工程教育学家,我国预应力技术研究的开拓者和早期带头人,东南大学土木工程专业的奠基者。江苏海安人。1931年毕业于中央大学土木系。1936年获美国密歇根大学结构工程硕士学位。1937年回国,先后在焦作工学院土木系、西北农学院水利系、西北工学院土木系担任教授。1946年回母校中央大学土木系执教。1949年新中国成立后执教于南京大学、南京工学院。

徐百川先生出生于中医世家,父亲和哥哥都是学医的,但他却选择了土木工程作为自己未来的发展方向。"也许这就是他和土木工程的一种缘分吧。"徐百川先生的次子徐实在回忆父亲生平时这样说道。而正是这样一种缘分,激励着他兢兢业业、呕心沥血,为我国的土木工程教育事业贡献了毕生的精力。

战乱岁月
七七事变爆发后,他毅然回国

1931年,徐百川从国立中央大学土木系毕业后,先在国内从事建筑结构的设计与施工。1936年,徐百川赴美国密歇根大学留学,只用了一年多的时间就获得了结构工程硕士学位。1937年七七事变爆发,国内政局动荡、战火纷飞,但徐百川却毅然决定回国。当时由于战火已烧到南京,中央大学正忙于内迁重庆,根本无法联系,已到达上海的他只好辗转来到作为后方的西北。1937年,年仅28岁的他被焦作工学院土木系聘为教授,并先后又在西北农学院水利系和西北工学院土木系担任教授,执教结构工程和钢筋混凝土课程。当时的大西北,生活条件非常艰辛,教授住的都是教堂的老人院或山村民居,没有电灯只能靠蜡烛照明,交通更是极为不便。来回奔波兼课的他不得不经常借助于当地称作"滑竿"的小平板车穿越隧道,或者是搭乘经常出故障的小型飞机,十分危险。但在这样恶劣的环境条件下,却培养出了无数位新中国成立后土木水利方面的杰出英才。

1946年初,几经辗转,徐百川先生终于回到了阔别多年的母校中央大学土木系执教,不久随校迁回南京,从此开始了在母校长达四十余年的执教生涯。

徐百川讲课深入浅出、概念清晰,深受学生们喜爱,至今很多学生在回忆起当年听他授课时还津津乐道。他的学生谢叔庵在《最令我敬重和推崇的十位大师》文中就曾写道："我在南大读书时，徐百川教授是南大土木系主任。他开的钢筋混凝土结构课，是我们水利系二年级的必修课……徐百川老师给同学们的印象是笑容可掬、和蔼可亲，讲解 RC 结构解析逐步深入，概念清晰。徐百川教授是我的混凝土结构学的启蒙老师，是一位令人永远钦敬的师长。"

学术生涯
东南大学土木系任期最长的系主任

1950 年 9 月，原中央大学正式更名为南京大学，徐百川先生被聘为南京大学土木系的首任系主任。1952 年院系调整，作为建院筹委会主要成员之一的徐百川先生又再度出任南京工学院土木工程系的首任系主任。一直到 1980 年改任名誉系主任，整整 30 年，为土木工程学科的重建、开拓和发展做出了巨大的贡献。

"那个时候的系主任，可不是人人都愿意当的。"徐百川先生的长孙晓春在整理爷爷的遗物时这样感慨道。当时的系里，没有什么系办学办，只有一个副主任和一个助理，几乎所有的事情、事无巨细都要由系主任去操持安排，不仅仅要出席校系各种行政、教学会议，还要负责制定各类的课程和教学计划、科研规划和对教师的培养计划，工作非常繁重。

在徐百川家属转交给东大土木学院的部分资料中，其中有十几本是徐先生在担任系主任期间的工作笔记，上面密密麻麻地记录了各次院系会议大家的发言内容，以及他为土木系的课程设置、教材编写、教学科研以及

人才培养等诸方面所做的安排和规划，内容之多之细，让每个人看了，都不禁唏嘘不已。

编著出版新中国最早的土木类中文教材

民国时期，土木学科的教学均采用英文原版书。新中国成立后，为了摆脱对英美教材过分依赖的局面，1951年和1952年，徐百川先生先后出版了著作《钢筋混凝土结构》和《钢筋混凝土结构设计》，这是新中国最早出版的土木类中文教材。这些教材不仅成为当时内地不少高校土建水利专业的教科书，还流传到港澳地区，在教育界、工程界影响很大。

新中国成立初期，百废俱兴，各类学科的教学工作亟待重建和规范。而当时的工业与民用建筑专业，是教育部直接掌握并确定可作为样本计划的五大工科专业之一。1956年，徐百川先生受教育部委托，负责起草了全国性的"工业与民用建筑专业"教学计划。1962年，徐百川先生又再度出席并主持了高教部召开的工业与民用建筑专业的教学计划修订工作。这些工作，为新中国成立后我国工业与民用建筑专业教学的稳定与发展，发挥了重要的作用。

开展我国最早的预应力技术研究

预应力技术是土木工程领域的先进技术和低碳技术，更是大型基础设施和重大工程建设的核心技术。徐百川先生是我国预应力研究的开拓者和早期带头人。1957年，在徐百川先生的领导下，南京工学院和江苏省设计院、南京市建工局共同承担了预应力混凝土高压釜的开发和研制，并成功研制出了类似于核电站安全壳的混凝土蒸压釜，这是国内最早的预应力结构实践。20世纪60年代初，徐百川先生为土木系制定了较为系统的预应力研究计划，并于1961年组建成立了预应力技术研究组。结构试验室建成后，研究组承担了大型预应力混凝土连续梁试验，解决了当时纺织工业厂房建设的问题。这一系列前瞻性的工作为东南大学以后的预应力研究和开发应用打下了坚实的基础。

1963年，作为国家科委技术科学学科组土木及水利分组成员，徐百川先生参加了建筑工程部和国家科委联合召开的"建筑工程十年规划重点项目落实会议",为建设部制定了我国预应力技术发展的规划,并承担了钢筋混凝土刚度、裂缝及抗剪的课题和预应力混凝土研究的课题,针对这两大课题制定了详细的"科研项目规划任务书",而正是这两大课题开启了东大土木系的科研之门,使东大在混凝土结构和预应力混凝土结构方面的研究走在全国前列。

主持创建了我国高校最大的结构试验室

徐百川先生非常重视科研工作的开展。当时中央大学土木系留下两个实验室,其中包括建筑材料实验室和道路材料实验室。为了更好地开展教学科研工作,徐百川先生矢志要建立一个比较现代化的适应教研要求的结构试验室。为此,他殚精竭虑,多方奔走呼吁,从露天试验场到搭建简易房屋入手,历经十余年的努力,终于在1964年建成了当时国内高校同类专业中设备最先进、规模最大的结构试验室。这个试验室,在布局、设备与试验能力方面都为东南大学结构工程专业在国内处于领先地位提供了硬件支撑,也为土木系的科研、研究生培养,服务于国家和省市重点工程的建设创造了极为重要的条件。

慧眼识才,学生成为工程院院士

从教五十年来,徐百川先生桃李满天下,学生遍及建筑、土木、水利和交通等各个领域,在他的学生中,有科学院、工程院院士,有教授、高级工程师等专家学者。徐百川先生不仅传道授业、倾囊而授,而且还不拘一格、不遗余力地举贤荐才。

这里不得不提的就是徐老的嫡传弟子,我国预应力技术研究的权威、中国工程院院士吕志涛教授。1961年,作为南京工学院首批研究生导师,徐百川先生慧眼识珠,招收吕志涛为其研究生,并在他毕业后让他留校加入预应力研究组,为其确定了今后从事预应力结构研究和应用的方向。

吕志涛院士曾在回忆录中这样记述:"从1963年到1979年,徐老师阅读了大量国内外学术刊物,并做了认真的心得摘记。据不完全统计,他在这十多年中,在硬皮笔记本上密密麻麻地记了200多万字,共37本。这些宝贵的笔记本都已交给了我,给了我很大的支持和帮助。"

1985年申报博士生导师,当时申报博导需要通过教育部和国务院学位委员会两级审批,非常困难,徐百川先生从提拔年轻人、举荐贤才的角度考虑,亲自写信向有关专家大力推荐吕志涛,介绍他的研究方向和成果,取得了专家们的一致认可,最后年轻的副教授竟然一举通过教育部和国务院学位委员会的两级审批成为结构工程专业的新的博士生导师,这成为轰动一时的美谈。(赵红星 戎丹妍)

(载2014年6月16日《现代快报》第A30版)

建筑大师刘敦桢:甘于清贫 以勤能补拙为座右铭

在建筑学界有一种说法,中国近现代建筑史上有5位著名的宗师:吕彦直、刘敦桢、童寯、杨廷宝、梁思成。其中,除梁思成以外的4位建筑大师与南京均有密切关系。吕彦直设计了中山陵,刘敦桢、童寯、杨廷宝3位先生曾经在中央大学工作,被称为南京建筑界的"三老"。

"老南京"版日前采访了童寯先生之子、东南大学童林夙教授。而刘敦桢之子刘叙杰也供职于东南大学,并且也是著名建筑学家。日前,《金陵晚报》记者采访了刘叙杰教授,听他讲述一代建筑宗师留下的家庭记忆。

甘于清贫来宁当老师

"我的家族和南京早就颇有渊源。"在面积不大却装修得非常雅致的寓所里,今年82岁的刘叙杰和记者侃侃而谈。他精神矍铄,记忆力极强,眉眼间和父亲刘敦桢大师极像。

刘叙杰说,父亲1897年出生于湖南新宁,刘氏宗族是当地著名的大姓之一,出过两江总督刘坤一这样著名的人物。刘坤一曾经长期在南京为官,是晚清颇具影响力的封疆大吏。

刘叙杰告诉记者,父亲早年留学日本东京高等工业学校,负笈东瀛9年以后回国。1926年,父亲受聘于苏州工业学校建筑科执教,该校是我国建筑教育中第一个专科性质的学校。1927年底，苏州工业学校建筑科迁往南京，并入江苏大学工学院，"学校的老师，大部分去当官或者当建筑师，因为那个年代教师的薪水很低，远不如前两种职业，但父亲却毅然来到南京，当了建筑系的骨干教师，这是他与南京结缘的开始。"

江苏大学工学院后来定名为国立中央大学工学院建筑工程系，这是我国大学教育中正式设置建筑学专业的开始。

爱踢足球的单身汉

在南京工作初期，刘敦桢是一个单身汉，他把大部分业余时间用在了阅读历史文献和踏访南京周边地区的古建筑遗迹上。和现在的年轻人一样，这位日后的建筑大师也极爱足球。他常常利用周末搭京沪铁路（指当时南京到上海的铁路）的夜车赶到上海，第二天踢一场足球或者观看一场球赛，晚上再乘车返回南京。这种状态，一直持续到他1930年冬天与来自老家的陈敬女士结婚为止。

1932年秋天，刘敦桢受朱启钤先生的邀请，加盟北平的中国营造学社，和梁思成、林徽因、陈植等学者成为同事。

他暂别中央大学，在此后的十年时间里，刘敦桢一家随着中国营造学社迁移。抗战期间，曾迁到云南昆明和四川南溪李庄工作和生活。虽然条件极其艰苦，但包括刘敦桢在内的中国营造学社同仁却取得了极其丰富的学术成就，在中国建筑史上写下了华彩的一页。

生活艰苦的"沙坪坝"时期

"1943年秋天，父亲来到重庆沙坪坝的中央大学，回到阔别十年的建筑系任教，并且在第二年出任建筑系主任。"刘叙杰说，父亲从此再也没有离开这所名校。1945年秋天，他还接受吴有训校长邀请，出任中央大学工学院院长。

虽然早已是全国著名的教授，并且在学校担任重要教职，但刘敦桢先生的生活却十分清贫。刘叙杰对那些往事还记得很清楚："在沙坪坝的时候，我们一家人挤在一间约20平方米的住所里，前后不通风，光线阴暗，脚下是凹凸不平的泥土地面，下雨天还严重漏雨。但就是在这种艰苦的环境里，父亲完成了教学上使用的中国建筑史、中国营造法的讲稿以及《中国之廊桥》等著述。"

刘叙杰还记得，在那艰苦的岁月里，父亲每天早上还要到沙坪坝买菜，为母亲分担家务的压力："那菜市场离家有好几里的路程，我现在还记得父亲那穿着褪色长衫的瘦削身影，踏着朝露晶莹的小径，逐渐消失在迷茫晨雾中……"

大部分时间用来看书写作

在刘叙杰的记忆中，父亲是一个生活简单到极致的"典型的老知识分子"。他对时间抓得非常紧，在家里除了吃饭、睡觉，大多数时间都在书房里写作或者看书，就连周末和假期也不例外。在生活中，似乎也没有什么爱好。

刘叙杰回忆，父亲既不玩牌也不下棋，不看电影或者戏剧，穿衣服也不讲究，平日里也不喝酒，但会喝茶或者抽一点烟，后者大概也不算什么嗜好，顶多是工作时振奋精神的一种手段。但若干年后，刘叙杰却听说，父亲从小就有围棋天赋，8岁时下棋曾经赢了祖父。但后来为了工作，也就把这个爱好压抑下去了。

在这样的家庭氛围濡染下，刘家的孩子都学有所成。

"父亲对我们管得也不多，任由我们自己发展，并按照自己的兴趣去选择今后的专业。"刘叙杰童年时受中国营造学社叔叔阿姨们的影响，也喜欢上了建筑学。后来，他考上了南京大学建筑系，毕业后进入南京工学院（东南大学）建筑系工作，不仅和父亲成为同事，如今也是享有崇高知名度的建筑学家。而刘叙杰的妹妹刘叙仪则是我国著名的肿瘤专家。

私交极好的建筑系"三老"

严肃、认真，是刘叙杰关于父亲记忆中的两个关键词。他说，父亲对什么事情都非常严肃认真，以写信为例，不管是什么人来信，他必定要亲自回复，从不假手他人。他往往先写出草稿，经斟酌修改后，再誊清寄出，信中每个字都写得端端正正，连标点符号也分得非常清楚。

"父亲常常说，自己的天赋不高，最多只是'中人之材'而已，思维远不如梁思成先生等敏捷机智，因此，要迎头赶上学界的佼佼者，只有依靠自己加倍努力，多花时间，以'勤能补拙'为毕生的座右铭。"刘叙杰说，父亲的勤奋对孩子们影响很大，并已经成为刘家的家训，将一代代传下去。

记者在采访中还发现一个有趣的现象：刘敦桢、杨廷宝、童寯3位建筑大师私交极好，数十年来合作无间，刘叙杰说："他们'三老'业务上各有所长，性格上也不一样，但都能彼此尊重，在工作中互相支持和帮助，在生活上相互关怀。真挚而亲密的友情一直延续到3位老人生命的最后一刻。"（于峰）

（载 2012 年 6 月 12 日《金陵晚报》）

倪光南：一腔报国志　执著 50 载

倪光南，1939 年生，浙江镇海人。1961 年毕业于南京工学院无线电系。几十年来一直从事计算机及其应用领域的研究与开发，曾参与我国自行设计的第一台计算机的研制。1984 年至 1999 年期间，担任中科院计算所公司（联想集团前身）和联想集团首任总工程师，他首创在汉字输入中应用联想功能，主持开发的联想式汉字系统、联想系列微型机，分别于 1988 年和 1992 年荣获国家科技进步一等奖。1994 年当选为首批工程院院士。现为全国政协委员，中国中文信息学会理事长，中科院计算所研究员、博士生导师。

你有没有想过，为什么英语 computer 有两个中文译名，一个是"计算机"，一个是"电脑"？

这代表着人们对这部智能机器功能认识的拓展，早期的巨型计算机多用于海量数据和复杂运算的处理，而在微型机时代之后，电脑开始借助各种软件，服务于各行各业，"电子大脑"真正成为人们日常工作的帮手。

你又是否知道，现在看起来不起眼的汉字输入，曾是我国从"计算机"过渡到"电脑"的一大难题？曾几何时，由于计算机软件不能输入、处理和显示汉字，应用功能很难拓展到计算之外，甚至有人提出了"只有拼音文字才能机械化，所以在计算机时代，汉字只能拼音化"的预言。

倪光南院士用自己几十年的工作响亮地回答：不，不是这样！

动手是最深刻的学习

"对我来说这好比是面对一座丰富的宝藏，在勘探和开垦的过程中，充满了无穷的乐趣。"

1939年8月1日，祖籍宁波镇海的倪光南出生在中国香港。由于日军进攻香港，1942年6月，倪光南一家八口，辗转回到上海。

"从小逃难的经历，是我永远也不会忘记的。它让我明白，国家应该富强起来，才不会受人家的欺负。"倪光南说。抗战胜利后，倪光南结束了人生最初的颠沛流离，进入钱江小学读书。

就在他入学几个月前，大洋彼岸的冯·诺依曼博士第一次提出了建立在二进制基础上的现代存储程序计算机概念，计算机时代开始了。1946年，第一台电子数字积分计算器诞生；1952年，第一台大型计算机系统IBM701诞生。1954年，第一台通用数据处理机IBM650诞生……

当时的倪光南并不知道这些，他只是一个沉默寡言的孩子，学习之余喜欢背诵唐诗三百首，锻炼记忆力，还喜欢组装当时还是稀罕物的矿石收音机。"从单管收音机开始，然后是2管机，3管机，到了高中的时候，我居然组装成了7管收音机，在当时，这就算非常高级的收音机了。"倪光南回忆说，"我那时就觉得，动手才是最深刻的学习。"

对无线电的热爱与日俱增，中学学习成绩优秀的倪光南在高考志愿书上填下了"南京工学院无线电系"，当时工科最好的学校就是南京工学院，无线电系又是南京工学院最热门的专业。

倪光南如愿以偿。1956年初秋，他在南京开始了大学生涯。同年8月，中科院计算技术研究所正式成立，我国早期计算机事业拉开了序幕。

倪光南在大学里度过了5年充实的时光。无线电发送接收技术、放大整流技术、脉冲技术、微波技术……一个个陌生的领域向倪光南敞开了大门。倪光南说，"对我来说这好比是面对一座丰富的宝藏，在勘探和开垦的过程中，充满了无穷的乐趣。"

倪光南最喜欢的是实验课，他几乎每次都是班里最快完成实验的学生。回忆至此，倪光南院士忽然大笑："也是因为我那时上课完全看不清黑板，只能靠动手了。"

原来，倪光南从初中起就近视了，视力只有0.4，却一直到大学都不肯戴眼镜。他说："这很大程度上是受到米丘林理论的影响。"米丘林是苏联著名的遗传学家，他发现植物幼体对生活条件有很强的适应能力，就把苏联南方才能生长的果树品种进行耐寒性驯化，最终培养出可以在北方生长的北方杏、郁比利依娜雅樱桃等一批果树新品种。

年轻的倪光南觉得自己就像那些杏子和樱桃一样，最后也能适应环境，把近视矫正过来。他甚至在冬天也会故意少穿些衣服，认为那是在磨练自己的意志，长久坚持下去就能适应。

两盏指路明灯

"进入这个行业，我觉得很幸运，因为永远都有事情可以研究，但另一个方面也一定会面对巨大的压力，你跟不上这个速度，看不到潮流，过一两年你的知识就没用了。"

年少时，倪光南有很多类似的"畅想"。"有了计算机，将来大家就不用学外语了，靠计算机就能自动翻译了。"倪光南笑着说："那时候我们只是听说过计算机，谁也没见过，很容易把它想得无所不能。"当时计算机可真是个稀罕物，1958年南京工学院成立了计算机系，但系里居然没有一个学生见过计算机，只能从理论到理论来学习。

1961年，倪光南大学毕业，被分配到中国科学院计算技术研究所。在那里，他第一次见到了计算机——正在研制的119机，这是我国自行研制的第一台大型通用数字电子管计算机，并参加外部设备调机工作。

计算所里年轻人多，一间宿舍住7个人。"大家工作热情都很高，工作完了就回宿舍睡觉，睡醒了就接着工作，时间好像都不存在了，每天都过得很充实。"

由于表现突出，倪光南在一个多月后就当上了值班长。他依然没有戴眼镜。119机的控制台上有密密麻麻的几百个氖灯和部件，倪光南居然硬凭记忆，背下了它们的位置和功能。

计算所的办公室里有台电视机，年轻人常常围在一起看。"有一次新闻里播一场体操比赛，同事问我，这是男运动员还是女运动员，我反正也看不清，就胡乱猜了个'男的'，结果好一阵哄笑……"

第二天，倪光南就去配了眼镜。"我忽然明白人是要尊重客观规律的，有些事是不以人的意志为转移的。"倪光南意味深长地说。这句话，也成为他之后工作的一盏"指路灯"。

1964年4月，119机交机。当时国际上能研制巨型机的只有美国、苏联、英国、法国几个大国，我国由此进入了世界计算机研发的先进行列。倪光南也因为参与119机的工作被评为计算所先进工作者和中科院北京地区先进工作者，成为小有名气的"业务尖子"。

"119机的内存是24 000颗的小磁芯，每颗小磁芯都要人工穿上四根线才能用，猜猜它的内存容量是多少？只有24 K，现在一个U盘，容量就是它的几万倍。119机的速度是5万次，现在的家用电脑的速度是10亿次……"计算机事业的发展速度之快难以想象，倪光南认真地说："进入这个行业，我觉得很幸运，因为永远都有事情可以研究，但另一个方面也一定会面对巨大的压力，你跟不上这个速度，看不到潮流，过一两年你的知识就没用了。""看到潮流"，这成为倪光南工作的另一盏"指路灯"。

在大洋彼岸，潮流也正在发生新的变化。随着集成电路的登台亮相，相比119机使用的电子管，晶体管越来越显示出自己的优势，包含200个晶体管的集成电路，也从1966年的15美元降到5年后的2美元，并达到了10亿美元的销售额。这使得计算机开始有向小型化发展的可能，从"计算机"到"电脑"，它开始从纯科学计算向其他应用领域发展。

在这股潮流的推动下，汉字信息处理逐渐成为我国计算机行业的重大课题。

跨过汉字输入鸿沟

习惯于使用汉字进行信息处理的我们很难想到，汉字曾在计算机面前面临过生死存亡的考验。

20世纪70年代，著名力学家钱伟长曾在一次国际会议上遇到一位外国专家，外国专家对他说，汉字无法进入计算机，中国要想实现现代化，汉字就必须拼音化。

习惯于使用汉字进行信息处理的我们很难想到，汉字曾在计算机面前面临过生死存亡的考验。简单来说，计算机要想处理文字，首先要能显示文字，然后还要知道人们想输入什么文字，才能进行下一步的工作。英文这样的拼音文字只要按照字母输入就能够被计算机识别，但古老的汉字作为表意文字，很难创造一套简单明了的"规则"让计算机理解。

倪光南和他的同事们，成为我国最早面对这个难题的科研人员。119机研制成功之后，倪光南进入输入组，开始专攻汉字输入系统的研究，并成功完成了717型计算机汉字显示设备和"SK-1光笔图形显示器"。

当时人们认为，解决汉字输入问题有两条路，一是创造"规则"，这就是对汉字进行编码输入，另一条路则是让机器直接能够识别手写汉字。倪光南开始同时向两个方向努力，承担了两个项目的研究："111汉字信息实验系统"和"手写文字识别机"。

这两项研究，都是在计算所内的111机上开展的。111机是个"香饽饽"，承担着全国一些重点、尖端科研项目的大量运算任务。为了能多用几个小时机器，倪光南想出了办法："我们预定深夜的机时，通宵工作就没有人和你抢机器，真是太高兴了。"

当时比较成熟的汉字输入法，是光笔输入。在特殊的大键盘上，几千个汉字纵横排列，要用光笔点选到需要的汉字，才能输入电脑，每个字都要这样选择，而其他的输入法也都十分烦琐，需要使用者记忆大量的规则。倪光南下定决心，要用计算机本身的处理能力，辅助人们输入汉字。

联想式汉字输入法应运而生。这种输入规则现在的人们并不陌生。所谓联想，就是当你输入了一个字后，电脑会自动按照使用频率显示出许许多多词汇作为输入的候选。比起每个字都要在几千字中寻找，这无疑大大提高了汉字输入的效率。1978年12月，倪光南代表计算所参加了全国第一次汉字编码学术交流会，介绍了这种输入法，会场沸腾了。

与此同时,"111 汉字信息实验系统"和"手写文字识别机"的研究也在顺利进行,1979 年,这两个项目一并获得中国科学院科技成果二等奖。

跨越从"汉字"到"计算机"的巨大鸿沟,倪光南和我国科研人员初战告捷。

执著汉字信息处理

"我一直在研究的汉字信息处理系统,既然是汉字,怎么能离开它的母国呢?"

1981 年年末,加拿大首都渥太华,一个晴朗的周末,倪光南骑着自行车在市区闲逛,一家鞋店吸引了他的目光。橱窗里陈列着一双双精致时髦的意大利皮鞋、英国皮鞋、美国皮鞋,而在门口的几个筐子里堆着一大堆布鞋,上面写着"1.99 加元一双任捡"。

"我觉得很不可思议,怎么这么便宜,拿起来一看,鞋底上印着'MADE IN CHINA'(中国制造)。"拿着布鞋,倪光南百感交集。

那时,倪光南是加拿大国家研究院的访问研究员,继续从事由"手写文字识别机"延伸而来的计算机图形学研究。在这里他再一次敏感地察觉到计算机科学的发展潮流。

研究院里每一位研究员都有一台小型机,虽然运行速度和国内差不多,但却有完整的操作系统和大量的应用软件,从文件处理到研究工作都可以在计算机上进行,"那时第一次感受到计算机必将会作为一个工具,为各行各业提供服务,而国内计算机还主要用于重大项目的运算,对软件的开发和应用非常有限。"倪光南抓紧每一个工作中间的"咖啡时间"和同事聊天,了解包括北电在内的各个高科技公司如何运作。"我开始了解到,科技成果只有和市场联系起来,才能实现良性循环,才能真正被更多人使用,这是我对科技成果产业化最初的认识。"

两年工作时间一晃而过,加拿大国家研究院非常满意倪光南的工作,希望他能够留下来。倪光南拒绝了。他想起了那些鞋店门口"1.99 加元一双任捡"的中国布鞋。"中国制造,不能永远和'简陋''低级'联系在一起，后来有人问我回国的得失，我想有一点是肯定的，如果我不回来，之后我所做的一切工作，将不会对'中国制造'有所帮助。"

他礼貌地对研究院的部门负责人说："我一直在研究的汉字信息处理系统，既然是汉字，怎么能离开它的母国呢？在原来的研究基础上，加上在加拿大获得的新技术，我对它的发展前景十分看好……"

1983年，倪光南回到了祖国，随身携带着他自掏腰包购买的价值几千加元的科研器材，其中包括Z80微处理器等很多国内很难买到的关键器材。"一路上每过一个关卡，都要赶紧检查一遍，生怕把这些'宝贝'磕了碰了。"

变身"推销员"

"我们的研究成果，不应该躺在奖状上，它应该伴随工业的发展，为各行各业服务。"

"来，来，来！请来参观最新的计算机汉字系统！"

1985年5月8日，是北京第一届计算机博览会开幕的第一天。一个展台前，一个中年人穿着一件胸口上印有"中国科学院"的工作服，忙碌地张罗着。在他背后的展台上，是一个30厘米长、20厘米宽的灰色金属盒子。

这位中年人就是倪光南，那个"盒子"就是后来大名鼎鼎的联想式汉卡。倪光南怎么会成了展览会上的推销员呢？

1984年10月，"中国科学院计算技术研究所新技术发展公司"（简称"计算所公司"）在废弃的传达室里成立，这就是联想集团的前身。

刚刚从加拿大回国的倪光南，接受了邀请，"下海"成为这家公司的总工程师。对于传统的知识分子，这种身份的转变是个挑战。"我也在想，一个科学家，整天和商品市场见面，整天和用户打交道，是不是不务正业？但是在加拿大的见闻告诉我，不是这样的。计算机不是经典科学，我们的研究成果，也不应该躺在奖状上，它应该伴随工业的发展，为各行各业服务。"

倪光南带到计算技术研究所新技术发展公司的，正是他一直研究的计算机汉字系统。和当时主流的一运行就要占据三分之一内存资源的软件汉字系统不同，被称为"联想式汉卡"的联想汉字系统采取"硬件＋软件"的形式，使微型计算机处理汉字有了和处理西文相同的速度，而且不占内存资源，在输入上，它还使用了联想式汉字输入法，大大提高了效率。

在北京第一届计算机博览会结束的时候，联想式汉卡拿到了 55 万元的订单。倪光南的科研成果，第一次与市场规律融合在了一起。

倪光南的"变身"很彻底，他不但乐意在展览会上推销汉卡，也乐于和客户们接触，倾听他们的意见。倪光南提议成立了联想式汉卡用户协会，甚至开设了一部负责汉卡售后技术服务的热线电话。"为什么科技成果转化要以企业为主体？我开始明白，因为只有这样才能不断得到市场反馈的信息，才能不断改进，不断发展。"

1988 年，联想汉字系统获得国家科技进步一等奖，这是首个获得一等奖的汉字信息处理系统。2001 年，在由中国工程院主办的"20 世纪我国重大工程技术成就"评选中，汉字信息处理与印刷革命仅次于"两弹一星"，居第二位。从 1985 年到 1994 年，联想式汉卡共售出 16 万套，创造了可观的经济效益和社会效益，它也是联想品牌的来源。

1988 年，倪光南又开始开发微机主板和扩展卡。1992 年，打有"联想制造"标记的主板在国际市场上占有 2% 的份额，联想微机也在国内市场上居于前列，同年，联想微机获国家科技进步一等奖。

回顾在联想的工作，倪光南说："最重要的成绩是实现了科技产业化，我们将'联想'这个创意变成产品，再变为企业品牌。为高技术的'中国制造'走向世界尽了力。"

倪光南常说自己兴趣爱好不多，却对古典音乐情有独钟。他最喜欢德沃夏克的曲子，童年时音乐老师曾将《自新大陆》配上这样的歌词："黄金的年华虚度过，才知道从前铸成大错，萧萧两鬓白徒唤奈何，瘦影已婆娑徒唤奈何……"倪光南说，"这么多年来，我一直没有忘记，每当听到这个旋律，我就会扪心自问，你有没有虚度年华？你有没有蹉跎岁月？"

70 岁的倪光南至今还在忙碌地工作。他主张推广以 Linux 为代表的开源软件，主张发展国产 CPU，主张推广采用国产 CPU 和 Linux 操作系统的网络计算机 NC，主张要建立自主完整的软件产业体系，主张政府采购应倾向国产软件……他说："我现在的人生目标就是，推动自主创新，从'中国制造'到'中国创造'。"

倪光南说，华为研发人员的"智力性价比"是欧洲同行的 12 倍。我国软件业"智力性价比"高，在国家政策的拉动下，国产软件是大有希望的。

（载 2009 年 7 月 21 日中国经济网）

中国工程院院士倪光南写给祖国母亲的信

编者的话：

60 载春秋，60 年征程，祖国儿女与母亲风雨同舟。

在新中国迎来 60 华诞之际，一封封饱含激情的信，写下的是祖国儿女一路前行的足迹，倾诉的是对祖国母亲深深的赤子之情……

首创在汉字输入中应用联想功能的

中国工程院院士倪光南

汉字微机能和西文微机相媲美

敬爱的祖国母亲：

在新中国 60 年国庆之际，我谨向您致以诚挚的问候和衷心的祝贺。60 年来在您的关怀和培育下，我从一个不懂事的孩子成长为一个资深的计算机工作者，回顾我国计算机事业从无到有、从小到大的发展历程，内心激动不已。

记得在 20 世纪 60 年代初，我刚到我国第一个计算机研究所——中科院计算所工作时，就有幸参加了我国第一台自行设计的大型电子管计算机 119 机的研制；后来，我们所又自行设计了晶体管计算机、集成电路计算机等等，为"两弹一星"等重大科技攻关任务做出了贡献。祖国母亲当时的国力还弱，条件很差，但国家仍下大决心抓计算机，使咱成为当时世界上仅有的四五个能自行设计大型计算机的国家。这一经历使我认识到，在高技术领域要赶上发达国家，必须树立自力更生、自强不息的信念。

改革开放对计算所是挑战也是机遇。1984 年，计算所创办了以转化所内科技成果为宗旨的"计算所公司",我欣然受命,担任总工。当时,计算机在中国推广应用遇到了汉字处理的瓶颈,有人甚至认为,方块汉字不适合计算机处理,会拖中国现代化的后腿,因此汉字应该改革为拼音文字。20世纪80年代初期,微机处理能力确实很低,大约只有现在微机的千分之一左右,处理只有几十个字母的西文没有问题,但要处理6 000多个汉字(当时的国家标准为6 763个汉字),就力不从心了。最早的CCDOS汉字系统纯用软件实现,成本虽低,但汉字处理占用了微机的大部分资源,往往不能满足应用需求。为此,我们于1985年5月推出了第一型汉卡,并迅速实现了产业化。联想式汉卡采取了硬软件结合的技术途径,汉字处理基本上不占用微机资源,大大提高了处理效率,使汉字微机能和西文微机相媲美。从此,人们不再认为汉字会拖中国现代化的后腿了,也没有人说汉字应当改为拼音文字了。联想式汉卡的难点在于将硬件和软件有机地结合起来,达到既经济又高效的处理。另外,它首创的联想功能也减轻了汉字输入的难度,直到今天,人们用电脑或手机输入汉字时还在用这个功能,它也成为联想式汉卡的一个特色,后来又发展成为品牌和公司的名称。

在新世纪里,计算所的任务更艰巨了,作为计算机领域的"国家队",计算所承担了"核高基"等许多重要的国家级科技项目,著名的"龙芯"就是其中之一。计算机是一个关系到国民经济命脉和国家安全的领域,掌握它的核心技术及其相关知识产权、标准等等具有重大的意义。同时我们也看到,这个领域已经被外国跨国公司所垄断,因此,国家意志、国家支持、国有资本等等应起重要的甚至是决定的作用,计算所也应义不容辞地承担自己的责任,发挥自己的作用。

60年在历史上不是很长,但回顾过去的这60年,我国计算机领域发生的变化与我国其他领域一样,都是翻天覆地的。我们为祖国母亲的成就欢欣鼓舞,更对美好的未来信心百倍。

(载2009年10月2日《北京晚报》)

钟训正:自己虽无天分但却有股"傻劲"

钟训正,东南大学教授、中国工程院院士。1929年7月出生于湖南武冈,1952年毕业于南京大学建筑系(现东南大学建筑学院)。长期致力于建筑设计研究、创作与教学工作,其提出的"顺其自然,不落窠臼"思想在建筑学领域产生了深远影响。创造了多项经典作品,早年所设计的北京火车站和南京长江大桥桥头堡于2016年9月入选"首批中国20世纪建筑遗产"名录;主持设计的无锡太湖饭店新楼、甘肃画院等在建筑传统与创新、建筑与自然环境以及建筑技术与艺术的辩证统一关系上创出特色。

自1952年我从南京大学建筑系毕业,一直从事建筑教学、研究和创作60余年。如今已是鲐背之年,回想前路,我自知没有很高的天分,但却有一股傻劲,一经投入,必然全力以赴。我觉得,勤奋比聪明更重要。只有真正投入进去,抛开名利得失,达到一种忘我的境界,才能有所作为。如果说我有什么作为的话(比如南京长江大桥桥头堡的设计被人称道),那也是我不躲懒、不怕难、辛勤努力的结果。

因喜欢画画走上建筑之路

1929年,我出生在湖南武冈的一个教师家庭,在十个兄弟姐妹中排行第八。母亲由于操劳过度,在我很小的时候就已过世,全家仅靠父亲教书的微薄收入勉强维持生计,直至长兄结婚成家,家境才有所改善。虽然家境窘迫,可父亲的眼光却很长远,节衣缩食、想方设法让家中每一个子女都有机会上学念书,我也因此得到了接受正规教育的机会。

跟别的孩子一样,我小时候也很贪玩、调皮和好奇。我大嫂是一位职业中学美术教师,收藏了不少精美的画册。我时常翻看这些画册,被它们深深地吸引。毫不夸张地说,大嫂是我在绘画方面的启蒙老师,激发了我对绘画的热爱。

到了读小学时,我开始尝试自己画。没有老师指导,没有接受正规的绘画训练,就从临摹画册开始,然后去写生。有一次,我对着自家的庭院写生,天寒地冻,我被冻得手脚僵硬、鼻涕直流,仍兴致颇高地坚持作画。由于画得有模有样，常常获得家里人的鼓励，我也就画得更有劲了。

进入中学后，大人们见我过于沉迷，开始担心绘画会影响我的学业，于是纷纷反对我画画，并且要求我一定不能将其作为主要专业。

在平和务实的家风影响下，哥哥姐姐们学的专业都无一例外地选择了医科、师范和工科类，而我在高考报志愿时思前想后：既不能让家人失望，又无法割舍对艺术的那份热爱，学什么专业好？最后选择了介乎"艺""工"之间的建筑学，这样既与艺术相关，又接触面广、实用性强。

1948年秋，我考取了当时全国最负盛名的国立中央大学建筑系（1949年国立中央大学改名为国立南京大学）。10月，乘坐从长沙开往南京的轮船到学校报到。这是我生平第一次独自离家远行，心中满怀对即将开始的大学生活的憧憬，尽管此时距学校报到时间已晚了一个月。

来到学校，迅速办好报到手续，急忙走进教室，我才意识到晚来一个月带来的后果。当时，投影几何课是整个工学院的大班课，上课的老师特别严格，每次总是先讲一小时，然后当堂做习题，第三堂课下课时收卷。我落下了一个多月的课程，对这门课自然是一窍不通，面对习题一头雾水，每次解题都是连猜带蒙，最后得分惨不忍睹。于是，我利用课余时间，猛攻这门课程，努力了一段时间，终于有了起色。

淮海战役后，我和同学休学回家。翌年，南京解放，等我收到复学通知回校报到时，又迟到了一个多月。有了前车之鉴，我每次课前必先预习，将新内容领悟透彻，课后再挤时间复习带补习。这种"笨鸟先飞"的方法倒也收效神速，到这门课结束时，我已经是班上做题速度最快、准确率最高的学生了。

我是怀着激情和绮思踏入建筑学大门的，但进入了这个门槛，清规戒律接踵而至，老师竟像对待幼儿园小朋友和小学生似的教我们如何削铅笔、如何裱纸、写字、用笔、使用工具等等，特别是还要学那些与"灵感"相抵触的物理、微积分、投影几何、力学等令人头疼的课程。原来建筑竟是这么复杂、实际和理性，受那么多的限制和约束。

在专业基础课中，杨廷宝先生教我们素描，我当时"野性未驯，心态浮躁"，素描课上不耐心细磨慢琢，四个钟头的作业一个钟头就完成，成果粗糙，遭到杨老的严厉批评。在最后一个总结性作业——西方古典构图渲染作业中，为了省事，我想省略希腊额枋中的卷草纹。杨老知道后，对我说："想省事，你就不必学建筑了。"挨了批评，我就老老实实完成作业，最后取得了全班最好成绩。

我至今记得，一年级下学期的第一个设计作业是"桥"，指定要用西方古典的手法。遇此创作良机，又是第一个自己的作品，自然就使出浑身解数，挖空心思，添加了不少"得意之笔"，而杨老恰恰把那些统统删去。当时我非常难过，心有不甘，以致他忍无可忍地说："你这是干泥水匠的活，纯属画蛇添足，你还要不要学下去？"通过杨老的一次次教诲和鞭策，我慢慢领悟到了自己的幼稚无知和创作的艰辛。

艺术的探索没有捷径可走

1952 年，我大学毕业，被分配到湖南大学。第二年春天，我被抽调到武汉，参加华中工学院的规划设计工作，完成了自己建筑生涯中的第一个设计——华中工学院的一幢教学楼。院系大调整时，我被调到武汉大学水利学院，由于当时没有建筑系，只能在水利系从事建筑构造的教学。1954年，在杨廷宝老师的帮助下，我被调回南京母校（已改名为南京工学院），得以从事自己心爱的建筑教学工作。我想，并不是由于我的专业成绩多么突出而特别受到杨老的器重和厚爱，只是因为平时的勤奋踏实给老师留下了很好的印象。

那时刚刚参加工作，时间上比较宽裕，我把大量精力倾注于绘画。尤其痴迷于美籍匈牙利人考斯基（Kautzky）的铅笔画，认为其用笔刚劲有力、豪放洒脱、简洁概括、层次分明，潇洒的寥寥几笔，立见效果，特别适用于快捷草图。于是对他的画风刻意模仿，甚至以被人称为"钟斯基"而洋洋自得。

杨老看了却不以为然，劝导我说："你年纪还轻，不要过早建立自己的风格和独家手法，更不要以他人的风格来束缚自己，应博采众家之长，勤学苦练，融会贯通。""用笔的简练、豪放、传神，必须出自深厚的功底，不要看人家传神的寥寥几笔，该凝结了多少年的心血。"这番教导，给我带来极大的震动。

经过一番激烈的思想斗争，我终于决定：改！首先，我丢开粗扁头的铅笔而改用细铅芯的自动笔；同时也细细品味多位名家的作品，琢磨他们各自的特点，以风景照为题材，画出了大批习作，逐渐进入角色。

年轻时，我总相信真理只有一条，看问题常绝对化、简单化。自以为是非分明、果敢决断，对杨老模棱两可的口头语"也许""可能""无不可"等不以为然。日久天长，慢慢理解到影响建筑创作的物质、精神和社会因素的复杂性，孰轻孰重，会带来迥然不同的结果。如果认定走一条常规之路，只会产生千篇一律的平庸之作。对设计创作来说，本来就条条道路通罗马。出其不意，甚至反其道而行之，反而会带来非凡的效果。

当然，为此必须付出数倍于常规的艰苦劳动。"山重水复疑无路，柳暗花明又一村"极富哲理，于无路处，往往可探寻一个天朗气清的新天地。

艺术的探索几乎无捷径可走。我当初上学考试也不过是想走捷径，追求痛快淋漓，一蹴而就。后来在教学中发现，不少青年学生也有类似的追求，而且影响面甚广。他们鄙视细腻工整，仰慕气度非凡的大笔一挥。他们探求自由洒脱、狂放不羁的情趣，热衷于用夸张的手法画那些古老破旧的题材，给对象加以任意的变形和抽象，几乎是完全跟着感觉走。

然而，一旦要表现严谨简洁的现代建筑，往往就不知所措。建筑画在艺术殿堂不占重要的席位，因为它是写实的、带技术性的，必须明确易懂，这在任何时代任何国度都无甚差异。20世纪80年代初，我有机会访美并在事务所工作一年多，发现那里的建筑师同样不能任想象驰骋。

伟大的艺术家无不在千千万万张习作和作品上才建立自己的丰碑。天才是勤奋所培植的。像我这种"笨鸟"，除了勤奋，别无他法，自然更要振翅先飞了。我自认虽然笨，但还有几分认真。无论正图还是草图，我都把它当成一回事来干，总想画出自己的水平。哪怕是粗略的几笔，也要先画一张底稿。只有一笔一画认真画，才能厚积薄发。

南京长江大桥桥头堡方案由周恩来总理选定

建筑和艺术息息相关，既要牢固实用，又要美观大方。南京长江大桥桥头堡的设计就体现了这一点。

南京长江大桥是继武汉长江大桥之后我国着手筹建的另一座跨越长江下游的公铁两用特大城市桥梁，工作之艰巨复杂，不仅在国内首屈一指，在国际上也是少见的，因此关系到桥梁整个形象的起头建筑艺术造型显得十分重要。一方面要求有雄伟壮丽的外貌，把正桥与很长的引桥恰当地衔接起来，达到协调美观；一方面还须有社会主义崭新的时代特征，显示出我国勤劳勇敢的人民在飞跃前进中的豪迈气概。因此在桥梁建筑美术上要求更高，其重点则集中在连接正桥和引桥的桥头堡上。

桥头堡的设计从1958年开始。最初设计方案大致跟武汉长江大桥差不多，只是大一号，大桥局不满意，于是举行全国范围的桥头堡设计竞赛。这样的一个竞赛引起了广泛的关注，各大高校、各省市的设计院纷纷参与角逐。当时校（南京工学院，东南大学前身）领导非常重视这件事情，因为关系到学校的荣誉，校领导们决定打破学校教学程序，动员建筑系所有的教师、学生共同设计，先在学校内进行评选，评出的优秀作品再送交铁道部。教师和同学们都铆足了劲，全校共设计了近200个方案，进入初选的有38个，最终推荐至铁道部的有6个，这其中就有我的2个。

1960年初，铁道部等单位对参赛的方案进行了讨论，最后选出了3个备选方案，我的2个方案都在其中。我当时设计了红旗、凯旋门两个方案。大桥要强调中国特色，虽然凯旋门设计中已突出了民族传统元素，但毕竟有模仿的痕迹；此外，由于凯旋门太大太重，可能会影响交通，因此没被采用。剩下的两个方案均采用的红旗元素。我的方案是一个堡上面突出两面红旗，不加任何东西，比较简洁大气。另一个红旗设计方案有些复杂，除了红旗还有好多工农兵雕塑，主题不是那么明确。

3个送审方案呈送中央后，我也跟着大桥局人员到了北京，去铁道部等周恩来总理的审批。可是那个时候周总理在出国访问，我们就一边等，一边再对送审方案加以修改。后来周恩来总理到上海开会，我们特地带着设计方案去上海面呈总理，经过多方面考虑，最终选择了我的"红旗"方案，不过因为当时的时代特征，将两面红旗改为了三面红旗。

由于三年自然灾害，铁道部提出就简建桥的方针，桥头堡方案差点停掉。一直到1968年大桥主体基本完工了，马上要建桥堡，上报给中央后，周恩来总理决定还是恢复原先的桥头堡设计方案，并对三面红旗方案作了两点指示：一是红旗的颜色要鲜艳，二是要永不褪色。

桥头堡的建设过程中，遇到的最大难题是如何塑造红旗。在我的设计里，红旗要像风吹过一样是飘动的、曲面的，外廓是鼓上去的，表现出动感美。为此经历了反复试验、多方尝试。为了赶工期，我们建筑系参与大桥工程的师生吃住在工地，两班倒地边画图边施工，非常紧张。不到一个月的时间里，两座巨人一样的桥头堡奇迹般地树了起来，保证了1968年国庆日大桥的全面通车。

南京长江大桥以较高的建筑设计艺术水准，成为体现"双百"方针和文化自信的艺术之桥。桥头堡的设计，也初步体现出我的设计理念，后来和团队深化为"顺其自然、不落窠臼"的建筑思想。这种思想立足于中国大地，立足于现实及约略领先的可行性。它要求我们尊重传统但不迷信传统，以现代化的手段和创新意识去弘扬传统文化；学习国外的先进经验和理念，但决不为其所迷、所缚；不矫揉造作，力争求实和表里如一。其后所做的无锡太湖饭店新楼、三亚金陵度假村等建筑的设计都遵循了这一思想。（钟训正）

（摘编自《群众·大众学堂》2019年6月8日第2期，原标题为《建筑之路与长江大桥桥堡情结》）

建筑学家童寯：好好地做人　认真做学问

"谦约节俭，廉公有威"，我国著名建筑学家童寯极为推崇马援《诫兄子严敦书》，并引用其中名句反复告诫子孙"要好好地做人，要认真做学问"。作为与梁思成、杨廷宝齐名的建筑大师，他渊博高深的学识素养、清白坦荡的处世之道、春蚕抽丝的奉献精神，深深影响着他的子孙及学生们。

【家训解读】

好好地做人，认真做学问

【解读】清清白白做人，踏踏实实做学问，让书香门第的纯正家风代代相传。

——原文摘自童氏家训

【家风故事】

我国著名建筑学家、建筑教育家童寯的故居，位于南京市秦淮区文昌巷52号，系省级文物保护单位。它建于1946年，由童寯亲自设计，取名"陋室"。故居至今已有70个年头，依然完整保持着原有的布局和风格。

童寯（1900—1983），满族，是一位在中国建筑学界诸多方面都有杰出成就的大师。父亲恩格是著名教育家，曾任东北大学筹备委员、奉天省教育厅厅长、奉天省立图书馆馆长等职，堪称"沈阳一大儒"。在父亲的影响下，童寯从小熟读四书五经，打下了深厚的古典文学根基。1921年童寯进入清华学堂高等科学习，1925年留学于美国宾夕法尼亚大学建筑系。抗战胜利后，在中央大学建筑系任教。新中国成立之后，相继执教于南京大学建筑系、南京工学院（现东南大学）建筑系，任南京工学院建筑研究所（现东南大学建筑研究所）副所长，曾当选为江苏省第五届人大代表。他善于借鉴西方建筑理论、技术，对继承和发扬我国建筑文化做出了重大贡献。作为和梁思成、杨廷宝、刘敦桢齐名的建筑大师，童寯给南京留下了民国外交部大楼及南京地质调查所陈列室旧址（现南京地质博物馆）等众多经典作品。刚刚向市民开放的愚园，就是以童寯所著《江南园林志》中的手绘图为蓝本，而得以复建成功的。

洁身自好的"憨大"

童寯具有知识分子严于律己、洁身自好、坦荡无私的优秀品质，一生不贪图安乐，不趋炎附势，不为世俗名利所惑。20 世纪 30 年代，童寯负责工程较多，当时不少营造厂老板主动找上门来送礼，有的是想多揽点生意，而有的则想在工程建设中偷工减料，而童寯一律不收。于是，这些送礼者就变换各种手段讨好他，但也都被一一拒绝。由此，童寯也成了有名的"憨大"。

童寯对待感情忠贞专一，他为夫人设计的"陋室"就是真实写照。1920 年，童寯与关蔚然成婚。抗战期间，童寯带着长子远赴四川，关蔚然带着两个幼子留在上海，一别就是 8 年。抗战胜利之后，一家人在南京团聚定居。然而，享受天伦之乐的时光是短暂的，1956 年，关蔚然因病早逝。夫人去世后，别人劝他再找个老伴，童寯坚决不肯。夫人生前的房间摆设，一桌一椅，未动分毫。

"汽油宝贵，不要浪费在我身上"

20 世纪 50 年代以后，无论刮风下雨，童寯每天都是坚持徒步到学校授课。1977—1982 年，童寯已到耄耋之年，每天仍坚持步行去学校上班。校方考虑他年纪大了，步行几里路，不太安全，提出安排汽车接送，他一口回绝："汽油宝贵，不要浪费在我身上。"校方又提出为他配置一辆三轮车，童寯称："我最看不惯别人哈腰卖力气，自己却坐在车上！"在校方的坚持下，童寯勉强应允，但提出由自己的儿子——50 多岁的电子系教授童林夙蹬车。于是，在东南大学校园里曾出现这样的风景：头发花白戴着眼镜的童教授，吃力地蹬着三轮车，另一童老教授则安坐在车上，一言不发，面色如常。童寯关爱他人，即便自己正经受病魔的折磨，却仍想着为同事雪中送炭。在童寯癌症复发之际，他的老同事、有着近 60 年友谊的杨廷宝也因病昏迷被送进医院，病床上的童寯便让自己儿子去杨廷宝的病房值班照看，直到杨家子女从外地赶来。杨廷宝逝世以后，童寯甚为悲痛，泪水涟涟撰写悼念文章："一代哲人今已矣，更于何处觅知音？"稿纸上尚能看到斑斑泪痕。

童寯的学生们非常感佩他的学识修养与人格魅力，回忆里充满温情。同济大学项秉仁教授是童寯的博士生，他追忆道："童先生对我们倍加爱护和关切，病重时仍坚持对我们指导。去世前数日还为我们未能跟随他完成学业流下了眼泪。"

教子严而有方

童寯不仅对自己严格要求，对待三个儿子童诗白、童林凤及童林弼也是一以贯之。童寯引用马援《诫兄子严敦书》，对儿子们讲明做人标准："敦厚周慎，口无择言，谦约节俭，廉公有威。"他反复叮嘱的"要好好地做人，要认真做学问"，成为童家下代人遵守的家训。

童寯的大儿子童诗白（1920—2005），是我国电子学学科的奠基人。童寯为其起名"诗白"，主要是希望他承继"诗书门第"的家风，真正做到"为人清白"。童诗白特别敬仰父亲"坚持真理，刚正不阿，严谨治学，朴实无华"的高洁品行，并以此为榜样。1946年，童诗白自西南联合大学电机系毕业之后，在清华大学电机系任教。1948年，自费赴美留学，并于1951年获博士学位。1954年，他放弃优厚条件和待遇，冲破重重阻挠，回到了日夜思念的祖国。从此，数十年如一日，始终坚守在教学和科研的第一线。

在外人看来，童寯先生对子女的要求近乎"不近人情"。次子童林凤上大学的时候，有一次父亲出差到北京，约他中午12点到中山公园见面吃饭，他因故迟到了10分钟。父亲冷冷地对他说："你迟到了，我今天没时间了，明天你再来吧。"第二天一下课，童林凤就连走带跑地往中山公园赶，这次提前了10分钟。而父亲又已站在那里，他见童林凤如约赶到，于是，满面笑容请儿子吃了一顿丰盛的午餐。童林凤说："从此以后，除了特殊情况，我与别人相约或开会，总是提前或准时到场，因为那次约会给我的教育太深了。"

"父亲一生俭朴，从不奢侈浪费，一双皮鞋，一穿就是几十年，也舍不得换一双。内衣多有补丁，记得有一次他拿了一件我母亲生前穿的棉衣裤，要我爱人改一下给他穿。至于夏天穿的背心已是多处破洞，无法织补，要给他买件新的，他幽默地说：不必了，穿破衣服凉快。……"童寯的小儿子童林粥回忆道。（金戈　殷微　宁纪轩　邬楠）

（载 2016 年 05 月 30 日凤凰网江苏站）

黄纬禄院士数学笔记曝光

80年前的超级"学霸"如何记笔记？近日，东南大学档案馆收到校友、"两弹一星"元勋黄纬禄院士家人捐赠的一批遗物，其中一本微分方程课堂笔记不仅用全英文记录，而且字迹工整如印刷体一般，很多年轻人看了感觉"自愧不如"。黄纬禄院士高中毕业于扬州中学，1936年，他以总分第一的成绩考入东南大学能源与动力学院与电气工程学院（前身为电机工程系）。

"微分方程"笔记走红　工整得如印刷品

昨天，东南大学档案馆副馆长李宇青向记者展示了黄纬禄院士的数学笔记——一本练习册，封面用英文标注了课程名称"微分方程"，翻开笔记本，里面是用全英文做的微分方程式笔记，大概有二十多页。

"挺震撼的！"李宇青跟记者形容了见到笔记时的直观感受。不仅如此，档案馆一些年轻的工作人员都认为，黄院士的数学笔记字迹清晰工整，像印刷体一般！还有东大校友看到笔记感叹："连运算符号看上去都像是打印的一样，吾不及院士之十一。"

黄纬禄院士的女儿黄道群告诉记者，父亲去世后，家人在整理资料时，才发现了这本笔记本。对黄院士的家人来说，这本"微分方程"笔记非常珍贵，是父亲在大学学习期间唯一一本写有自己名字的全英文笔记本。黄道群说，考虑到这本笔记对东南大学意义特殊，是一份重要的历史档案。虽然难以割舍，但他们最终还是将原本捐赠给东大档案馆，并接受档案馆制作的"复制本"，留作纪念。

通过黄纬禄的家人，记者还看到了两张他学习专业课时的手稿，文字同样整齐工整，就像印刷出来的一样。

年轻时就是"学霸"　考大学总分第一

"父亲写字一直都是这么工整。"黄道群介绍说,父亲是安徽芜湖人,高中考入当时全国知名的扬州中学。当时扬州中学的数、理、化课程都是英语授课,父亲当时所在的班级,因为基础差跟不上,排在年级倒数。后来,在班主任的鼓励下,全班奋起直追,英文水平大幅提高。高中毕业时,黄纬禄的"英文关"基本过了,上大学后,他的英语水平比很多同龄人高一截。黄纬禄还曾经去英国留学,回国工作后,英文虽然用得不多,但和从国外来的朋友用英文交流、开玩笑都很流利。

黄纬禄的"学霸"潜质从考大学时就显露出来了。1936 年,黄纬禄以总分第一的成绩从 4 000 名考生中脱颖而出,考取大学。黄道群告诉记者,父亲的数学成绩尤其突出,考了满分,数学系还曾为此和电机工程系"抢"这个"好苗子"。

在大学期间,黄纬禄的数学成绩好也是人尽皆知的。快毕业时,很多低年级学生向他请教微积分题目。黄道群回忆说,当时电机工程系对学生的学习抓得很严,父亲毕业时四年均分是 88.8 分,位列专业第一。

"印刷体"笔记引思考　踏实是成功基础

哈尔滨工业大学校长周玉曾发表文章《让记笔记成为人生的必修课》,提倡互联网时代大学生要拾回课堂记笔记的传统。《金陵晚报》曾对南京高校学生做过调查,高校课堂上,用手机拍 PPT 的学生越来越多。还有学生干脆不做笔记,就等着拷老师的讲课课件,然后坐在电脑前,一页页整理复习老师上课所讲的内容。相当一部分学生认为,记笔记只是形式,如果复习的时候"用心",那和上课记笔记效果差不多。

研究生小吴学的是经济学,他告诉记者,同学之中,拿笔记本专门记笔记并且整理归纳的人越来越少,很多人将重点记在书上,还有人喜欢用活页纸,回去再装订。是否记笔记,还要看课程难度,像高等数学、高级微观经济学这些比较难的课程,记笔记的人会多一些。

很多网友认为,院士的印刷体笔记能够引发更多年轻人思考,该如何做课堂笔记。李宇青认为，黄院士的这本数学笔记的意义在于，"让现在的学生懂得成功建立在勤奋、踏实、不浮躁上"。

字迹工整的学生　成绩更好？
中小学老师：没有必然联系

除了院士的笔记，曾经流传出的一些历史名人和学术牛人的笔记，不少都具备"字迹工整，清爽干净"的特点。

难道字迹工整的学生成绩会更好？多位教育专家表示，目前还没看到过相关研究，能说字迹工整和成绩好坏具有必然联系。长期在教学一线的中、小学老师向记者谈了自己的想法。金陵中学的一位语文老师说，二者存在正相关性。比如，2013年南京市高考理科状元、金陵中学学生费欣意，她的课堂笔记就和教科书一样工整，简直可以用"叹为观止"来形容。翻开小姑娘的笔记本，不仅字写得好看，对不同的内容还用不同颜色的笔作区分，例如英语单词用黑色笔抄写，引申出的词组就用蓝色笔抄写。"字迹工整的学生对自己要求严，有恒心，有毅力"。该位老师说，但不能说字迹工整的孩子成绩就一定好，这个推论不成立。

南京金陵中学仙林小学校长林慧敏告诉记者，她长期观察发现这样一种趋势：那些字迹工整的孩子，不仅写字认真，还会把这种"认真劲儿"迁移到其他方面，比如他们审题时会更细致一些，其中有相当一部分学习效果确实更好。

但也有一部分孩子，他们没有把注意力放在写字上，笔记、作业看起来不算工整。"这不影响他们的智力发展。"林慧敏解释说，有些孩子更愿意动手实践，思维也能得到发展。所以，字迹工整和好成绩之间存在一定规律，但没有必然联系。（李晨）

（载2016年04月14日《金陵晚报》A05版）

黄培康、张乃通：耐得住寂寞才能守得住繁华

4月28日，东南大学迎来了两位阔别母校60年的老校友：黄培康院士和张乃通院士。两位8旬老人参加"院士回母校"系列活动，回到母

校，做了一场《我们的东大黄金岁月——读书·科研·人生分享》报告，与校友们一起分享自己那精彩缤纷的大学生活。

"院士回母校"活动由教育部关心下一代工作委员会、中国工程院科学道德建设委员会联合发起，旨在传递科技精神，坚定大学生报国奉献的理想信念，帮助青年学生规划科技生涯，现已在北科大、西南大学、上海交大等多所高校开展。此次东南大学迎来的院士杰出校友代表是从事雷达特性研究的黄培康院士和从事航天技术研究的张乃通院士。

像录音机一样记笔记

两位院士是同班同学，一个宿舍住了四年，但他们的入学学籍卡却是不同学校，张乃通院士的学籍卡上写的是"浙江大学学生"，黄培康院士学籍卡上写的是"国立中央大学学生"。这是怎么回事呢？

1952年，全国院系大调整，国家为大力发展无线电事业，将全国高校的无线电专业分别集中在清华大学和南京工学院（现东南大学），南京工学院建立了无线电工系，于是原本考取浙江大学电学系的张乃通院士和山东工学院的黄培康院士，聚集在了古都南京，开启了他们与无线电相伴一生的第一步。

"张教授是当时的班长，成绩比我好，当时我们班里的年龄差距是蛮大的，我年龄最小，班里的大哥哥大姐姐们都很照顾我，所以我大学四年基本上是处于被照顾的地位。"幽默的黄培康院士谈及大学生活感觉自己当时很幸福。

无线电专业当年入校时一个班 90 人，毕业时却只有 78 人。50 年代的中国高校教学方式一直是走的苏联模式，学生采取 5 分制的评价系统，教学严格。因为无线电专业学生中有很多是来自各行各业的自学人员，加上专业课程的高要求，即使很刻苦，也有 12 名学生不得不转系。而黄培康院士和张乃通院士则通过与学校图书馆 4 年的"感情纠葛"，成为这群刻苦优秀学生中的佼佼者。

"我们对图书馆有着特殊的感情，每天都去图书馆抢位子，吃饭之前，先占好座位，进行学习。"工整的课堂笔记一直是学霸们刻苦勤奋的最佳证明，黄培康院士也有着自己独特的记笔记方法：将笔记本的页面分为三部分，三分之二记录课堂笔记，三分之一记录课堂心得和自己探寻的更加简单快速的习题求解方法。"今天我给大家传授一下，虽然我在图书馆看了很多外文书，但我在老师讲课时，是非常用心的。"黄培康教授特别提出，认真上好大学的每一堂课能让自己受益匪浅。"我印象最深刻的还是谢淑芳老师，他上课时没有一句废话，我能将他的笔记像录音机一样全部记下来。"当时没有教材，只有为数不多的从苏联运输过来的讲义，张乃通院士回忆起他大学时排长队领取讲义的故事。因为没有领取到讲义，他只好经常跑去图书馆借书，汲取知识。

1956 年，两人毕业，他们是中国成立无线电专业后的第一届毕业生。毕业后，两人服从国家分配，走上了不同的学术道路，黄培康院士毕业后进入了国防部五院，张乃通院士去了哈尔滨工业大学。两人 20 多年没有见过面，直到上世纪 80 年代，两人都到了航天领域工作，事业交叉点越来越多，两人才得以重逢，见面次数多了起来。

"我们基本上一年至少见一次面，平时也会打电话相互关心对方，更多见面场合都是一些学术研究会。"黄培康说，"如今一个宿舍 8 个人，只有我们还常联系，其他同学都已经失联很久了。"张乃通言语中有一些伤感。作为老同学，他们都十分欣赏对方在研究领域取得的成就。2001 年 6 月，张乃通当选为中国工程院院士；2005 年，黄培康也当选为中国工程院院士。

耐得住寂寞，不追求名利

"我们很简单，祖国的需要就是我们的需要，党叫到哪就跑哪。"张乃通院士是江苏扬州人，毕业后被分配至北方严寒之地的哈尔滨工业大学。彼时的哈尔滨工业大学还没有无线电专业，因此在最开始的几个月时间里，张乃通在哈工大无事可做。抱着试一试的心态，张院士给教育部写去了一封信，意外得到了教育部的高度关注。

"教育部负责人当时就把我找过去说，很多专业都是新上马，条件不够，需要我们创造条件。"张院士说道："有条件要上，没有条件创造条件也要上。"张乃通雷厉风行，第一天收到通知，第二天办手续，第三天就开工。没有器材，没有实验室，没有经验，他和其他几位老师撸起袖子说干就干。初生牛犊不怕虎，作为一名刚毕业的大学生，他成了项目负责人，哈尔滨工业大学的无线电专业，就这样诞生了。

黄培康因为特殊的职业，几个月甚至几年不能外出，不能打电话，不能和家人见面。他耐住了寂寞，此后一直默默奋斗在航天事业的一线。

后来中国与苏联关系恶化，苏联带走了援助中国的200多位航天专家和所有的文献资料，中国航天事业一度陷入了低谷。彼时，在钱学森的带领下，黄培康院士和中国航天一众的科学家们，披荆斩棘，乘风破浪，高歌猛进，取得了举世瞩目的"两弹一星"伟大成就。

座谈中，黄院士多次提及"不要追求名利"，"国家没有航天，是不能成为一个强国的，我们是做两弹一星起家的，因为航天出名的只有少数人，多数人是默默无名的。"

在讲座的最后环节，为学生寄语时，他也一再强调："要做有用的事情，不要追求什么名利，只要做的是对于国家，对于社会有用的事情就行。"

面对当今浮躁浮夸、急功近利的学术之风，脚踏实地、潜心钻研的精神是当代大学生们最缺乏的。两位院士有相同观点，耐得住寂寞，才守得住繁华。"在科研中一定要老老实实，坚持到底，不要随风倒。"张乃通院士在嘱咐学生时,还列举了自己多年的所见所闻。"我遇见过一些人,他自己刚刚取得了一些成就,马上就想不再做实际的工作,想去指挥别人,就是想去做甩手掌柜。这是不可能的,要想取得真正的成就,得到真正的成长,必须踏踏实实地做事。"(杨海燕 尹曼 李润文)

(载2016年4月29日中国青年报-中青在线)

附
两位院士的寄语

张乃通院士

做学问先做人,一个人学问再好,不会做人,也终究不能走到最后。还要学会容人,老老实实做事,要坚持自己的观念,你认为是对的,就坚持到底,不要随风倒。

黄培康院士

不要好高骛远,后面的路很长,大学是培养一个人的文化底蕴的时间。要做有用的事情,不要追求什么名利,工作中有人会出名,有人不会,有人是主角,有人是配角,这都没有关系,只要做的是对于国家、对于社会有用的事情就行。

为张乃通黄培康二老作文

江左故地,金陵南都。大块毓秀,造化神工。北临大江千淘水,东起钟山苍皇中。俯仰百载江下影,时过奄冉山外风。江山之地,立巍巍学府;东南名苑,出桃李才人。承假君爱,躬逢佳时,敢竭鄙怀,草作拙文。落笔有幸，表一二贤士；举目翘楚，写大师名声。

　　国立新初，百学待兴，振起之功，大学为基。南工学府，处江水为滨；拳拳育才，接古松芳邻。群英俊秀，可堪惠连之才；书生意志，若比叔夜之气。张师乃通，有籍广陵；康培黄老，乡自沪地。茅堂并习匠工技，舍榻骈居手足情。苏秦苛己，闻鸡鸣而晨功；车胤执律，假夜泽而宵读。学宫庙堂，着三秋之励；书院黉舍，奋五更为疏。数年同窗求学路，廿载一别相殊闻。有朝再寻报过志，陌途重逢是故人。躬身行践，造一器飞天托月；潜学无极，工一技代守辕门。术果累身，享院士荣位；实望要业，誉内外名声。苍颜白发，不移青云之志；老当益壮，爌采长虹之风。呜呼！旧地不常，故人犹在。往者已矣，昔者可追。洛浦闻笙，欢悲合离；桃园会友，喜乐哀泣。耄耋长者，白发银盈；精神矍铄，寿彭可期。文行三百，盖识二老者，良以为幸也！

土木工程专家丁大钧：用 6 年零 2 个月创立"丁氏公式"

　　丁大钧（1923—2010），安徽无为人，1948 年安徽大学土木系毕业。教授、首批博导。培养博士 31 名、硕士 70 多名，1993 年在东南大学退休。是 9 所高校名誉教授，南京和江苏省土建学会名誉理事长，美国国际高层建筑与都市居住小区理事会第 26 届委员会主席、印度国际高层结构联合会名誉理事等。出版教材、参考书、专著 41 本，专业论文 310 多篇，外文论文 170 多篇。曾获国家级和省部级科技奖 10 次以上，含 2002 年中国工程院"光华工程科技奖"。主持 4 次国际会议。业余爱好诗词书画，出版《耕余诗词》《惜分阴》诗词集、《耕余书画》《父女学艺》书画册和《文史知识讲义》等文艺著作,并获"世界华人艺术人才"和"慈善艺术家"荣誉称号。

说到土木工程,人们想到的画面可能是尘土飞扬的建筑工地。但是,在土木工程专家丁大钧的眼里,这些建筑却是一个个流动的音符。他在给学生讲授"工程师与人文素养"课程时曾这样总结:"好的建筑,扩大地说,是一项给人美感的结构物,是一幅寄托诗意的画,也是一首静静的诗。一座桥、一条高速公路是一部流动的诗。一台机器是飞动的诗、和谐的音乐。纵使设计者不一定是诗人,但给人以诗的享受。如果是诗人,则更有利于达到上述效果。"

正因为丁大钧有这样的情怀,所以他既是土木工程专家,同时也是一名诗人、书画家。

出身书香门第,17 岁已作过 10 余篇赋

1923 年 4 月 28 日,丁大钧出身于安徽省无为县一个书香门第,母亲是位大家闺秀,也是丁大钧的启蒙老师。1928 年,丁大钧入读家塾,和家里的弟弟妹妹表哥表姐一起学习四书五经等。因为丁大钧学习快,所以塾师很早就教他读《千家诗》,并教他诗的平仄和学作对联。

1934 年秋,丁大钧去县城小学读三年级,因塾师已教过他算术,所以在这里他连续跳级。1936 年秋小学毕业,到南京读初中一年级,在初一时,丁大钧的书法簿曾被老师批以"字冠全班,宜学赵字帖",这让丁大钧备受鼓舞,于是又开始研习书法。但没过多久,卢沟桥事变,日军侵华,丁大钧只好回到家乡进县中念初二,不久,芜湖沦陷,县中解散,丁大钧失学。

1938年夏,丁大钧一家避难至湖南长沙。因在外生活不易,家乡无为也没有沦陷。1939年,母亲和姑母又带着丁大钧等回到无为乡下故居,并又请原来的塾师来教丁大钧三弟读书,丁大钧也顺便跟着塾师继续学作诗,家里的伯祖父也会指点一二,丁大钧的伯祖父菊痴公是前清廪生,对作诗也有研究。到1940年,丁大钧17岁之时,他已经作过10余篇"赋"。

从事长期荷载研究,每天坚持记录数据

1944年,丁大钧考取安徽大学土木工程系,与钢筋水泥结下不解之缘。1948年毕业后留校任教。

1950年,丁大钧调任南京大学工学院(后于1952年组建为南京工学院,1988年更名为东南大学)任助教。1953年,丁大钧出版了第一本、也是我国自己编写的第一部《简明钢筋混凝土结构学》教材,介绍了苏联当时世界上最先进的按破坏阶段计算方法。

混凝土结构是一门传统学科,我国起步较晚,为了让我国在这方面跻身国际先进行列,丁大钧一直希望中国能够拥有一套自己观察得出的数据。

从1965年12月开始,丁大钧开始了钢筋砼不同截面受弯梁在长期荷载作用下刚度裂缝变化规律的研究,此时我国刚刚度过困难时期,学校还是一穷二白,甚至连最普通的测量仪器都非常稀少。加荷设备是简易的杠杆装置和沉重的铁块,都是靠人力来搬运和堆放的。

但就在这样的条件下,丁大钧在这里架设了十根梁,开始了长期的荷载试验。在试验梁加载初期的几个月,他每天早、中、晚都要亲自到试验室观测记录数据,一丝不苟地记录着时间、温度、湿度及随之变化的数据。

然而就在这得心应手、梦想得以实现的时候,"文化大革命"爆发,丁大钧一夜间成了"反动学术权威",大字报、大批判铺天盖地。面对这种遭遇,丁大钧心里还是惦记着试验,不管白天黑夜挨多少批斗,他每天还是要偷偷坚持到试验室亲自观测并记录数据。因为长期荷载试验的观测数据是不能中断的,每天早、中、晚和春、夏、秋、冬一年四季的温度、

湿度变化对刚度裂缝的影响规律是最重要的，一旦观测中断，数据不连续，就意味着试验研究失败，多年心血付之东流。

创立"丁氏公式"，填补国际空白

为了不中断数据记录，丁大钧采取了多种措施。有一次他去试验室被"造反派"发现了，没收了他的数据以及开门钥匙，丁大钧敢怒不敢言，自己不能去，就秘密求助了几个人帮他偷偷观测并记录数据。

后来，丁大钧想到了一个办法，就是每次观测记录数据时，采用隔层复写纸记录。这样"造反派"即使没收了原始记录，还有一份复写数据。就这样，从试验初期的每天早中晚3次，到半年后每天记录一次，1年后每3天到每星期记录1次，2年以后每半个月记录1次，3年后每个月记录1次，丁大钧整整坚持观测记录了6年零2个月。

"文革"结束后，丁大钧带着这份不可多得的长期荷载刚度裂缝研究成果应邀参加一次国际会议。国内外没有人做过这么长时间的长期荷载作用下的不同截面受弯梁的刚度裂缝试验研究，更难以想象在那样一个非常时期做出这份数据，所以当丁大钧在大会上宣读论文后，引起轰动，他所提出的推导长期荷载下刚度裂缝计算公式被国外学者称为"丁氏公式"。他的研究成果不仅为中国人争了光，也为世界这一领域填补了空白。1978年，这一研究成果获得了全国科协大会表彰和全国科学大会奖。

发现三向受压理论的错误，改正后能节约一半以上钢筋

虽然整天和钢筋混凝土打交道，但丁大钧依然没有忘记自己幼年时的文学情怀，他一边研究科学数据，一边写诗记录生活。他觉得文理不分家，甚至觉得学诗能更好地促进科学研究。他在给学生讲课时就经常举例，中国历史上很多科学家同时也是文学家，比如东汉科学家张衡，曾写过《二京赋》，其创作的《同声歌》和《四愁诗》在五、七言诗发展史上有一定地位。南朝祖冲之，推算出圆周率的值在3.141 592 6和3.141 592 7之间，但也是文学家，著有《易老庄义释》和《论语孝经注》等。

在丁大钧看来："诗人富遐想，这有利于创造发明……诗人喜追本求

源,能细致观察事物的本质。"他曾用自己的亲身经历验证了这一说法。

在20世纪七八十年代,他发现苏联对网状配筋砖砌体建立的三向受压理论有错误之处,因为砖砌体在破坏前已出现贯穿多皮砌体的连续竖向裂缝,裂缝面上不可能产生(水平的)法向压应力,因而不可能产生三向受压状态。这种应力状态只能存在于裂缝前,故只能提高抗裂荷载。于是他创立了网状配筋砖砌体强度提高的新理论,这一理论能节约一半以上的钢筋。

此外,根据对结构的研究,丁大钧还建立了"有限基本构件法"(FFMM),以计算(双向)板、圆池、深梁和筒壳等结构,将解微分方程改为解线性代数方程组,不仅简化,而且力学概念清晰,准确度完全符合设计要求。他还提出"旋侧力矩分配法",即将框架的旋转和侧移分配顺次连续进行,将很难用一般力矩分配法计算的多层(二层及以上)框架用此法计算。

这些都是他细致观察事物的本质后发现和发明的,因此,丁大钧认为学理工科的人也应该多学学写诗作词,以提高人文素养。他也曾建议结构工程系应学习些美学知识,建筑专业学生应学习结构机理,了解各类结构的受力特点、有效跨度和高度,不能硬记,而是要从灵魂上掌握,以便设计出观感上是美的、结构上是合理和经济的建筑。

笔耕不辍,治病3年间依然编写完3本书

丁大钧一生笔耕不辍,写作和发表了几百篇论文和著作,闲暇中也写就了几本诗词书画著作。即使到了晚年,身患癌症,但依然坚持写作。他的女儿回忆,"父亲治病3年期间,也没有给自己放过一天假,每天与病魔抢时间争速度,奋笔疾书,笔耕不辍。他老人家休养的最好方式,就是躺在床上与我们谈古论今。每到这时,他总是兴致高昂,暂时忘记了病痛,此时我们恨自己才疏学浅,无法与父亲畅所欲言,只能洗耳恭听。"

在最后的三年时间里,丁大钧仍亲手编写并出版了中英文双解的《中国桥梁建设新进展(1991—)》、国家级规划教材《土木工程概论》、诗集《翠屏集》3本书。(戎丹妍)

(载2014年1月6日《现代快报》第A31版)

吕志涛：辍学之痛，让我珍重学业

如果没有中学时不放弃学业、一心向学的时光，就不会有从小山村走出的院士吕志涛。

在吕志涛的家乡，解放前素有"七分山地，二分水田，还有一分是河滩"的说法，乡村被山丘环绕，青山秀水，却贫瘠逼仄。

从小学三年级开始就走3里路去上学，初中时还曾辍学一年半在镇上帮工，吕志涛的求学之路艰难坎坷。

半个多世纪过去，他回想起一路求学经历，对小学和中学时推荐他考学、帮他出学费、鼓励他战胜困难的校长和各位老师感恩在心，念念不忘。

贫困让他过早地学会担当，也让他在学习中抱有责任心和使命感，愈发勤奋努力。

从小山村里的穷孩子，成长为中国"预应力大师"、中国工程院院士，吕志涛笃信，成才并取得成功靠三个"法宝"：天才、勤奋和机遇。

吕志涛深知自己不是天才，是凭借着百分之九十九的汗水才走到今天。

他坦言，如果没有中学时不放弃学业、一心向学的时光，就不会有从小山村走出的院士吕志涛。

初中时一度辍学帮工

吕志涛1937年出生在浙江省新昌县一个贫困小山村。家境贫寒，家里经常吃了上顿没下顿，只能以糠麸度日。吕志涛近10岁时，体重只有30斤。

但吕志涛的母亲一直坚信读书可以改变命运。她东拼西凑地借钱让儿子上了学。邻居有个爱读书的亲戚，每年春节期间来做客总是带本书，有空时就翻看，成了吕志涛的榜样。

五年级时，吕志涛就读的镇小学所在地被选为新昌县沃西中学的新校址。小学校长鼓励吕志涛等5个较优秀的学生提前报考沃西中学，跨级一年，吕志涛幸运地被录取了。

好景不长，读完初一后，吕志涛家中实在无力供他上学，还急需他回家赚钱贴补家用。他含泪离开学校，开始了迫不得已的打工之路，这一停就是一年半。

一年半中，学校老师陆陆续续来访，劝说吕志涛返校学习。直到有一天，校长张纲维亲自找上门："吕志涛一定要继续读书，他将来一定是个人才！"父亲说，不是不让他上学，只是家里确实有困难。

校长一下急了："有什么困难，我来解决，他的学费我来掏！"

对于吕志涛而言，这是一个改变他一生命运的承诺。

就这样，在校长的支持下，吕志涛又回到了阔别已久的校园。来之不易的学习机会让他更懂得珍惜和努力，休学一年半的他仅用了一年半的时间便完成初中学业，一举考入县中——新昌中学。

高中学校距离家乡35里路，吕志涛每周往返一次。在途中，需要经过一条河流，河面上用六七根杉木搭起一座桥。"现在很多成年人估计都不敢走，但我们从小练出来的，都不怕。"

其时，新昌中学有一批重点大学毕业的教师。"水平很高，讲课讲得很清楚，不管问什么问题都能答出来，而且还很关心学生。"吕志涛回忆，这个阶段遇到的好老师为他后来的发展打下坚实的知识与思想基础。

"人站在小船上，船停在平静的水面上，人从船头走到船尾，船发生了什么变化？"吕志涛拿起手中的报纸折叠船只演示高中时那道让他解得津津有味的物理题，"其实它考查的是动量定理，估计现在还有很多人解不出这道题。"

因为没有额外的习题，毕业于上海交通大学的物理老师，自己总琢磨些开放性题目，时常考考他们。这极大地培养了吕志涛的开放性思维。

高中时第一次见到化学实验室，少年吕志涛颇为好奇。

化学老师白深炳是个经验丰富的中年教师，即使是简单的化学实验，也能让大家兴致盎然地参与其中。

而作为班主任，白深炳更是与吕志涛有着深厚的师生情谊。上大学后，吕志涛还与他保持通信，告知老师自己俄文学不好的苦恼，白深炳回复两三封信件，鼓励吕志涛战胜困难，"他鼓励我说'你是个聪明的孩子，没问题的'"。

当时，吕志涛还很喜欢代数课，每次考试都在95分以上。2006年看望当年的数学老师时，年迈的老师一下子叫出他的名字："吕志涛，我记得你啊！"

勤奋与创新塑造人才

"知识改变命运，成才必须勤奋，只要努力，都会有希望。"吕志涛把"勤奋、创新"挂在嘴边，曾在多个场合，向年轻人分享他的座右铭："勤奋学习，创新工作。"

如果没有勤奋学习，吕志涛或许还是贫困山村的一个普通农民。

他深知，条件并不优越的自己，绝非天才，但幸运的是，他凭着努力学习，遇到机遇，把握机遇。"如果不是我勤奋学习，实力强，老师们也不会一直推荐我、帮助我。"

时代赋予每一代年轻人不同的使命，但变化中终有不变。吕志涛鼓励年轻人，在重担面前，要做好准备，勤奋学习，向书本学习，向实践学习；创新地学习和工作，要学得深，学得活。

中学时，吕志涛活学活用的本领很高。"虽然没有参考书，但是把书上知识真正理解了，把老师讲的知识点理解了，就能举一反三了！"

当时学习的很多内容需要牢牢记住，比如定理，是解题的基础，但吕志涛不主张死记硬背，"在理解的基础上记忆，而不是死读书、光背书。"

至今，他甚至给自己夫人带过的学生的孩子辅导高中数学题。"我还是能够解出来，因为理解了的东西在大脑里，记忆很深刻。"

在高中时，他在校园里参加了美术兴趣班，偶尔画画图。老师们夸赞他画得好，后来大学报专业时，就报了需要绘画基础的建筑学。上学后才发现，原来相比其他底子好的同学，自己画得并不算好。

后来，吕志涛虽不在建筑学专业，但仍一直勤于练习，在第一学期的美术课上，甚至有很多素描作品被老师留了下来作为参考样本。

从小，吕志涛外语课学的是英语，上大学时，学校改学俄语了。全班只有2个同学从未接触过俄语，吕志涛就是其中一个，连33个俄文字母都不认识。

可是，俄语老师却总是提问吕志涛。这让从小就是优等生的吕志涛有些难为情，还为此哭过鼻子。从此，他几乎每天捧着俄文词典，关键词就用红笔画出来背，扩大词汇量和知识面。100多页的俄文词典，他反反复复翻看。研究生阶段，吕志涛阅读俄文文献就和中文文献的速度一样快了。

在吕志涛看来，勤奋学习是基础，而目的是创新工作。平日里，他鼓励学生们观察、思考，保持好奇心和求知欲，不放过任何突发奇想。

履职要有自己的"独门秘籍"——在吕志涛的床头，常年放着圆珠笔连带活页纸，一旦突发奇想，就算是半夜，他也会爬起来记下，以防隔天醒来忘记了灵感。

让他的博士生们感佩的是，即使早已过了古稀之年，但学术讨论中，吕志涛每每总能提出让人耳目一新的点子，"背后就是老师总在坚持每天阅读国际一线的论文文献，这是他保持了多年的职业习惯。"

20世纪80年代末期吕志涛修建南京电视塔时的故事更是被人们传诵至今。

设计人员向吕志涛请教结构设计方案的可实施性，他用加拿大多伦多电视塔的案例类比，确认方案成立。除了介绍其空间结构、受力性能、预应力设计和施工外，吕志涛还提出必须在他们方案的基础上，配预应力钢筋并加设横梁，以提高抗风、抗裂能力。

设计人员都惊讶了，一个不接触电视塔的人怎么懂这么多？"我常看国外杂志，PCI杂志（《美国预应力混凝土学报》）有一期就对多伦多电视塔的设计和施工有专门介绍。"

丰富的阅读，使得他能够快速把握前沿信息，创新的思想如泉水喷涌。

与预应力结缘以来，吕志涛的研究方向常常是国内最早的，甚至是国际领先的。在吕志涛的带领下，如今的东南大学预应力学科是中国预应力领域的一面"旗帜"，矢志于"让中国成为世界预应力的中心"。

唯有脚踏实地，真枪实干，才能收获人生硕果。吕志涛从勤奋中受益，也愈发讨厌投机取巧、弄虚作假之风，"现在社会上的不良浮躁风气，年轻人不可沾染，应该早日学会勤勤恳恳做事、实实在在做学问。"

在他看来，千里之行，始于足下，"勤奋比天才更重要"。（潘宇）

（载 2016 年 1 月 4 日《中国青年报》12 版）

齐康：再不反省就认不清了

"城市化不是简单的人口聚集，也不是越快越好。城市发展过快会带来很多恶果，例如环境污染、土地扩张、城中村、城乡割裂、户籍问题、基础设施跟不上等等。说到底，城市化应当是人的转化，从农民变成市民，不光是生产方式的变化，更是思想意识、生活方式的变化。这是一个长期的过程。"

——齐康

齐康落款的时候，会在名字下面画一只小舟，一只在海上漂着的小舟。他说，这是他的一生。或许，只有出生在他那个年代的人，才明白这种感觉：既有与世浮沉的无奈，又有沧桑阅尽的淡然。

"我总感到孤独"

齐康原名齐毓康，祖籍浙江天台，1931 年 10 月 28 日出生于南京的一个基督教家庭。齐家有兄弟姐妹 6 个，他是最小的，大姐、二姐都夭折了。在他的记忆中，大哥是受宠的，二哥是不被喜欢的，三姐是被溺爱的。他在三姐出生后的第二年来到这个世界，成了"多余的"。而他刚出生母亲就去乡下养病了，6 岁之前，他们母子从未谋面。孩童时期的齐康很少感受到温暖，他敏感、孤僻。"我的童年现在回忆起来全是苦难，就算有快乐，也是零星的。"齐康的自传《建筑笔耕》，第一篇名为《爱哭的孩子》——

"有一年要拍合家欢,在庭院里我正和表姐争一个玻璃盒子,爸爸见到了,用皮鞋狠狠地踢了我,我痛得在地上打滚。在那张合家欢上,我站在当中,泪痕满面,手上还捏着那个玻璃盒子。"

70年后,齐康重新思考自己所经历的一切,他说:"现在年纪大了,如果再不进行反省,就难以认识这个复杂的世界。"

在自传的前言中,齐康写道——

"半个多世纪以来,我和我的祖国一起,经历了风风雨雨,各种政治斗争曾让我身心疲惫。改革开放以来,我开始了在建筑事业上的努力奋斗,为国家、为人民做了一些工作,也得到了社会认可,这是很欣慰的。"

1937年,日军入侵南京。6岁的齐康跟着哥哥逃到老家天台避难。浙东山水的秀美与人民的苦难,给了幼时的他最强烈的刺激,这种感受也一直影响着他的审美和建筑创作。他最喜欢的画是米勒的《拾穗者》和列宾的《伏尔加河上的纤夫》,两幅作品都同时表现出劳动人民的苦难与宗教般肃穆深远的美感。在他后来的创作中,侵华日军南京大屠杀遇难同胞纪念馆、南京雨花台革命烈士纪念馆无疑秉承着这种美学品格。

齐康在天台农村上完了小学。很难想象,这位科学院院士的小学数学只考到46分。当他兴冲冲地把成绩告诉大哥时,大哥把他狠揍了一顿,他才知道60分算及格。这个阶段对齐康而言,最重要的事情是爱上了画画——

"一次画了张基督布道的临摹画,姨妈们看了都说好,我的兴致就更大,也更努力。在五年级上学期的图画比赛中,我得了第一,这是童年里最高兴的一天。画画成为我身心中最愉快的一件事,有时它能替代我的苦恼和孤寂。"

1942年,齐康跟二哥坐在一个轿子里开始了回宁的旅途。到达上海码头时,日本军人用皮鞭抽打着旅客,催促他们下船。人群中发出痛苦的呼叫,两个10岁出头的孩子更是惊恐万分,他们在皮鞭的"啪——啪——"声中,哭喊着"爸爸,爸爸!"齐康回忆起这一幕,说那是"亡国奴的地狱"。

回到南京,齐康住在金陵中学。由于身体不好,他在家自学了两年。父亲会教他一些古文,父亲的朋友还会指点他绘画,金陵中学的音乐老师教他钢琴。"自学的初中,我看了大量的书。回首少年时期,书是我最宝贵的，我开始不再感到孤独。同样，我仍是执着地喜欢画，它表现了这个世界，也反映了这个世界。有一幅画让我迷恋，画的是一个人坐在海边沉思，那优美的姿态，那浩瀚的海洋，画出一个未知的世界，也画出了人类的沉思。"

研究土木工程的父亲见他钟爱绘画，就教他用比例尺。齐康立即产生了浓厚的兴趣，他把家里的每个房间、楼上楼下都测了个遍。很快，他看懂了父亲画的图，也知道了建筑图中的平面。对于建筑最初的热爱，由此生发。

齐康认为这两年对他影响颇深，让他学会了自主学习，也极大地提高了自己的艺术修养。而少年时的孤独，让齐康有了更多思考的时间与空间，比同龄人多了几分成熟与自觉。

金陵中学当时被日本人改名叫同伦中学。1945年8月15日，所有驻地日本军人都站在操场上举行投降仪式，齐康见证了这一大事件。然而，赶走了日本人，南京被汪伪政权接管，还是不太平。后来，汪精卫死在日本被运回南京埋葬，他亲眼看到炮车拖着棺材到梅花山下葬。再后来，国民党又将墓地全部炸毁。几年后的一天，参加地下党活动的二哥偷偷跑回家里，轻声地跟他说："4月，南京就要解放了。"那一年，齐康18岁，他还不知道"解放"意味着什么。

战争的起灭，政权的更迭，历史一幕幕的兴衰，就这样在一个少年眼前搬演。如果说18岁前，齐康对世界是个"旁观者"，那么这之后，他是个热情的"参与者"。

"找到自己的位子"

1949年，18岁的齐康面临三种选择：一是上军政大学直接参加革命，跟二哥走一条路；二是学医，像姐姐、姐夫一样；三是学建筑，继承父业。他偏爱建筑，加之当时考南京大学建筑系不用考他厌恶的化学，所以选择了第三条路。

齐康以第7名的成绩考取了南京大学建筑系。当时的南大建筑系有杨廷宝、刘敦桢、童寯、张镛森、刘光华等11位当代建筑史上的杰出人物任教。学生只有3届，大三是潘谷西等3人、大二6人、大一8人（录取时15人），师生总共20多人。齐康说，他们班是非常幸运的，得到诸位大师手把手地指点。当时他们3届学生在一个教室里学习，老师指派高年级坐前面、低年级坐后面，这样低年级的学生走到座位时能看到高年级的作业。

大一的时候做测绘练习，测绘完成之后，杨廷宝要求学生在门柱内画一个1.6—1.7米高的人。他告诉学生，显示门口的大小是以人为尺度的，这是建筑审美中的"以人为本"。至今，齐康仍以这种理念教育着学生。即使现代建筑的结构、空间跨度、材料色泽变了，但本体的精神依然存在。他坚持只有在人与建筑环境的比较中，才能获得整体的认知。

齐康在大三时第一次见到杨廷宝发脾气。他们班一个同学认为渲染太麻烦，干脆把背景涂黑。杨廷宝检查作业时大发雷霆："你们这个班太不中用了，太不按规矩做作业，真没希望！"这个批评引起了全班的震动，大家一致表态要认真画好最后的"大建筑构图练习"。每个人都憋足了一股劲儿，好让老先生转变对他们的看法。为了画好这幅图，他们集体旷课，不去上微积分和物理。

当时，他们的学习环境不理想，学制也由4年缩短为3年。南京大学建筑系是全国第一个由中国人办的建筑系，在（19）49级这个共8个人的班级中，诞生出齐康、钟训正、戴复东3位院士，6位教授、博导。

对要求进步的青年学子来说，那三年中最重要的考验是抗美援朝。全班都报名参军，齐康的母亲赶来学校跟杨廷宝说："齐康年纪小，先天不足，后天失调，不宜参军。"这件事成为全班的笑柄。后来，国家号召给前线战士捐物资，母亲特意买了一双袜子让他去捐，齐康觉得没有自己脚上的厚，就当即脱下自己的捐了出去。

20岁出头的齐康，就是这样赤诚、憨厚。

1952年7月，他加入了中国共产党。同年，他毕业留校担任助教。白天他做党的工作，晚上和假期他就拼命地画图、备课。他认为只有业务上做到最好，才是合格的党员。而每次遇到"上山下乡""下工地"之类的苦活儿，党委总是一致表决让齐康带队。对此，他从无怨言。但让他始料未及的是,"文革"中他成了最先被打倒的人。

就在一夜之间,贴出了40多张大字报,"打倒齐康"四个字铺满了校园。系里用作教学的石膏像成了"封资修",统统被砸碎。齐康编的书也成了"反动教材"。"文革"期间,他被批斗、作为陪斗100多次,被抄家7次,被造反派打到耳膜穿孔,至今仍有听力障碍。

说到这些,齐康抓起稀疏的白发说:"头发就是那个时候被揪坏的。"那年,齐康30多岁,正是年富力强的时候,却在南京大学中大院扫了整整3年的厕所。让他寒心的是,往日的朋友成了陌路。他自问:"人为什么要这样?这真是人的本性,还是环境所迫?"

我问:"您恨他们吗?"

"不恨。"齐康回答得很爽快,他痛心的是"文革"十年,"我们失落的不仅是一个历史的过程,还是一个人们正常的思维发展过程,一切都在人为的错误中进行。"

时隔50年,齐康这样描述他所经历的——

"运动一来,总是人人自危,人就像飘在旋涡中的落叶,让你搞不清怎么回事,常常是一会儿漂浮在水面,一会儿又被水卷下去,有的就这样看不见了,消失在另一世界。这让我想起一个儿童游戏,'找呀找,找到一个好朋友',唱着笑着围着一个人的凳子,当老师说停,大家就去抢那个空座位,总有一个找不到的,于是就让他站在那儿了。在人生的道路上又何尝不是如此,很多时候,你必须很紧张地对待这个世界,生怕找不到自己的位子。"

在对于世界与人的认知和描摹上,齐康像个文学家。

在中国近现代建筑发展史上,齐康处于承上启下的关键性位置。他的老师是中国现代建筑的开创者——刘敦桢、童寯、杨廷宝,与梁思成被喻为中国的"建筑四杰",齐康直接受教于其中三位。所以,他除了要当好一名优秀的建筑师之外,还要思考学科的建设问题,如何继承传统、开拓创新。

从1952年留校算起,齐康在东南大学建筑系(前身南京大学、南京工学院)已经工作了61年。这期间有很多旁人看来很不错的调动机会,但齐康始终没有离开四牌楼2号——这个他最熟悉的地方。在他的生命轨迹中，建筑系不是一个驿站，而是整个征程。齐康在成就了学科的同时，也成就了自己。

新时期开始之后，城市建设进入一个飞速发展阶段。齐康的建筑作品，特别是他的纪念性建筑，以其强烈的人文品格获得学界与社会的极高评价。在20世纪80年代优秀建筑创作十大作品中，他设计的侵华日军南京大屠杀遇难同胞纪念馆（1983—1985年）和福建武夷山庄（1982—1983年）分获第二、三名。1993年，他当选为中国科学院院士；1997年，他又当选为法国建筑科学院外籍院士；2000年，他以最高票数获得首届"梁思成建筑奖"。

如此之多的殊荣并没有让齐康自满，更没有令他停止思考。在"梁思成奖"颁奖那天，齐康的获奖感言与众不同，他直指中国城市建设的三大弊病。"我的发言是即兴的，但内容是我经过长时间思考的，必须在那种场合说出来引起重视。"

"当下城建有三大问题"

齐康常说："学建筑一定要有城市的知识和理念，不然就不是一个完整的建筑师，建筑只是城市中的一个细胞。"他在10多年前提出城市建设的三大弊病，如今并没有得到改善。"这些话我在2000年就讲过了，今天还要讲，"齐康叮嘱我，"你们要说真话，这些一定要写出来。"

在齐康看来，首先必须端正对"城市化"这个概念的理解和看法。"现在普遍存在着一种错误理解，觉得城市化是灵丹妙药，越快越好。但其实它只是一个现象，而不是本质。它的本质是工业化、现代化、社会化、城市化四者的结合。城市化不是简单的人口聚集，也不是越快越好。城市发展过快会带来很多恶果，例如环境污染、土地扩张、城中村、城乡割裂、户籍问题、基础设施跟不上等等。说到底，城市化应当是人的转化，从农民变成市民，不光是生产方式的变化，更是思想意识、生活方式的变化。这是一个长期的过程。"齐康认为目前统计的我国总体达到51.2%、发达地区高达70%的城市化率，并不能说明我国的城市化进程非常理想，恰恰是"急性病"和"狂热病"的体现。

"第二个是城市形态的问题。过去有句话叫'控制大城市、发展中小城市'，现在被丢掉了。近年来的现象是大城市、超大城市恶性膨胀，像北京发展到六环，再扩张下去就要到天津了。可现在的北京美吗？适合人居吗？新中国成立后我和老师去北京做规划，那个时候北京真美啊，爬上墙头一看，全是绿的。再看全国，每个城市都想做大、做强，但实际上一个城市的规模要根据它的人口、土地、环境、基础设施等各方面情况而定。该做大的做大，不该做大的就不应做大，有时还要做小。考虑问题的出发点是，究竟什么样的形态适合人居？这有个临界状态，需要科学的研究、规划。"

"第三点是城市运行机制的问题。我国普遍存在着城市运行机制不良的现象，就是没有达到整体化地统筹研究城市。条、块分割太严重，政府机构还没有达到科学运作的状态。必须要继续深化改革，简政放权、减少层次。一个城市应当有关于城市建设的科学的研究组织，而不是成天开会。开会有一点作用，但不能完全解决问题。"

在齐康半个多世纪的建筑、规划生涯中，令他感触很深的一点是：建筑师得不到尊重，专家的意见往往被行政的指令取代。

有一次，苏北某市要建青少年科技馆，齐康到工地见展览室用的是封闭的高侧窗，担心夏天会因不通风而闷气。于是，他建议做一排1.8米以上的高窗，既不影响展览的布置，又利于通风。改动得到甲方的认可，但等到该市领导来视察后，觉得这窗不好看，就指示把它填起来。施工方只好按照这样的指令，把好不容易开通的窗户又封填上。提起这些，齐康愤愤不平。

齐康作为主创，曾经参加过几次竣工仪式。虽然是他的作品，但致辞中都不会提到设计者与设计单位，他心里无不充满伤感："他们就那么不重视建筑师这个'人'！"

齐康认为城市规划是四种人的规划：老百姓的、学者的、政府的和开发商的。只有把四者的各种意见与利益妥善地平衡起来，才能把城市建设好。"管理者与行家的判断是有层次高低之分的，要不然要我们那么多的设计人员和专家干什么。尊重知识、尊重科学不是轻而易举能做到的。"

"当务之急是培养人才"

如今,齐康已经82岁了。每天早晨8点,他会准时坐在东南大学建筑研究所的办公室里,开始一天的工作。齐康说:"我最大的优点是勤奋。这个阶段,我给自己提出的口号是:紧张、快干、高效、出活儿、低调。当务之急是要赶快培养人,让我的学生成长起来。"

在齐康的电脑上,贴着歌德的一句话:"人类最大的障碍是惰性。"

在采访过程中,不断有学生进来请他帮助改图,或是询问论文该如何修改。趁这个间隙,我注意到书桌上有一张他和王澍的合影。王澍现在是中国美术学院建筑艺术学院的院长、博导,是中国第一个获得有建筑界诺贝尔之称的"普利兹克奖"的建筑师。齐康是王澍的硕导,他清楚地记得王澍当年在学校的样子。"王澍当时很傲气的,说建筑系只有一个半建筑师,我的老师杨廷宝是一个,我是半个。这张照片是他得奖后,来南京看我时照的。"

"他现在怎么评价您呢?"我问齐康。

"他说我是一个,他是半个。"提到自己的已有成就的学生,齐康格外开心。

采访的那天上午,恰好有在国外留学的学生来看望他。齐康拿出早已准备好的1 000元递给学生,他说年轻人在国外上学不容易,经济压力比较大,所以能帮就帮点。

他希望像他的老师杨廷宝对他那样,去对待自己的学生。

1976年,齐康与老师杨廷宝在北京做毛主席纪念堂方案设计。杨廷宝知道齐康身体不好,近来又常替老人们画图到深夜。一天晚上10点多,杨廷宝见齐康还在画方案透视图,就让齐康先去睡。第二天清晨醒来,齐康看到老先生已经帮他画完了整幅图。他特别感动,因为他知道老师是从不开夜车的,但为了他能睡好,老师破例了。

"我对学生好,学生也对我好。"齐康从抽屉里拿出一袋牛角面包说,"喏,这是他们给我买的早饭。他们还老买冰激凌、巧克力给我吃。"齐康此刻的神情,像一个刚打开糖果罐的孩子。

齐康对学生也有不满,觉得他们太容易受名利的诱惑,而放弃了在专业上的精进。他感叹,时代不同了,大环境不同了。"我很想把我全部的经验和知识传给学生,但总是刚见他有点成熟,就觉得自己翅膀硬了,飞走了。"

"你喜欢吃巧克力吗?"他突然问我。

"喜欢。"

"可是我现在没有。明天要体检,我血糖高,今天千万不能吃。"没能和我分享他最喜爱的零食,齐康颇为遗憾,"知道我为什么喜欢吃巧克力吗?因为它能够让我的思维活跃。"

这是采访刚开始的一幕。我以为他是由于一路走来都很平顺得意,才能在80多岁的时候还保持着一份率真。随着采访的深入,我才了解到齐康所经历的悲欢离合。

是怎样一种气度与品质,让他超越了这些?或许,是他从未停止过思考的缘故。齐康从来不沉溺在对某个具体的人、某件具体的事的评价和感受上,他会上升到人性、社会运行的体制、事物自身的发展规律的层面上。他始终以一个学者的身份、一种研究的态度,探究着本质与规律。

正是这种"求真"的信念,让他成为一个率真的人。其实,齐康说他更想成为一名画家,可以用手中的笔自由地表达。(王真峥)

(载2013年12月26日《光明日报》第13版)

为有壮志砺德业　新材补天慰女娲
——记我校材料科学与工程系孙伟院士

女娲炼石补天的神话传说,可以将我国土木建筑材料的创始人追溯到远古洪荒时代。然而在东南大学有这样一位致力于"补天材料"研究的女科学家,她长期从事土木工程材料领域的教学、科研与人才培养工作,在土木工程材料方面取得了一批具有国际先进水平的创新成果。作为女娲的传人,她用现代科学技术诠释了中华民族的远古神话理想,为我国工程材料科学发展做出了杰出贡献。她就是2005年新当选的中国工程院土木、水利与建筑工程学部唯一的女院士、我校材料科学与工程系的孙伟教授。

巾帼女杰的理想

1935年,孙伟出生于山东胶县的一个小村镇的书香家庭,祖父是位私塾先生。受家庭熏陶,孙伟从小就接受教育并跟随祖父学习书法。抗战胜利后,胶州成为老解放区。回忆往事时,孙伟教授依然记得十二三岁的时候最愉快的事就是和解放军战士们一起到城墙边写标语,为此她受到了解放军的特别表扬。家乡石刻桥碑上的隶书字"胜利桥"三个字就是她十四岁时所写。多年以后,孙伟教授的书法作品成为国际同行和友人珍爱的礼品。

少年的孙伟曾经有这样的理想:长大后要做一名教师。后来,苏联影片里英姿飒爽的女土木工程师给她留下了深刻的印象。她开始憧憬当一名土木工程师。1954年,19岁的孙伟从山东名校青岛一中毕业,老师建议她报考当时最热门的清华大学无线电专业。在高考填报志愿时她却把南京工学院土木工程系的志愿列在首位,把清华大学无线电系填成了第二志愿。当年秋天,她如愿以偿地拿到了南工土木工程系录取通知书。因为是新中国成立后胶县的第一位大学生,村里的父老乡亲敲锣打鼓地为她送行。他们禁不住地赞叹,这个丫头的确比小子都强!

在大学的班上,来自北方农村的孙伟,无论是语言还是生活习惯都与来自上海等南方地区的同学相比显得有些"土气",然而担任班里团支书的她主动关心帮助同学,并努力刻苦学习。性格淳朴、成绩优秀的她渐渐受到大家的欢迎。1958年，23岁的孙伟毕业留校担任姚琏教授的助教。她小时的理想做教师和土木工程师竟然巧合得像复合材料一样。从帮助姚老师做实验、处理数据，并负责部分课程的讲授，直到独立的科学研究。47年后，她以自己卓越的学术成就荣膺中国工程院院士这一全国应用科学最高荣誉，为自己按照理想填写的志愿表写上了最完美的答案。

土木工程材料实验室的工作是高强度的脑体复合劳动，对女生绝对是个挑战。孙伟教授有句话："妇女能顶半边天。男同志能够办到的事，女同志也能办到。"材料系的土木工程材料教研室是江苏省的"巾帼示范岗"，孙伟教授和该岗位上的科研团队的骨干教师钱春香教授、张亚梅副教授等都是女教师。她们以自强不息的奋斗精神和不俗的学术成果擎起了巾帼女儿理想的天空。

6 把实验室的钥匙

从20世纪60年代起，孙伟开始从事土木工程材料和纤维增强水泥基复合材料的教学、科研和人才培养工作。复合材料是将两种或两种以上性能不同的材料，经物理、化学或物理化学技术途径复合而成的一种新材料。其整体性能不仅优于各部分的性能，也优于各部分性能的叠加。如钢管柱混凝土，其承压力大大超过混凝土与钢之和。孙伟以学者的敏锐和女性的洞微涉足这一新领域。20世纪80年代初，水泥与混凝土国际学术会议在北京召开，孙伟的论文《钢纤维混凝土界面粘结强度的研究》被慧眼识中。美国塞拉克斯大学代表团访问我校时，就此项研究与孙伟作了交流。1984年8月，受到邀请，孙伟作为访问学者，到美国塞拉克斯大学（Syracuse University）去完成合作科研项目。

在塞拉克斯大学访学时，她充分地运用起那里优越的研究条件。直到深夜，物理大楼实验室的灯还亮着，这曾引起了巡警的好奇和警觉。当他敲开门后，明白这位中国女学者为复合材料的研究不分昼夜时，由衷地感到敬佩。出于对孙伟的学术功底和内在潜力的认可，与孙伟合作的门德尔（J. A. Mandel）教授把化工、材料、物理、土木四个系有关实验室的6把钥匙交给了她。他希望孙伟在材料理论的研究方面取得突破，使两者的合作科研珠联璧合，以完成美国国家科学基金会下达的任务。

孙伟不仅利用塞拉克斯大学先进的仪器设备，有时还到附近的林学院进行深入的理论研究。那里的大型计算机，一到晚上、节假日便成了她的专用品。常常是下午7点将数据输入，凌晨4点到8点计算结果才出来，而她则坐在实验室里边研究边等待。作为塞拉克斯大学的荣誉教授，1985年5月，孙伟被推荐到在罗杰斯特召开的纽约材料科学学术交流会上去作复合材料界面研究的报告。她的报告受到了评委和执行主席高度的评价。半年的合作科研时间到了，塞拉克斯大学致函当时的管致中校长，请他让孙伟延长半年访学时间。半年的时间，孙伟的钢纤维增强水泥基复合材料界面强度的研究、钢纤维增强砂浆纤维-基材界面特性的研究，又跃上了一个新的台阶。论文在国际性权威刊物《美国混凝土学会学报》《美国混凝土学会材料学报》上发表。合作期限又到了，门德尔教授再次要求延长合作时间，孙伟谢绝了门德尔教授的挽留，因为学校正等她给研究生上课。但她在实验室里搞研究直到临上飞机的前一天。当美国朋友悄声问孙伟是否是共产党员时，孙伟巧妙地回问："你看我像不像？"美国朋友连连回答："像、像。"

深夜长明的"航标灯"

我国古代著名哲学家王安石曾感慨："世之奇伟、瑰怪、非常之观，常在于险远，而人之所罕至焉，故非有志者不能至也。"其实在科学的道路上何其不然？那些摘得科学桂冠上明珠的人总要付出超出常人的毅力。孙伟教授的博士生陈树东谈到自己的老师时，透出由衷的钦佩："一位老师，能够成为院士，特别是为数不多的女院士，必须具备过人的学术才能和为科研献身的精神，孙老师就是这样的人！"

孙老师的刻苦和工作起来不要命，材料系的学生们都知道。孙伟教授每天早晨8点钟准时到办公室，中午到学校餐厅随意吃点，深夜12点以前几乎没有睡过觉，日复一日，年复一年。每当学生晚上回宿舍时，总能看到孙老师办公室灯在亮着，久而久之，被学生们称为"孙老师的灯"，这盏灯成为激励学生们的"航标灯"。

孙伟教授的忘我奉献，得到了她的老伴张甫廷先生的支持。这位已退休的师级干部为了支持老伴的事业，不仅担起几乎全部的家务，而且还担任了她的学术秘书。材料系党委书记赵弘说："孙老师的先生是我们系不拿工资的员工。在五五楼孙老师的办公室，可以经常看到孙老师的先生中午来送盒饭。他把孙老师的学术资料以及参加国际会议的图片都管理得井井有条。"正是各种忘我精神的复合和凝聚，使得孙伟教授创造出奇伟、瑰丽的学术成就。

坐落在五五楼的混凝土材料实验室，条件的简陋令人难以置信。可就是在这个地方，孙伟教授几十年如一日地搬动上百斤的钢模具，聚精会神地处理实验数据。很多高质量的学术论文数据就是在这里诞生和验证的。当学生问起，做材料实验累不累时，孙伟老师总是笑着说："我一到实验室就觉得有浑身使不完的劲。"

谈起孙伟教授的治学，材料科学与工程系系主任蒋建清教授说："孙老师一直鼓励我们，要养成不甘落后、争创一流、做大学问的气魄。虽然条件比较落后，但她最乐于和美国西北大学和密歇根大学等国际一流的材料科学与工程院系开展交流。乐于使自己的研究方向面向国民经济和国家建设的主战场。"这种宏阔的国际视野和开放的学术胸怀，已经成为材料科学与工程系重要的文化内核。孙伟教授先后承担和负责了国家"八五""九五"攻关项目、"十五863、973"项目专题，国家自然科学基金重点和面上项目、省部级科研项目、润扬长江公路大桥、南京地下铁道、长江三峡、江苏高等级公路、南京长江二桥、苏通大桥、国防军工项目等重大工程及国际合作项目近40项。她用忘我的精神和卓著的成绩谱写着一首又一首强者之歌。

壮美的生命交响诗

在孙伟教授门下受教的学生，真切感受到一代名师的风采。她亲自和学生一起做实验，一起测试，一起分析和总结实验结果，并且经常帮学生称料。孙老师的课题组承担某大型桥梁钢锚箱纤维砼的制备技术及耐久性研究课题时，工期非常紧，又赶上炎热的夏季，当时实验室温度高达40

度，孙老师不顾高温亲自配制砼，衣服全被汗水湿透了。

孙老师的治学严谨已经内化到生命中。在她这里，任何理论推导都必须有理有据，每一组实验数据都必须真实可靠。当谈起如何对待学生异常实验数据时，孙伟教授说："要学生给实验异常数据予以合理的解释有两个重要意义。一是实验数据是对工程负责的，差之毫厘，谬以千里。二是异常数据中很可能蕴藏着创新的契机。"学生们在孙老师门下受教总能感受到"严而不厉，威而亲切"的名师风采。

孙老师对学生的负责从未间断过。2004年3月到9月，孙老师病了一场，连续化疗了六次。化疗可以说是对人的精神和肉体的极限考验。可她总有那么一种不服输的韧劲，她从来没有被病魔打倒过。每次她都在治疗的间隙坚持工作，在病床上她都认真地修改她指导的本科生的毕业设计和研究生的毕业论文，亲自给学生写评语。

孙老师的学生也是合作伙伴张亚梅副教授说："除了工作外，孙老师几乎从来没有考虑过她自己。近几年中，孙老师生过几次大病，有好几次，她强忍着病痛在病床上和我们讨论问题，还给学生修改论文。任何时候，她所想到的都是她的学生和科研项目。"她用自己深厚的学术功力和高尚的师德奏响了一首壮丽的生命交响诗。

12月的苏通大桥工地寒风凛冽，年近七十、身体尚且虚弱的孙伟教授不顾心疼她的博士生们的反对，依然来到工地上，她关心着这里的实验数据，并根据自己多年丰富的经验向工程方和学生提出指导意见。她坚持说："只有到工地上，对情况的了解才能真切。苏通大桥是示范工程，做好这边的工作可以为后来的工程提供很多借鉴。"她像神话传说中以身补天的女娲，把自己的全身心化作了最坚实的"补天材料"，献给了材料工程与科学事业。（李昭昊）

（载2006年1月1日第984期《东南大学报》第3版）

修正航向挑战未来
——记杰出校友、微软亚洲研究院副院长芮勇

微软是一家总部位于美国的跨国电脑科技公司，是个人计算机软件开

发的先导。自从 1975 年由比尔·盖茨和保罗·艾伦创办以来，公司已经成长为一个以研发、制造、授权和提供广泛的 IT 产品和服务为主的商业帝国。在它辉煌的背后，是来自全球的无数知识精英的艰辛付出。写满传奇的精英们既通过微软塑造改变世界的力量，也同时通过创造书写自己的精彩人生。杰出校友、微软亚洲研究院副院长芮勇博士就是这些精英的杰出代表。他继我校另一位杰出校友、微软全球执行副总裁沈向洋之后，成为北京微软大厦的又一位领头羊。

在微软工作的十几年间，芮勇先以科学家的身份带领团队，攻克了多项计算机多媒体的前沿难题，向影响全球亿万用户的微软产品注入了许多关键技术。继而在中国，他参与领导了微软亚太研发集团的战略发展，并亲自带领研发团队，在教育、医疗、移动与互联网领域探索新兴市场的前沿需求，并取得累累硕果。一路走来，"创新"与"创业"的激情一直伴随着他，他也一次又一次地修正航向、挑战未来，改写了只属于他的人生轨迹。

南京：从顽皮少年到青年才俊

1970 年，芮勇出生于一个知识分子家庭。他天资聪明，也比别的孩子更贪玩，曾经玩到"考试考砸了"不敢让父母签字的地步。小升初时，他凭借年级第二的优异成绩考入了著名的中华中学。芮勇在这所重视素质教育的学校里整整待了六年，培养了吉他弹唱、篆刻、足球、篮球等多种爱好，更以勤奋学习的优异表现多次获得"三好学生"等荣誉。1987 年，芮勇以优异的成绩考入南京工学院（现东南大学）自动控制系。

进入大学，芮勇便惊奇地发现不少同学的入学成绩高于自己。不到 18 周岁的他"突然觉得人就长大了，肩上的使命感、责任感一下子变得很大"。他给自己制定了一个"并不算高的目标"，即在短时间内将成绩提升至"全班前列"。在中学"玩"惯了的芮勇把学习放在了主要位置，几乎每个晚上都去上自习。更重要的是他采取了科学的学习方法。他认为：学习过程就像盖房子，必须打好基础。每天必须把当天所有的课程消化吸收。如果每天留一点问题搞不明白，日积月累，积累的问题就会越来越多。此外，他还常把前一星期，甚至两星期前的课程内容复习一遍。这种温故知新的方法符合记忆规律，在学习，特别是背诵英文单词或课文时特别高效。

勤奋有加而又方法得当的芮勇在第一学期期末总评，成绩已到了全班第二，之后直至毕业前，每次考试他在年级6个班级共200多人里都是排名第一。大学里，芮勇打下了坚实的学业基础。丁康源、金丕彦等老师的专业基础课和实验指导对芮勇的个人发展至关重要，使他有能力较早地进入实验室参与课题研究。"学习优秀生"是20世纪80年代东南大学实施的一个人才培养项目，该项目允许优秀学生大三时提前一年进入毕业设计。芮勇选择的研究课题是"二级倒立摆控制系统"。该系统由导轨，在导轨上左右运动的小车，连接小车的铝制一级、二级摆杆组成。这一课题具有重要的工程价值——机器人站立和行走的原理便与二级倒立摆系统息息相关。

紧张学习之余，芮勇接触到许多高中时代从未涉及的"工作"。大二起，他开始做班长和系学生会干部，与老师、同学的交往日渐增多，芮勇的社交能力、表达能力得到了很大的提升——"高中时根本不敢面对着几百人讲话，经过大学的历练后，每次演讲时总是在想，最好下面有几千个人在听。"他说。同时提升的还有他的"获奖能力"。大学四年，他不仅赢得了深圳一家公司在东南大学设立的一等奖，还在各类校内及校际竞赛中频频折桂。例如，有一次他参加了学校主办的校际英语竞赛。经过语法、听力、英文演讲等多轮比拼，芮勇最终力挫群"芳"、脱颖而出——杀进决赛圈的除了他，就只有四位女生。

大学对芮勇而言具有重要的意义，他在这里真正学会了"自我控制"——"习惯于把自己放置到一种不太舒服的境地，然后再寻求突破。"在芮勇后来的人生道路上，这种审时度势之后善于主动调整，并坚持不懈地向预定目标发起冲击的决心与能力每每发挥了重要作用。

由于成绩优秀，芮勇免试进入清华大学自动化系读研。虽然新环境下的同学似乎聪明得多、"厉害"得多，但"危机感一个学期后就消失了"。芮勇的成绩再度名列前茅。第一学年末获光华一等奖学金，直至他赴美留学前,他已在国内学术期刊上发表了五六篇论文。从南京到北京,芮勇的学习更加刻苦,眼界也变得更加开阔。学习之余,他与中关村的一些IT公司展开交流,并对一些公司正在研发的项目提供了重要的指导意见。就在个人学业与事业发展一帆风顺的当口,芮勇突然做出了一个影响自己未来的重大决定。

美国:伊利诺伊才子到微软华裔新星

从小学一直到硕士研究生毕业,芮勇的求学生涯一直如顺风行船——但另一方面,这也使他很难感受到挑战的刺激。某一天午休时,他在一瞬间冒出了"出国深造"这一令他兴奋的想法,于是他"立即从床上跳起来",并将这个刹那间闪现的想法付诸实行。芮勇以极其出色的成绩通过了接踵而至的托福和GRE考试——他的GRE成绩在包括美国在内全球的考生中高居2%。顺理成章地,芮勇获得了赴伊利诺伊大学求学的机会,并在1994年夏来到了美国的"草原之州"(Prairie State)。

很幸运的,他在伊利诺伊大学的导师是大名鼎鼎的黄煦涛(Thomas S. Huang)——他是美国工程院院士及中国科学院、工程院外籍院士,全球图像处理、模式识别、计算机视觉和人机交互等技术领域的泰山北斗。黄煦涛教授对这个来自中国的年轻人非常信任——"他放手让我做研究,而他只是在关键时刻为我指点一下方向。"芮勇回忆道,"比如让我往多媒体搜索的方向努力,于是我就自己找资料,自己寻求创新机会。"

20世纪90年代,美国政府和美国国家自然科学基金会正在协力推动一个名为"数字图书馆"的信息化项目。全美共有五所高校参与该项目,伊利诺伊大学正是其中之一。"数字图书馆"构建于多媒体检索技术的基础上——那时,人们在做多媒体检索时往往都基于"对内容和多媒体信息的理解",例如将目标内容的图像色彩、纹理特征、空间分布等"规律"抽取出来与数据库中的信息比对——而芮勇则另辟蹊径,一举找出了相关反馈理论与多媒体检索的关系。他总结研究所得,在IEEE会刊等全球知名学术期刊上发表了多篇论文。芮勇的一篇文章被其他研究者引用的次数排到了1998年所有计算机领域全球第八位;另一篇文章则高居同年IEEE

Transaction on Circuits and Systems for Video Technology 所有论文被引用数的第一位。

在伊利诺伊大学读博士期间，芮勇和 AT&T、飞利浦、贝尔、IBM 的实验室以及微软总部研究院都保持着紧密的联系，因此，毕业时，当不少同学为找到一份好工作而奔波时，芮勇却很轻松——至少四五家世界一流企业的研究机构都希望他能加盟。但他却坚定地选择了微软，"因为西雅图（微软总部所在地）很美，而且我所接触到的微软人都很'厉害'，也很可亲"。与图灵奖获得者巴特勒·兰普森（Butler Lampson），还有激光打印机的发明者盖瑞·斯塔克韦瑟（Gary Starkweather）这样一群天才一起工作，芮勇感到无比兴奋。在"全速创新"的氛围下，他度过了紧张、充实且激情四射的七年。

在这里，他还有机会向时任微软总裁的比尔·盖茨汇报工作，近距离向这位电脑软件业巨人学习。他惊诧于盖茨知识面的广阔、观察问题的敏锐和对业界前沿的高瞻远瞩，以及对于下属意见的充分尊重。因此，芮勇在管理自己的团队时也努力做得像盖茨一样，努力多掌握更多的前沿知识和业界的发展趋势。同时，给予员工一定的空间，让他们在可控的范围内自由驰骋。

2002 年，由于业绩出色，芮勇代表微软总部研究院参加了美国国家工程院前沿工程研讨会。次年，他又被选入微软公司特别为可能影响公司未来的"希望之星"们度身定制的"高管培训班"——微软全球 7 万多名员工中，每年只有 100 人可以进这个培训班。芮勇是当年"100 精英"中的两位华裔才俊之一。在培训中他还获得了美国宾州大学沃顿商学院的培训文凭。

2003 年，芮勇的老板安努普·古普塔升任比尔·盖茨技术助理和微软全球资深副总裁，芮勇继而逐步接管了原来由古普塔领导的多媒体协同技术研究团队。在芮勇的带领下，团队开发了微软远程视频会议系统（Microsoft Round Table）中最为关键的麦克风阵列技术，可以在会议中智能识别每一个声音的来源，并主动推送讲话者的高清声像。团队还参与了 Windows Movie Maker 的研发，并完成了最初视频边界检测的核心功能；提出了一种新的算法，可以实时预估网络电话的带宽变化，从而提升视音频通信的数据传输速度……在回到中国之前，芮勇已成为微软雷德蒙研究院最耀眼的一颗华裔新星。

北京：工程院到研究院

尽管成就斐然、硕果累累，但在微软美国总部任职的这段日子，芮勇一直关心着太平洋彼岸的故土所发生的"创新故事"——短短数年间，崛起的中国经济和科技开始对全球竞争格局发挥越来越重大的影响，"智造"的澎湃潜能亦日益显现。微软在中国投资建设的各个研发机构在整个微软全球研发战略中的重要性也在不断提升。也许"是时候回国了"，芮勇目睹祖国日新月异的变化，不禁心潮澎湃，他极想把自己创业的舞台移到国内，让腾飞的中国尽早接受到世界最高科技水平的风潮，让中国企业和民众尽早拥抱人工智能。2006 年初，在同为东大校友的妻子理解和支持下，芮勇和回国组建微软中国研发集团的张亚勤博士一道，再度回到北京，由此跨过了职业生涯的又一个起点。

起初，他的职责是协助研发集团主席张亚勤博士落实和推进微软在中国的研发大战略、规范 RIDE（Research, Incubation, Development and Ecosystem，即指基础研究、技术孵化、产品开发和战略合作）的研发体系、开发更系统化的合作机制、提升微软中国研发集团旗下各机构协同作战的效率。

在全体同仁的共同努力下，微软中国研发集团取得了令人振奋的成就。2010 年初，在集团成立 4 周年之际，微软公司宣布将总部设在北京的中国研发集团更名为微软亚太研发集团，以此观照中国及亚太地区的最新发展与需求，凝聚智慧，为该地区乃至全球的科技创新作出更多贡献。

尽管研发集团的发展如日中天，但作为一家全球性的软件巨头，微软对于中国市场的了解和关注还远远不够。芮勇又一次承担起对新兴市场做针对性创新开发的重任，他转战微软亚洲工程院，带领团队主攻教育类软件，并在 Onenote 等一系列的软件中贡献了不少创新功能。最终，整个团队集体"毕业"，加入到微软 Office 全球开发团队中，把他们的智慧融入到全球 10 亿用户的工作与生活中。接着，他再次选择了一个新的起点——

掌管微软中国创新部，进入健康医疗领域。经过数月调研，中国创新部确定了"珊瑚"项目的方向——开发区域内双向转诊系统，使之在江苏镇江上线，成为国内区域医疗成功利用信息化系统实现高效双向转诊的典范。

对芮勇而言，一个成功就意味着一个新的起点。经过两个月的深思熟虑并结合微软公司的战略发展需求，芮勇带领大家最终把未来开发方向锁定在 Windows Phone 的应用开发上。在芮勇眼中，中国创新部的使命是利用自己的创新优势在基础科研与产品开发之间搭建桥梁，把微软亚太研发集团内部的创新理念和技术，快速转化为产品，而集合了普通人最需要的信息的 Windows Phone "衣食住行"应用正是这一转化的产物。"衣食住行"上线后，在没有任何主动推广的情况——用其下载量直逼生活类应用的第一名，这让芮勇既意外又欣慰。

2012 年，芮勇带着对产业的深思和敏锐的观察，再次回到微软亚洲研究院，并任副院长。虽然在北京中关村的微软大厦里，他只是将办公室从一栋楼移到另一栋楼，但这是回到了计算机科学的最前沿的研究领域，也回到了整个微软人才最精尖的舞台。占整个公司人数 1% 的研究院就像王冠上最大的明珠，在这里做领头羊的芮勇感觉到从没有过的压力和荣誉，他也以更大的热情和毅力投入到工作中。

母校：从北京到南京

2015 年 1 月 9 日下午，身为微软亚洲研究院副院长的芮勇和微软亚洲研究院学术合作经理吴国斌博士访问东南大学计算机科学与工程学院。学院首先为芮勇博士举行了东南大学兼职博导授聘仪式。院党委书记金远平教授主持仪式，副院长曹玖新教授介绍了芮勇的简历，院长罗军舟教授为芮勇颁发了兼职博导聘书并致辞。在接下来的学生座谈环节，芮勇向计算机科学与工程学院和吴健雄学院的十多名学生介绍了自己的成长经历以及目前所从事的研究方向，鼓励同学们在大三和大四阶段在学好专业课的同时，能够进入实验室培养自己的科研兴趣，为今后选择研究方向打下坚实的基础。

当晚，芮勇在九龙湖校区人文讲座报告厅作题为《人工智能点亮数字生活》的学术报告。副院长曹玖新教授出席报告会并介绍了芮勇的简历，东南大学微软俱乐部承办了报告会。芮勇在报告中指出人工智能让现代生活更加"高大上"——高效率、大智慧、上品位。他指出微软小娜和小冰是人工智能的典型代表，微软将会为提高人类生活品质做出更多贡献。报告后半段，芮勇博士和现场的近400名学生展开了对话，在如何选择研究方向、毕业后高校与企业研究院的选择，以及微软最新的创新战略等方面展开了广泛的交流。芮勇的讲座和回答深入浅出，精彩的演示和幽默的回答迎来了同学们的阵阵掌声。

其实，芮勇来东南大学学术交流、讲学早几年就开始了。"微软校园行"是微软亚洲研究院每年的保留节目。"校园行"的规格非常高，每次到东南大学做"校园行"的均是副院长以上的知名人士，为东南大学带来行业领先的技术、实习机会等优秀资源。

仅以2013年为例：3月18日，微软正式发布了Kinect最新软件开发包SDK v1.7，并在亚太区开展了第一代Kinect for Windows大赛——Kinect极客行动，第一届的大赛主办权最终由东南大学获得。在芮勇协调下，我校有幸邀请到了来自微软总部的Kinect研发部资深研发总监凯文·肯尼迪（Kevin Kennedy）和市场部开发者社区经理本·洛（Ben Lowe）来到九龙湖校区，为同学们带来Kinect新技术的讲座，为求知若渴的东大学子提供了一场精彩的技术盛宴。3月28日，身为微软亚洲研究院副院长的芮勇为东南大学喜爱计算机技术的学子们带来了一场关于计算方法变革的讲座。他主讲的主题是"二十一世纪的计算——自然而然"。芮勇用带着磁性的声音把什么是"自然而然"一点点地输入听众大脑，不自觉地大家就被带入了他所描绘的场景，把一个个的创新应用展现在眼前。针对"城市规划的应用"，他一点一点地把实际数据绘制成图标，并用颜色对比开来，让大家更加直接地看到大数据的威力和科技的力量。12月16日，由微软亚洲研究院和南京四所高校共同发起、东南大学承办的知识挖掘和搜索学术论坛在九龙湖校区成功举办。在嘉宾讨论环节中，围绕"大数据时代的科研合作"的话题，芮勇和我校蒋嶷川教授、南京大学高阳教授，以及南京航空航天大学张道强教授、南京理工大学肖亮教授就知识挖掘和搜索技术的课题进行了热烈讨论。现场参会者反应积极，与嘉宾们就感兴趣的问题展开了交流。

在芮勇的带动和指导下，我校师生还积极参与了"微软新技术教学峰会""微软高校先Phone计划""微软夏令营"等多种交流活动。这些活动不同程度地促进了我校计算机科学与工程学院教师的科研水平进一步提高，并使学生群体为主的微软俱乐部得到良好发展。去年10月底，在美国教育院校分析和排名方面具有权威地位的美国出版商《美国新闻与世界报道》在其官方网站首次公布了全球最佳大学排行榜以及各学科排行榜，我校计算机科学和工程学一起，双双跻身全球50强。这与我校计算机科学与工程学院长期坚持与微软这样的国际一流软件公司长期开展合作不无关系。与此同时，我校学子也在各种微软大赛中获得佳绩。2014年吴健雄学院的一支代表队在Imagine Cup这一全球性高规格的比赛中获得一等奖，2015年软件学院的一支代表队更是荣获中国区特等奖。东南大学微软俱乐部也荣获了2014年度全国微软俱乐部最具技术贡献奖。

今天的中国是"梦开始的地方"。微软是个提供高品质技术和服务的平台型企业。为了让更多的中国企业和民众能够享有微软提供的操作系统软件、大数据挖掘、计算机视觉等先进技术，以站在更高的平台上去继续创新，承载着"让中国'智'造'慧'及全球"的创新理想，芮勇怀着不断挑战未来的梦想，正在和他的同道者向新的巅峰跋涉前行。（嵇宏）

（本文部分内容参考《从密歇根湖畔到"中国硅谷"中关村——访微软亚太研发集团总监芮勇博士》）

（载2015年9月20日第1289期《东南大学报》第5版、第8版）

校 园 生 活

  大学之大在其有大师、有大楼、有大树，更在其有品味高雅、追求高远的丰富校园文化生活。东大校园中有一种高贵而隐匿的文化生活，它与大师、大楼、大树一起，净人心灵，陶人情操，拔人境界，以不言之教，彰显"无用之大用"。本章所选文章介绍了东大校园中的品牌文化活动、校园歌曲等，从侧面展示了东大校园文化的独特魅力。

步入精神家园　提升人生境界

亲爱的同学：

当您来到东南大学就读的时候，首先恭喜您拿到了通往人文教育殿堂的入场券。

作为一名东大学子，我们徜徉在东大校园，无论是遒劲挺拔的六朝松，还是巍然高耸的穹顶礼堂，或是九龙湖畔重檐庑殿式的教学楼、气势雄伟的李文正图书馆，这所百年学府用大树和大楼中折射出的深厚的历史底蕴、雄伟的文化气魄，摄受着我们的心灵。

除了大树与大楼之外，这所学校还有一种高贵的文化生活，她隐匿而不易察觉，正如金耀基先生所言，"一所大学的文化生活常决定这所大学的风格，常影响学生的气质品性和有文化情调、有生命意义的生活方式。"作为一名东大学子，不妨在有人文讲座的日子，去九龙湖校区本科生教学楼西南角的人文讲座报告厅内感受一下，"华灯初上，大师入席；群生拥座，校歌声起；讲者娓娓，听者如醉；相与问答，引人入胜"的壮观人文讲座场面。在东大这片具有悠久历史和深厚底蕴的热土上，您可以接受到包括高质量的人文课程、高水平的人文讲座、高品位的人文活动在内的一流的人文教育。东大人追求博雅文化最为动人的文化生活场面，与这所大学的大楼和大树一样可以存留在我们灵魂的最深处。当我们毕业许多年以后，依然可以感受和体味到它的"无用之大用"和"淡泊之大利"。

大学之大在于博大与深刻，大学依靠学术大师用精深的学术造诣和人格的魅力吸引和影响求知若渴的学子。在东大人文讲座上，大师们的谨教和学生的聪颖好学，相映成趣，共同塑造着"学在东大"的文化形象。百余年来，东大养成了自己亲近学术大师的传统。20世纪初，著名哲学家杜威、罗素，文学泰斗泰戈尔，梁任公、汤用彤等人文大师、学术巨擘都曾在东大开席筵讲。20世纪80年代以来，东大文化素质教育中心，致力于为东大学子提供一种创造性的文化生活，力邀科学巨匠、人文大师、文化名人开设精品人文课程，开设高品位的讲座，举办高雅艺术进校园活动。十余年来，数百位人文名家和科学大师即几乎全中国的知名学者都登上了东大的人文讲坛，一时声振金陵，盛甲东南。东大的学子们在享用畅酣淋漓精神盛宴中茁壮成长，听高雅的学术讲座、亲近科学和人文大师成为东大学子文化生活不可或缺的一部分，

孟子曾说，"孔子登东山而小鲁，登泰山而小天下。故观于海者难为水，游于圣人之门者难为言。"作为东大学子是幸运的，他们正是在这种高格调文化生活中获得了"高峰体验"，养成了博大的胸怀和宏阔的视野，使自己的思维深刻，境界提升。

百年学府精神殿堂的入场券已操之在握，顺其门而入者，可览宗庙之美、百官之富！

品牌文化活动

人文大讲座

东南大学"人文大讲座"创始于1998年,学校在全国率先将人文讲座纳入教学计划。该讲座以高水平、大师级学者为主体,以优秀文化为方向,以"刻骨铭心、终身难忘"为目标,延请海内外享有盛誉的人文名家、科学大师登坛讲学。东南大学"人文大讲座"以"大师云集,盛甲东南"饮誉全国高校。

高雅艺术进校园

东南大学"高雅艺术进校园"系列活动从1997年开始长期坚持举办。每年邀请具有较高声誉的著名艺术院团和艺术名家来校举办包括讲座、演出、展演等各种形式在内的艺术活动,旨在提升校园文化品位、提高学生艺术修养和追求诗意人生境界。芬兰赫尔辛基男声合唱团、中国芭蕾舞团、中国交响乐团、上海交响乐团以及盛中国、姜克美、宋飞等名家均曾应邀来校展示,使东大成为一座愉悦身心、涵养性灵、陶冶情操的文化冶炉。

新年音乐会

东南大学新年音乐会从 2004 年开始举行，每年邀请在海内外享有盛誉的乐团来校举行高水平的音乐会。法国里昂交响乐团、荷兰皇家管乐团、俄罗斯克麦罗沃国立交响乐团、澳大利亚墨尔本剧院交响乐团均曾应邀奏响东南大学新年音乐会。该活动已经成为东大学子最为美好的记忆，伴随他们敲响的新年钟声，在校园内掀起阵阵文化热潮。

华英文化系列讲座

"华英文化系列讲座"由华英文教基金会许倬云董事倡导主办，由东南大学国家大学生文化素质教育基地负责实施，邀请人文、社会、艺术领域中的知名学者与专业人士来学校演讲或演出，以加强学校的文化氛围，提高学生的文化素质。自举办以来，杨振宁、叶嘉莹、许倬云、金耀基、李欧梵等诸多名家纷纷登台讲学，东南大学"华英文化系列讲座"被誉为"学术的节日，精神的盛宴"。

"科学与人生"系列讲座

"科学与人生"系列讲座从 2007 年开始推出，邀请在国内外享有盛誉的著名科学家登上东南大学人文讲坛，讲述自己从事科学研究的心路历程以及他们所领略到的科学世界，与东大学子分享成功的喜悦与人生的经验。丘成桐、闵乃本、饶子和等科学大家应邀开讲，对于东大学子来说，这是一笔宝贵的精神财富。

文化名人进校园

"文化名人进校园"活动是东南大学长期开展的品牌文化工程，学校

定期邀请各界文化名家来校开展丰富多彩的活动，以发挥为东大学子拓宽眼界、提升境界、陶冶情操的目的。余光中、余秋雨、张艺谋、易中天、濮存昕、席慕蓉等均曾应邀来校访问和讲学，与文化名人对话交流和分享心得已经成为东大学子大学记忆中的"高峰体验"。

新生文化季

"东南大学新生文化季"活动是全国首次和唯一以高品位、系列化、集中式的文化活动作为大学新生进校以后的第一课。"初识东南"名家系列高层演讲、"我的讲台我的娃"、"我的青春故事"等八大版块的数十场活动让新生励翅东南、绽放青春，在享受精神盛宴和文化高峰体验的同时，充分感受东南大学作为江左文枢的深厚文化底蕴，以及百年学府崇高、沉静、雄毅的精神气质，从而开启新的文化之旅，叩开瑰丽和壮美的人生之门。

跨年演唱会

　　东南大学跨年演唱会创始于2012年,已经成为广受关注并极具影响力的品牌活动。每年12月31日晚隆重举行,通过各种艺术展演迎接新年的到来。跨年演唱会成为我校师生在每年年末的温馨期待和温暖记忆。在多元的节目演出中,洋溢着师生联欢的祥和融洽,传达了海内外校友及社会各界对东南大学发展的关心支持,也彰显着全体东大人对"止于至善"的不懈追求。

校园歌曲选粹

襟江枕海甲东南

作词：汪　东
作曲：程懋筠

维襟江而枕海兮，金陵宅其中。
陟升皇以临睨兮，此实为天府之雄。
焕哉郁郁兮，文所钟。
宏哉黉舍兮，甲于南东。
干戈永戢，弦诵斯崇。
百年树人，郁郁葱葱。
广博易良兮，吴之风。
以此为教兮，四方来同。

校园生活

《襟江枕海甲东南》由著名文学家汪东作词、著名音乐家程懋筠作曲，曾经作为东南大学历史上的校歌。这首歌词也是一首骚体写成的诗。前八句写学校所在的地理位置，写南京深厚的文化积淀。"宏哉黉舍兮，甲于南东"两句写及明代吾校所在地为国子监以来在东南一代文枢的地位。后八句涉及本校的办学理念与办学方针。后经东南大学大学生艺术团改编为《襟江枕海甲东南》。

春晖曲

作词：谢建明

作曲：张鸿雁　龙　飞

绿草正含芳，梧桐映礼堂，春华豆蔻共寒窗，秋实岁月叙短长。啊东南大学，啊我的母校，你用甘醇的乳汁，育英才，作华夏栋梁。长江东流去，钟山镌沧桑，岁月增染两鬓霜，六朝古松更坚强。啊东南大学，啊我的母校，你用辛勤的汗水，育桃李，喜满园芬芳。

玄武柳依阳，梅庵月影长，躬耕学海苦作舟，更有夜读伴星光。啊东南大学，啊我的母校，你用绵绵的情丝，结友谊，愿地久天长。啊东南大学，啊我的母校，我用心中的恋曲，轻轻地啊把你歌唱。

《春晖曲》由谢建明、张鸿雁作词，龙飞作曲。《春晖曲》与大气磅礴的《东南大学校歌》相辅相成，相映成趣。歌曲婉转多情，极富江南文苑隽秀的艺术气质，是不可多得的艺术佳作。歌曲前奏中扣人心弦的小提琴独奏部分，尤其精妙，更是把校友们对母校的深深眷恋抒发到极致，触及到心灵不能到达的深处。

我爱你，东南

作词：唐　瑭
作曲：王逸文

仰望典雅大气的礼堂，
触摸六朝松上的千年风霜，
聆听梅庵把古老的故事传唱，
徜徉在中央大道秋雨拂面梧桐微凉。

看看九龙湖上碧波荡漾，
听听九曲桥头蜻蜓浅唱，
簇新的图书馆书海茫茫纸墨飘香，
缤纷的舞台上载歌载舞青春绽放。

我爱你，东南，
你那百载文脉源远流长，
我爱你，东南，
科学和人文在这里碰撞。
我爱你，东南，
你不断创造新知造福四方，
我爱你，东南，
你培育了无数华夏栋梁。

我爱你，东南，
愿你一天更比一天强，
我爱你，东南，
播种希望，收获梦想。

我爱你，东南，
我们以勤奋作舟，美德作桨，
止于至善，扬帆远航！

《我爱你，东南》由唐瑭作词，王逸文作曲。《我爱你，东南》创作于2012年，以年轻人的视角歌唱东大的魅力，赞叹校园生活的多彩，抒发东大人"止于至善"的豪情。歌曲将大礼堂、六朝松、梅庵、梧桐等东大景色收入其中，引起东大人的强烈共鸣，成为东南大学"新生文艺汇演"主题曲和学校重大活动的保留曲目。随着时光的推移，《我爱你，东南》因为优美的歌词、婉转的旋律、动人的深情在广大校友中广泛传唱，成为在校生激励自我和毕业生想念母校时的寄托。

十里春风　忆东南

歌词改编：叶　菁

演　　唱：杨江凌

青春回响，不忘初心。
让我再看你一眼，我的东大。
在这里，春风十里，都不如你！
我在四牌楼的礼堂望着你
你在梧桐的斑驳春风十里

前工的粉飘落成樱花雨
六朝松绿依旧　我都爱你

我在湖区的夜色中为你念一生独白
在此刻沉淀东南的四载
牵手跨越新年零点体育馆
桃李年华不离开

把百载的沧桑都写成了一首情诗
把所有未读完的书页都合上了　在孟芳馆
分别的愁绪啊伴着栀子花香飘散呢
只好把岁月揉进梦留在东南
中山院黑板上为我们写下"我们毕业啦"
我在焦标的光影中为你绘东南色彩
在这里施以青春的粉黛
白鹭飞过草坪荣枯的春秋
骊歌声起难分开

把潋滟的湖光都投进了我的心房
把所有未说完的情话化作花瓣　在月牙湾
校歌的旋律啊还在人文讲堂传唱呢
那就把回忆酿成酒一醉方休
我在三号线的站台等着你
你在栾树的绿荫春风十里
梧桐的絮又纷纷　白了头
涌泉池　映礼堂永远爱你
明天我们就要奔向远方的世界
但我们却依然心向东南！
再见朋友

相聚在下一个东南

春风十里，不如你！

《十里春风——忆东南》由东南大学校团委策划，校团委叶菁完成歌词改编。每年六月，当骊歌响起，栀子花开，一批青春的东大毕业生怀揣梦想离开母校，奔向更璀璨的人生。为了纪念在东南大学的青春岁月，回忆在东南大学的日夜点滴，校团委于2017年6月策划毕业季系列文化作品，对民谣《春风十里》进行改编，邀请2017届毕业生演唱，歌曲融入东南大学的风景、文化和生活，寄托了东大毕业生的不舍情愫，在校内外广为传唱。

编后记

　　健雄书院是东南大学成立的首家书院。书院成立起就明确了"引领·化育·融合"的办院理念和文化使命。为健雄书院编撰一套文化丛书，对东南大学以及吴健雄学院和健雄书院的文化进行系统整理，并以此作为教育资源和育人载体，发挥浸润化育作用，是我们的持久愿望和重要尝试。经过长时间的准备和努力，因缘具足，丛书终于面世！借着丛书杀青之际，谨将编撰丛书的想法立意和读者分享和交流，也以此就教于方家。概而言之，立意有三。

　　一是文化根脉梳理的尝试。大学是文化的产物。它无处不在、无时不在发挥着熏陶化育的作用。它固化于校园的一草一木、一砖一瓦，渗透在学校的每一节课、每一个活动中，体现在师生的言谈举止、待人接物上。从本质上看，大学就是传承、研究、融合、交流和创新文化的教育与学术机构。学生读大学就是要切身地感受和体悟大学独特的文化。每一所学校毕业的学生都有其母校的文化烙印，流淌着其母校的文化基因。文化是大学的灵魂，用优秀文化育人是教育者的理想追求。办大学，说到底办的就是文化，办的是一种文化氛围。正因如此，才有了涂又光先生的"泡菜坛子"说，也才有了著名社会学家金耀基先生所言，"一所大学的文化生活常决定这所大学的风格，常影响学生的气质品性和有文化情调、有生命意义的生活方式"。从这个意义上讲，著名的高等学府常因积淀深厚而在其办学历程中形成一种特殊的文化氛围而能培养出大批优秀的人才。这些文化传统正是我们要特别珍视的教育资源，失去了这些传统的滋养，我们学生很容易成为失根的兰花和逐浪的浮萍。所谓"扎根中国大地办教育"，扎深高校的文化之根为题中应有之义。所以，把东南大学、健雄书院的文化传统认真梳理总结，形成健雄书院特有的文化丛书，以帮助书院学子深入地认识歌于斯、成长于斯、奋斗于斯的文化原乡，汲取助力成长的丰厚文化营养和深沉精神力量，这是我们编撰《健雄文化》的其一考虑。

二是大学精神反思的尝试。大学文化的核心是大学精神。著名学者陈平原教授曾指出"好大学能给予学生的，远不只是有形的专业知识，更包括成为其日后不断追忆的对象，并因此构成真正意义上的精神家园。"经过1952年的院系调整和1988年的复更名，肇源于1902年的东南大学已成为一所以工科为特色的综合性大学。"工科大学"的鲜明印记，容易使人误解像东南大学这样的工科大学哪有什么文化而言，更遑论有什么样的大学精神。殊不知，东南大学承载着厚重的文化：六朝遗韵风流俊雅，明代国学名标青史，成贤文昌寓意深长。无论是战火纷飞还是承平时代，这块学府圣地始终弦歌不辍，作育英才，昌明国故，融会新知，形成了"诚朴求实，止于至善"的精神传统和"文化育人"的办学理念。在这种具有东大特色的文化氛围之中，学校培养了无数英才。关于东大人的随笔散记、传记通讯等很多文章，从不同侧面折射着东大独特的大学精神。在编撰选材的过程中，吴健雄先生献身科学的记述、钱钟韩老校长详论自学的体悟、倪光南院士给祖国母亲的信件等等大量文稿，至今读起来依然让人心潮澎湃，这些文字中所反映和承载的大学精神依然让人为之动容。这种自成高格的文化气象理应予以梳理总结、汇集成册，帮助我们的学子体悟和理解何为"东大人"和"健雄人"、何为"东大精神"和"健雄价值"，进而增强对"东大人"和"健雄人"的文化认同。这是我们编撰《健雄文化》的其二考虑。

三是育人实践的阶段总结。"文化育人"的力量在东南大学这片激荡着科学精神的沃土上，有着特殊价值和现实意义。就我个人的教育实践来说，在学校的文化素质教育中心工作和学校团委工作期间，深切感到文化育人事业的魅力和价值，具体负责打造了"人文大讲堂""新年音乐会""新生文化季""我的讲台我的娃""我的青春故事""烈士纪念日""共青团综合陈列馆"等等一系列文化品牌项目。许多毕业多年的同学反馈，这些文化品牌项目中的生动文化生活的场面，和学校的大礼堂与梧桐树一样，存留在心底，促进了自己文化气质和精神境界明显的变化提升。大学文化以"无用之大用"收获"澹泊之大利"。从2018年6月调至吴健雄学院工作开始，针对学院的办学特点和育人瓶颈难题，我重点推动的就是学院文化建设。吴健雄学院是学校培养一流领军人才的荣誉学院，与其他专业学院相比最大的不同就是没有自己的学科和专业，所带来的问题是难以形成自己的精神根基和共通的价值追求，我们的学生常常感觉是无"根"的，缺乏专业学院拥有的文化认同感。在著名历史学家许倬云先生、著名社会学家金耀基先生等名家大师的关心下，在团队同仁的共同努力下，在李昭昊、唐瑭、罗澍、陈峰等老友的鼎力支持下，我们先后拟定了院训、设计了院徽、创作了院歌，构建了一套完整的文化育人的体系，有效传递了我们的价值理念。结合学校"书院制"改革，依托吴健雄学院率先成立了健雄书院。在学校领导大力支持和相关职能部门的通力协作下，在国内高校中当属一流的书院实体交流空间竣工并交付使用，这对学院文化建设是绝好的契机。但仅有实体空间只是有了物质基础，如何以健雄书院为载体，让学子感受到东大"钟山之崇高，大江之雄毅，玄武之宁静"的文化气象和健雄书院"爱国至善，献身科学"的精神追求，就成为摆在我们面前的重要课题。经过我们团队同仁的多次研讨，根据学院思想引领工作的实际，最终决定启动编撰《健雄文化》系列丛书，将健雄文化精神系统总结并不断地传递下去，为建构属于东大健雄人的特色文化而加油助力。这是编撰《健雄文化》的其三考虑。

需要说明的是，本系列文化丛书定名为"健雄文化"，是因丛书是东大吴健雄学院和健雄书院所倡导文化精神的文献结集，首先面向的是健雄学子。基于健雄书院的文化母体是东南大学、"健雄人"的前提首先是"东大人"的考虑，我们将丛书分为"积健为雄（书院卷）"和"止于至善（大学卷）"，分别以简版院训和东大校训对应健雄文化和东大文化，以此形成相辅相成、有序递进的关系。丛书的着眼点不是校史的罗列、学术的研究和细节的考证，而是更加注重所选文章中的"逸事"及背后所体现的"精神"，这种"精神"恰是东大文化中的精华处，也是令读者振奋、感动的共鸣点。

《健雄文化》系列丛书能够如期与读者见面，还要感谢东南大学党委办公室李昭昊同志的关心、帮助和指点，正是共同的价值追求才让关心大学文化建设的昭昊兄对健雄书院给予了多方的支持，这次《健雄文化》系列丛书正是在他的鼓励和鞭策下才最终实现的。丛书的面世还要感谢东南大学出版社唐允女士，她的细致、认真和投入让我们体味到出版人的热诚与敬业，和她的合作从头至尾都是愉快的；最后还要感谢东南大学吴健雄学院管理团队各位同仁，还有钟辉、况迎辉、纪静、李鑫这些曾经为这里付出过辛劳的同事，大家的通力合作和支持配合让这项文化工程进展顺利，终成正果。本丛书中的图片除了大部分由被采访者提供外，其余照片的主要摄影者为曲钢、杭添、唐瑭等同志，对各位的不吝深表谢忱。同时要感谢东南大学档案馆、东南大学校史馆、《东南大学报》等单位和郑立琪、柳萍、叶菁等同志提供了部分历史图片。如果仍有遗漏，请和我们联系。

　　谨将丛书献给所有胸怀大志、心有家国、坚定前行、永续奋斗的东大人和关心大学文化建设的读者和同仁。艾青说"为什么我的眼里常含泪水？因为我对这土地爱得深沉"，我们作为东大人早已和脚下的这块热土和其伟大的事业融合在了一起。2022年适逢东南大学建校120周年华诞，也以此大学文化建设的阶段性成果作为献礼，愿我们深爱的东南大学人文日新、充满诗意、更感温润！

陆　挺
2021年10月于南京